赵天宝／著

中国古代资格刑研究

以禁锢为中心考察

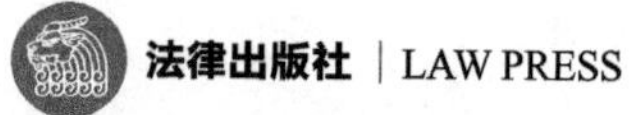

法律出版社 | LAW PRESS

目录

绪　论

一、研究缘起及选题价值

“中国刑法史是法制史的重心。除了刑法史的法制史，便觉空洞无物”，[①]由此可见古代刑法制度在古代法律体系的地位和作用。尽管随着学术探讨的进一步拓深，中国古代“诸法并存，民刑有分”[②]基本达成共识，甚至相继出现了民法史、诉讼法史、司法制度史、宪法史等多本专著，[③]但刑法史在法律史学科中重中之重的地位依然不可撼动。究其原因，一是关于刑法史的研究成果最为丰硕；二是关于刑法史的研究范围广泛且更有深度。[④] 似与现代刑法相对应，中国刑法史的研究主要集中于犯罪与刑罚两个方面，对于

---

① 蔡枢衡：《中国刑法史》，群众出版社1985年版，序第4页。

② 张晋藩：《中国法律的传统与近代转型》，法律出版社2005年版，第209页。

③ 孔庆明、胡留元、孙季平：《中国民法史》，吉林人民出版社1996年版；叶孝信主编：《中国民法史》，上海人民出版社1993年版；张晋藩主编：《中国民法史》，福建人民出版社2003年版；张晋藩主编：《中国宪法史》，吉林人民出版社2004年版；李交发：《中国诉讼法史》，中国检察出版社2002年版；张晋藩：《中国司法制度史》，人民法院出版社2004年版；张兆凯主编：《中国古代司法制度史》，岳麓书社2005年版；等等。

④ 蔡淑衡：《中国刑法史》，中国法制出版社2005年版；周密：《中国刑法史》，群众出版社1985年版；周密：《中国刑法史纲》，北京大学出版社2000年版；王宏治：《中国刑法史稿》，中国政法大学出版社1991年版；李文玲：《中国古代刑事诉讼法史》，法律出版社2009年版；宁汉林、魏克家：《中国刑法简史》，中国检察出版社1999年版；高绍先：《中国刑法史精要》，法律出版社2001年版；等等。

古代刑罚的研究又主要集中于生命刑、自由刑和财产刑，相较而言对资格刑的研究较为薄弱，可能是由于前者多为主刑，而资格刑多为附加刑之故。笔者认为，无论是主刑还是附加刑，都应做深入细致的研究，才能更为完善地再现古代刑罚的功能，以资当今借鉴。

实际上，中国古代资格刑的种类非常繁杂，如先秦时期就有不齿，秦朝时有废、夺爵，汉朝时的禁锢、除名，隋唐以后的除名、免官、免所居官、勒停、追官、降官，以及明清时期的革职、永不叙用等。遗憾的是，学界对这些古代资格刑的研究却甚为贫乏。是故本书欲弥补这一缺憾，以禁锢为考察中心，向前溯其源头——不齿，向后与除名、免官等进行比较，力争厘清禁锢的源流、性质、适用、特点和作用，并阐释其对当今剥夺政治权利刑的借鉴之处，以达古为今用之效。

本书以禁锢为中心试图揭开中国古代资格刑之冰山一角，选题意义如下：

(1)可以弥补古代资格刑研究的不足。截至目前，国内外系统研究中国古代禁锢刑的专著尚未见到，论文也寥若晨星。一些学人从历史学的视角对禁锢、除名等进行了专门研究，但要么只涉及某一朝代要么只涉及禁锢刑的部分内容或某个侧面。是故，本书通过静态的律令规定和动态的案例运行相结合的方法去分析中国古代禁锢刑的具体适用，力争恢复禁锢刑的本来面并且对其作用给出一个较为客观的评价，具有一定的创新意义。这亦是本书研究的学术价值。

(2)有利于完善当今资格刑的相关规定。学术研究的价值应主要体现在对时代脉搏的把握和对现实的关注上。不可否认，历史是折射当今的一面棱镜,“以古为镜,可以知兴替;以人为镜,可以明得失”。[①] 同样道理,探寻古代资格刑尤其是禁锢刑的历史流变并非只是为了简单地还原其在历史上的真实存在,更为重要的是阐明其作用,明晰其不足,从而达到扬优弃劣的目的,为完善当今剥夺政治权利之资格刑提供参考和借鉴。客观而言,当今中国正处于社会巨变的转型期,官民矛盾相当突出,这严重影响了当下和谐社会的构建,其中官员腐败问题尤甚。通过对古代资格刑尤其是禁锢刑的表达与实践之研究,可以挖掘规制腐败官吏的刑法路径,从而促进当今廉政建设并进一步弘扬优良的伦理文化。这正是本书研究的实践价值。

二、相关研究综述

英国享誉世界的经典物理学家牛顿曾言:“在科学的道路上,我之所以能取得一点成绩,是因为我站在巨人的肩膀上。”[②]申言之,学术研究不能自说自话而沾沾自喜,而应纵览国内外前人之相关研究成果,在已有成果的基础上推陈出新,这才是学术研究的真正价值。我国著名民法学家梁慧星教授也说过:“撰写法学论文,选题确定后,要调查搜集研究资料,然后对这些资料进行研究,通过对这些资料的研究得出你的研究结果。”[③]由此可见,搜集资料是论文写作的基石,尽可能地撷取国内外相关资料才能使研究结论更为可靠。就笔者涉猎的范围来看,涉及古代资格刑的专著尚未得见,论文也只有寥寥几篇,还有一些关于刑法史的论著中间或论及一些古代资格刑的内容。下面对以禁锢为主要研究对象的古代资格刑之研究成果具体综述如下:

---

① (后晋)刘昫等:《旧唐书》卷七十一《魏徵传》,中华书局 1975 年版,第 2561 页。

② 《牛顿名言名句大全》,载 www.diyifanwen.com,最后访问日期:2017 年 2 月 12 日。

③ 梁慧星:《法学学位论文写作方法》,法律出版社 2006 年版,第 6 页。

（一）国外研究综述

对中国法制史的研究，日本学者有着比较深刻而独到的见解，一则源于地缘相近，二则由于中国存在被日本侵略的历史，导致大量珍贵的历史文献流入日本。关于古代资格刑的研究也不例外，日本著名法制史学者镰田重雄在20世纪60年代就对中国汉朝的禁锢做了比较深入的研究，尤其是对禁锢的考证颇有独见，①其观点在近三十年的时间里一直为日本学界所认可。但在20世纪90年代，随着对包含禁锢的古代资格刑之研究更为深入，关于禁锢的一些争议也不时地呈现在学人面前。尤其是日本另一著名学者若江贤三先生认为，被禁锢者所承担的法律后果不仅仅是为官资格的剥夺，还可能包括身份的降低，甚或禁锢的地域也有一定限制，②从而挑战了镰田重雄关于禁锢的定见，当然这亦可以看做对中国古代禁锢资格刑研究的进一步加深。镰田重雄和若江贤三两位学者主要是对汉代禁锢进行综合考证，在将其定性为一种刑罚后，讨论其适用及效力，且所用案例仅拘于汉代，尚缺乏对禁锢的全面纵向分析，不仅对禁锢的适用对象分析不够全面，而且对禁锢的流变及作用也缺乏深入的分析。另一位日本学者西田太一郎于20世纪70年代出版的《中国刑法史研究》对中国古代刑罚的缘坐、并合罪研究较细，对古代资格刑研究不够。③ 当然三位学者已克服了如下观点的不足。

---

① ［日］镰田重雄：《汉代の禁锢》，载［日］镰田重雄：《秦汉政治制度の研究》，日本学术振兴会1962年版，第484～510页。

② ［日］若江贤三：《古代中国における禁锢》，载安藤正士：《中国史における正统と异端》（二），岩波书店1991年版，第30～45页。

③ ［日］西田太一郎：《中国刑法史研究》，段秋关译，北京大学出版社1985年版，第148～190页。

“早期传统的中国知道的刑罚有三种：死刑、肉刑、徒刑（艰苦劳役）”，[①]因为中国古代确实存在大量资格刑，尽管以当今之资格刑去冠以古代之不齿、禁锢、除名、免官等可能确有不当之嫌，但也是不得已而为之，毕竟研究历史须要选择一参照点，而以当代的法律体系作为参照系又最易为今人所理解和认同，故只有勉为迁就。外国学人虽然对中国古代刑罚乃至古代资格刑的认识有许多不足之处，但亦可作为本书深入研究中国古代资格刑禁锢的重要参考。

（二）国内研究综述

最早关注古代资格刑的我国学者当推沈家本先生，在其20世纪初成书的《历代刑法考》之《刑法分类考十七》篇中，考证了免、免官、除名、禁锢[②]等古代资格刑的存在，尽管主要是析出史料，但沈家本先生将其列入刑名来考证，本身似乎孕育了禁锢等属于一种刑罚的萌芽。接着，程树德先生在20世纪二三十年代出版的《九朝律考》一书中，对汉朝至隋朝的禁锢[③]进行了考证，尽管依然主要是史料爬梳，但程树德先生亦将其列入“律考”，可见其也倾向于认为禁锢属于一种刑罚。当然，两位老先生对禁锢等古代资格刑的考证实属开山之举，尽管史料梳理尚不够全面，但也为后人继续深入研究做了开路先锋。

此后直至20世纪80年代，由于战争的频发以及新中国成立后

---

① [英]崔瑞德、鲁唯一：《剑桥中国秦汉史》，中国社会科学文献出版社1993年版，第92页。

② 沈家本：《历代刑法考》（一），邓经元、骈于骞点校，中华书局1985年版，第483～491页。

③ 准确而言，只有汉律、魏律、晋律、梁律和后魏律有禁锢之刑名规定，其他四律则无。参见程树德：《九朝律考》，中华书局1963年版，第51、203、249、322、334、368页。除名之刑名规定，参见程树德：《九朝律考》，中华书局1963年版，第47、250、322、369、420页。

的多次政治运动,学术研究几近处于停滞状态,笔者仅查到一篇关于东汉党锢之争的论文,①并且这篇文章是从历史学的角度来评析东汉党锢之祸,间或涉及禁锢的滥用。随着20世纪80年代初的改革开放践行于神州大地,学术研究也开始呈现欣欣向荣之景象。但遗憾的是,较早刊印的几本著名刑法专家的《中国刑法史》专著对古代资格刑及禁锢等涉猎几未论及。② 既可能是因为处于刚刚转型的政治环境,也可能是由于资格刑处于刑法边缘之边缘的缘故!

真正关注古代资格刑研究始于20世纪90年代中期以后,刑法学者吴平于1996年发表了《略论我国历史上的资格刑》一文,全文分6个部分:奴隶制刑法中的资格刑、秦朝刑法中的资格刑、汉朝刑法中的资格刑、唐朝刑法中的资格刑、近代刑法中的资格刑、说明和小结。③ 吴平老师作为长期致力于研究资格刑的刑法学者,尽管其主研方向是当代刑法中的资格刑,探讨资格刑的渊源——古代资格刑可能是为了完善当今资格刑相关规定,但其旗帜鲜明地提出古代资格刑的存在,尽管论证尚显单薄,史料亦明显不够,但其观点依然值得重视。随后吴平老师又在其代表作《资格刑研究》第一章专门探讨了中国历史的资格刑,补充了论文《略论我国历史上的资格刑》的不足。④ 世纪之交,宁汉林、魏克家在其合著《中国刑法简史》第2章中,专章探讨了"除名、免官、官当制度的演变"。⑤ 其中除名和免官属于古代资格刑的研究范围,官当则属贵族官僚特权制度,与资格刑炯然有别。即使对除名和免官的研究,

① 王吉林:《略论东汉政局与党锢之祸的影响》,载《史学通讯》1967年第6期。

② 乔伟:《中国刑法史稿》,西北政法大学科研处印1982年版;蔡淑衡:《中国刑法史》,群众出版社1985年版;周密:《中国刑法史》,群众出版社1985年版。

③ 吴平:《略论我国历史的资格刑》,载《甘肃政法学院学报》1996年第1期。

④ 吴平:《资格刑研究》,中国政法大学出版社2000年版,第3~26页。

⑤ 宁汉林、魏克家:《中国刑法简史》,中国监察出版社1999年版,第296~309页。

两前辈也只是限于史料累积,评述很少。高绍先教授在其《中国刑法史精要》一书中,明确提出古代资格刑的观点,并给出资格刑的定义:"资格刑是以剥夺犯罪者从事某种职务或行使一定权利的资格为内容的,是与对犯罪者剥夺生命、剥夺自由、剥夺财产并立的另一种剥夺"。① 接着高教授对"不齿""禁锢""除免"三种资格刑进行论述,虽然不够详尽,且有些观点值得商榷,但却成为许多学人引用的重要来源。②

进入21世纪后至今,只有几篇论文关注了古代资格刑的研究,如我国台湾地区学者廖伯源曾专门撰文对汉代禁锢的起源、流变、形成原因及解除等方面做了比较深入的考证。③ 与廖伯源先生认为禁锢是一种刑罚相左的观点由陈松青老师提出,他认为汉代禁锢是一种行政处分。④ 随着张家山汉简的出土,其中有关于"锢"的记载,禁锢得到了一定程度的探讨,如张伯元先生认为张家山汉简中的"锢"并非是"禁锢""终身不得仕"之意,而是对隶臣、隶妾等罪犯不得以"爵偿、免、除及赎"的一种身份刑。⑤ 曹旅宁先生则在对张家山汉简的研究过程中,对"锢"学作出两种解释:一是表禁锢之意;二是类似张伯元解释的表示一种身份刑之意。⑥ 由此可见,由于汉简的出土,关于汉代禁锢的研究成果较多,其他朝代的禁锢等资格刑研究则非常薄弱,如在可以查到的4篇硕士论文中,就

① 高绍先:《中国刑法史精要》,法律出版社2001年版,第423页。

② 值得一提的是,这两本刑法史著作在未出版前曾作为笔者的讲义,给本科生和研究生讲授,所以其关于古代资格刑及观点论述可能早于其他论著。

③ 廖伯源:《汉禁锢考》,载廖伯源:《秦汉史论丛》,五南图书出版股份有限公司2003年版,第245~264页。

④ 陈松青:《汉代禁锢说略》,载《历史教学》2003年第1期。

⑤ 张伯元:《出土法律文献研究》,商务印书馆2005年版,第229页。

⑥ 曹旅宁:《释张家山汉简〈贼律〉中的"锢"》,载《简牍学研究》2004年第10期。

有两篇是研究汉代禁锢的，一是黄河的《汉代禁锢研究》，由于其属于历史学论文，故作者以历史性的视角，剖析了汉代禁锢的对象、法律效力、刑期、特点和影响。① 二是白超的《两汉禁锢考论》，由于其属于法史学论文，故作者以制度考量的视角，分析了禁锢的性质、特点、形成原因、适用，并给予了禁锢一个较为客观的历史评价。② 这两篇关于禁锢的论文相比而言，前者史料更为殷实，后者辨析较为独到且引用外文文献较多，但二者的论文篇幅均不到 3 万字，无论是史料还是论证均有不少须加强之处。鲍舒婷的硕士论文是研究魏晋时期禁锢的，也是法史学论文，其特征是研究断代史中的禁锢，且在文后将禁锢案例一一列出是其优点，属于在汉代之外的另一朝代新的尝试，但除史料尚可外论证不足。③ 张德欣的硕士论文欲克服只研究一个朝代禁锢的不足，而是首先考证禁锢的辞义、源流及成因、本质，接着以变迁的视角切入近现代之褫夺公权和新中国之剥夺政治权利，最后评价了禁锢的正反两方面的作用。④ 申言之，该生论文立题宏大，但仅以 2 万多字的篇幅欲厘清禁锢的千年变迁，可能失之于单薄。但此文的结构却可以作为本书论证的参考。此外，吕红梅博士亦有两篇论文论及秦汉时期的禁锢，⑤还有一些论文间或论及汉代禁锢。⑥ 这几篇小论文从某个朝代的禁锢或禁锢的某点进行阐述，研究相对更为深入集中，可以作为本书写作

① 黄河：《汉代禁锢研究》，吉林大学 2006 年硕士学位论文，第 1 ~ 47 页。

② 白超：《两汉禁锢考论》，厦门大学 2014 年硕士学位论文，第 1 ~ 44 页。

③ 鲍舒婷：《魏晋南北朝时期的禁锢研究》，华东政法大学 2015 年硕士学位论文，第 1 ~ 48 页。

④ 张德欣：《禁锢考析》，西南政法大学 2010 年硕士学位论文，第 1 ~ 35 页。

⑤ 吕红梅：《略论秦汉时期的禁锢》，载《求索》2006 年第 9 期；吕红梅：《略论两汉时期的禁锢》，载《首都师范大学学报》2006 年第 6 期。

⑥ 朱子彦：《论东汉党锢的缘起与党人失败原因》，载《史学集刊》2010 年第 2 期；郭秀琦：《“通鉴”所记“”除汉宗室禁锢“辨误”》，载《阴山学刊》2001 年第 3 期，等等。

论证时的参考。但诸多研究仅仅集中于汉代的禁锢,[①]其他朝代的禁锢研究严重不足,也给本书创新留下了一定的空间。

除古代资格刑禁锢外,还有几篇关于其他古代资格刑的论文,虽然不是本书研究的中心,但却可以与禁锢比较辨析,且更能说明古代资格刑在立法和司法上的普遍性,如对古代除名资格刑的研究也有一些成果,如夏志刚对北魏除名制度进行了研究,并总结了其特点。[②] 李传成对隋唐除名制度的研究,以列表的形式将隋、唐二朝罪吏情况详细列出,并通过对除名适用罪名的分析,总结了隋唐除名制的特征、作用和影响,是一篇优秀的历史学硕士论文。[③] 也有学者撰文对唐代除名制度做了一些探讨,主要从唐代除名的含义、适用范围和执行进行了比较细致的分析。[④] 难得的是还有学人专门对宋代的资格刑的适用进行了研究,[⑤]全文对宋代的除名、免官、免所居官、展磨勘、降名次、勒停进行了细致的分析,尽管有些观点尚值得商榷,但其率先以断代资格刑为研究对象进行统合研究值得提倡。

综上所述,目前对中国古代资格刑的系统研究非常薄弱,对禁锢、除名的研究尚无专著或博士论文,且已有的研究成果或仅限于一个朝代,或只是在论著中偶尔涉猎。要言之,当下关于古代资格

① 以禁锢为关键词在中国知网上进行搜索,仅搜到汉代以外关于禁锢的论文2篇,即付开镜:《魏晋南北朝政府对官员的禁锢惩治》,载《克拉玛依学刊》2014年第1期;鲍舒婷:《魏晋南北朝时期的禁锢研究》,华东政法大学2015年硕士学位论文。

② 夏志刚:《北魏除名制度特点探析》,载《青海社会科学》2007年第3期;夏志刚:《北魏除名制度管窥》,载《贵州文史论丛》2007年第3期。

③ 李传成:《隋唐除名制度研究》,山东大学2010年硕士学位论文,第1~63页。

④ 王伟歌、张剑光:《唐代官员除名制度探析》,载《江苏技术师范学院学报》2010年第5期。

⑤ 魏殿金:《宋代适用于犯罪官员的资格刑》,载《烟台师范学院学报》2002年第3期。

刑尤其是禁锢性的研究不系统、成果少。是故笔者欲以古代资格刑禁锢为切入点,以十三经及二十四史的史料为主要材料,对禁锢的前身——“不齿”、禁锢的流变及适用做以较为深度的阐释,最后阐明其功能及对当今剥夺政治权利刑的借鉴,力求达到古为今用之鹄的。

三、材料来源与研究方法

法制史的研究必须建立在广泛搜集资料的基础之上。因此,对于古代资格刑之禁锢进行研究,首要的就是尽可能地挖掘与禁锢相关的资料。对于笔者搜集到的与古代资格刑有关的论文及著作,文献综述已颇详细,此处不再赘述。值得一提的是,由于禁锢在历史上一直未入律典,唐朝以后大多以皇帝的诏令、敕、谕的形式出现,这就需要笔者重点关注两类原始资料:一类是与禁锢的相关的“立法”规范之史料。这类原始资料主要来源于《十三经注疏》及二十四史。具体办法是先爬梳出与禁锢相关的史料,再进行类型化分析,以阐明关于禁锢的相关规范。另一类是关于禁锢如何运行的史料。因为法律规范并非凭空而设,皇帝的诏敕颁布往往是对大臣上疏的答复,所以对历朝大臣奏议上疏的分析有助于把握禁锢运行背后的各类影响因素,如明代黄淮、杨士奇编的《历代名臣奏议》就包含古代资格刑禁锢的疏议。此外,其他史料如《册府元龟》《宋会要辑稿》《元典章》《明实录》《清实录》中涵盖的一些古代资格刑的案例也有助于我们进行更为细致、深入的研究。

学术研究不仅要首先占有资料,还要运用合适的研究方法分析、阐释资料。黑格尔曾经说过:“方法并不是外在的形式,而是内容的灵魂和概念。”①贺卫方教授亦言:“一门学科必须有自己主流

① [德]黑格尔:《小逻辑》,贺麟译,商务印书馆1980年版,第427页。

或基本的研究方法,其他学科的研究方法所给予我们的只是一种补充或启发。"①而法制史的基本研究方法就"必须用史料、事实说话,论从史出"。② 鉴于此,笔者将综合运用多学科的研究方法,如法学、历史学、社会学等学科的方法,并将这些方法交叉使用,目的是多角度、全方位地阐释古代资格刑禁锢的运行及功能。

(一)规范分析与案例分析相结合之法

法学研究离不开对规范的分析,这是研究的基础,法律史的研究也不例外。实证法学派大师凯尔森精辟地指出:"事实惟有成为法律规范之内容,即为法律规范所创制时,始为纯粹法理论之对象。"③这里的法律规范实为一种抽象的规范,对它的揭示离不开对具体案例的分析。法律史的文献分析主要是对史料的爬梳与阐释,不仅分析古代资格刑的静态立法规范,而且通过具体案例文献的解析来展示古代资格刑的运行。诚如瞿同祖老先生所言:"社会现实与法律条文之间,往往存在一定的差距。如果只注重条文,而不注意实施情况,只能说是条文的形式的、表面的研究,而不是活动的、功能的研究。"④因此,只有将静态的规范分析和动态的案例运行结合起来,方能更全面地把握古代资格刑禁锢之全貌。

(二)历史分析与统计分析相结合之法

通过对古代资格刑"不齿"与禁锢的图表式统计,厘清二者在各个朝代的具体适用数量与适用类型,从而分析二者的变迁原因及辐射的功能,以此来考量禁锢刑的表达与实践背后深刻的历史根源。这是一种历史学与社会学研究方法相结合的研究方法,目的是通过

① 转引自马小红:《"确定性"与中国古代法》,载《政法论坛》2009 年第 1 期。
② 方慧主编:《中国历代民族法律典籍》,民族出版社 2004 年版,前言第 1 页。
③ [奥]凯尔森:《纯粹法理论》,张书友译,中国法制出版社 2008 年版,第 5 页。
④ 瞿同祖:《中国法律与中国社会》,中华书局 2007 年版,导论第 3 页。

微观的数量研究去展示宏观的制度变迁,这种综合的研究方法可以更为真实地再现研究对象的历史源流及其变迁的原因及规律。

(三)比较分析方法

比较见异同。比较分析法是将客观事物加以比较,以达到认识事物之本质和规律的研究方法。本书重在对古代资格刑中的不同刑种或同一刑名在不同时代的情况进行比较,目的是加深对禁锢的理解与认知。其中"不齿"与禁锢的辩正属于同一刑种的不同时代的复式比较,除名与禁锢的比较则属于不同刑种之间的辨异。笔者希冀通过此法还原禁锢作为资格刑在历史上的原貌,并在"比较法律史"①的视角之下,归纳出禁锢的特点及作用,以资对完善当今剥夺政治权利刑有所借鉴。

---

① [德]K. 茨威格特、H. 克茨:《比较法总论》,潘汉典、米健等译,法律出版社2003年版,第12页。

第一章　禁锢的前身——“不齿”刑

刑法学界一般认为，刑罚方法可以分为生命刑、自由刑、财产刑和资格刑四类。其中，资格刑是“剥夺犯罪分子行使某种权利的资格的刑罚方法”。[①] 无可否认，资格刑在中国刑法史上亦颇丰富，如先秦的“不齿”，秦朝的“废”、汉朝以后的“禁锢”“除名”等，可惜的是相关研究却不多见，“不齿”尤甚。[②] 著名法学大师沈家本在《历代刑法考》中也只是在考释“禁锢”条时，引用了《礼记·王制》中“屏之远方，终身不齿”的一段史料，然后阐释为：“不齿者，终身屏弃，不复见录。此虽无禁锢之名而即禁锢，勿令仕。”[③]对“不齿”刑未再细究。有学者认为：“所谓不齿者，用现代话来说，即剥夺政治

---

① 高铭暄主编：《刑法学》，北京大学出版社2000年版，第136页。

② 在CNKI网上，以“不齿”为关键词进行搜索，尚未看到关于“不齿”刑的文章。以“禁锢”为关键词搜索，与古代禁锢刑有关的论文有：黄河：《汉代禁锢研究》，吉林大学2006年硕士学位论文。吕红梅：《略论两汉时期的禁锢》，载《首都师范大学学报》2006年第6期；吕红梅：《略论秦汉时期的禁锢》，载《求索》2006年第5期；郭秀琦：《通鉴所记“除汉宗室禁锢”辨误》，载《阴山学刊》2001年第3期；张德欣：《禁锢考析》，西南政法大学2010年硕士学位论文。以“除名”为关键词搜索，与古代资格性有关的论文有：王伟歌、张剑歌：《唐代官员除名制度探析》，载《江苏技术师范学院学报》2010年第3期；夏志刚：《北魏除名制度特点探析》，载《青海社会科学》2007年第3期；夏志刚：《北朝除名制度管窥》，载《贵州社会科学》2007年第4期。最后访问日期：2015年12月28日。

③ 沈家本：《历代刑法考》(一)，中华书局1985年版，第491～492页。

权利之谓也。”[①]也有学者将“不齿”置于资格刑的范畴下进行论述。[②] 值得追问的是,“不齿”真的是资格刑吗?有无其他意义?若“不齿”可以作为资格刑一种,其适用对象、刑期效力如何?有何特点与作用?本章欲以相关史料为支撑,厘清关于“不齿”的上述疑问,以之为古代资格刑研究的引玉之砖。

一、“不齿”释义

齿的本意,《说文解字》的解释是:“口断骨也。象口齿之形,止声。凡齿之属皆从齿”,[③]进而对断的释意为“齿本也”。[④] 清末的章太炎先生对“断”做了进一步的解释:“牙根之根当作断,根,断音近。牙根 = 牙断。笑不至断。”[⑤]据此,简言之,齿的本意即牙齿,由于人的牙齿一般系整齐排列,由此衍生出“并列”[⑥]“次列”[⑦]之意,且二书均引用了同一史料来予以佐证:“周之宗盟,异姓为后,寡人若朝于薛,不敢与诸任齿。”[⑧]孔颖达疏:“齿是年之别名,人以年齿相次列,以爵位相次列亦名为齿。”[⑨]孔氏对前述史料的诠释说明,至少在春秋时期,齿已可解释为“年龄”之意,并以年龄的次列引申到官位或爵位的排列上了。由此进一步衍生出“齿”的又一义项

---

① 张紫葛、江山:《剥夺政治权利考》,载《西南政法学院学报》1981 年第 2 期。

② 如吴平:《略论我国历史上的资格刑》,载《甘肃政法学院学报》1996 年第 1 期;高绍先:《中国刑法史精要》,法律出版社 2001 年版,第 424 页。

③ (东汉)许慎:《说文解字》,(宋)徐铉校定,中华书局影印本 1963 年版,第 44 页。

④ 同上。

⑤ 王宁主持整理,朱希祖、钱玄同、周树人记录:《章太炎说文解字授课笔记》(缩印本),中华书局 2010 年版,第 92 页。

⑥ 《辞海》,上海辞书出版社 1979 年版,第 4586 页。

⑦ 《辞源》(修订本)(第 1 册),商务印书馆 1979 年版,第 3601 页。

⑧ 杨伯峻编著:《春秋左传注》之《左传 · 隐公十一年》,中华书局 1990 年版,第 72 页。

⑨ 《辞海》,上海辞书出版社 1979 年版,第 4586 页。

“收录”[1]“录用”。[2] 其中,前者用《北史》之“摈落私门,不加收齿”[3]为证,后者则用《礼记》之“终身不齿”[4]为例。至此,“齿”的意思已经由身体组织的部分扩展至与官位体系密切相关了。

“齿录”的含意,《辞海》的解释为“收录”,[5]且举一史料“世祖太武皇帝(北魏世祖)巡江之日,时年二岁……以臣年小,不及齿录”[6]予以佐证;《辞源》对“齿录”的释意为“收录、叙用”,[7]也举二段史料予以佐证:“前后奉表,贡使相望,未審津途寇险,竟不仰达;为天朝高远,未蒙齿录。”[8]“濬有二孙,过江不见齿录。”[9]由此可见,“齿录”几已脱离“齿”的本意,而主要使用其引申意“录用为官”了。

令人吊诡的是,“不齿”却吸收整合了“齿”与“齿录”的否定面的双重含义。《辞海》对“不齿”的释意为:“①不收录②不能同列,不与同列。表示极端鄙视。”[10]其中第一条义项举史料“降霍叔于庶人,三年不齿”[11]为证,并用孔安国传“三年以后乃齿录封为霍侯”[12]进一步论证。第二条义项则用两段史料予以说明:“陈涉之位,不齿于齐、楚、燕、赵、韩、魏、宋、卫、中山之君”,[13]颜师古注“齿,谓齐列

---

① 《辞海》(修订稿)之《语词分册》(下),上海人民出版社 1977 年版,第 2194 页。

② 《辞海》(修订本)(第 1 册),商务印书馆 1979 年版,第 3601 页。

③ (唐)李延寿:《北史》卷六五《李谔列传》,中华书局 1974 年版,第 2615 页。

④ 王文锦译解:《礼记译注》(上)之《礼记·王制》,中华书局 2001 年版,第 178 页。

⑤ 《辞海》,上海辞书出版社 1979 年版,第 4587 页。

⑥ (北齐)魏收:《魏书》卷四十三《文晔列传》,中华书局 1974 年版,第 966 页。

⑦ 《辞源》(修订本)(第 1 册),商务印书馆 1979 年版,第 3601 页。

⑧ (北齐)魏收:《魏书》卷九十九《卢水湖沮渠蒙逊列传》,中华书局 1974 年版,第 2203 页。

⑨ (唐)房玄龄等:《晋书》卷四十二《王濬列传》,中华书局 1974 年版,第 1216 页。

⑩ 《辞海》,上海辞书出版社 1979 年版,第 3041 页。

⑪ (汉)孔安国传:《尚书正义》之《尚书·蔡仲之命》,(唐)孔颖达注,上海古籍出版社 2007 年版,第 660 页。

⑫ 同上书,第 660 页。

⑬ (东汉)班固撰:《汉书》卷三十一《陈涉项籍列传》赞引贾谊《过秦论》,(唐)颜师古注,中华书局 2005 年版,第 1406 页。

如齿”则说得更为明白；另一史料举“淫奔之耻，国人不齿也”[①]为证。而《辞源》对“不齿”的解释亦有两个义项：“（一）不与同列，表示极端鄙视。（二）周制，官司分九等，叫‘九命’。‘三命官’参加按年齿排座次，位居一般人之上，叫‘不齿’。”[②]前一义项举三段史料为证：“降霍叔于庶人，三年不齿”；[③]“淫奔之耻，国人不齿”；[④]“以为士人不齿，放弃终身”。[⑤] 后一义项则举史料“壹命齿于乡里，再命齿于父族，三命而不齿”[⑥]为证。比较《辞海》与《辞源》对“不齿”的释义，虽似相近，但也有不同。《辞海》的释义实际上包含3种意思：一是不收录；二是不能同列，不与同列；三是表示极端鄙视。并且3段史料亦能支撑这3个义项，霍叔“三年不齿”即将霍叔贬为庶民，3年不得为官，这在“三年后又录为霍侯”亦可看出“不齿”是一种资格刑处罚，有点类似于当今刑法规定的剥夺政治权利3年。陈涉“不齿”于各诸侯王，即不能与各诸侯王同列。至于对男女私奔，为人“不齿”则与现代“不齿”之意几近相同，即国人对其极端鄙视。但后两种“不齿”的意思至多是道德意义上的评价，尚不能上升到资格刑的高度。而《辞源》却只包含“不齿”这两个义项：一是不与同列；二是表示极端鄙视。尤其是其第二个义项实为“不与同列”之意。在此意义上，《辞源》对“不齿”的义项分类不够准确，其所举的

---

① 《十三经》之《国风·鄘风·蝃蝀序》，吴树平等点校，北京燕山出版社1991年版，第241页。

② 《辞源》（修订本）（第1册），商务印书馆1979年版，第72页。

③ （汉）孔安国传：《尚书正义》之《尚书·蔡仲之命》，（唐）孔颖达注，上海古籍出版社2007年版，第660页。

④ 《十三经》之《国风·鄘风·蝃蝀序》，吴树平等点校，北京燕山出版社1991年版，第241页。

⑤ （北宋）沈括：《元刊梦溪笔谈》卷二十五《杂志二》，文物出版社1975年版，第15页。

⑥ 《十三经》之《周礼·地官党正》，吴树平等点校，北京燕山出版社1991年版，第414页。

“三命而不齿”史料,亦即“三命官”不与常人同列之意。此外,其第一个义项所举的《诗经》和《梦溪笔谈》史料接近于对“私奔”男女和“一类人”道德意义上的评价,与“不与同列或表示极端鄙视”尚可说通,当然,笔者认为“表示极端鄙视”可能更准确、更贴切些。若将周初霍叔“三年不齿”也归于此义项之下,至少是不太合适的,因为若仅“不齿”而言似还勉强说通,加上“三年”则就不仅仅是道德意义上的评价,而是法律意义上实实在在的资格刑了。因为此处的“不齿”不仅包括罪吏现有官职的免除,而且更重要的是还涵盖“在一定期限内或终身不得为官”之意,更符合刑罚的特点,是故这种对人未来做官的权利予以剥夺的处罚,是一种实实在在的作为刑罚手段的资格刑,而绝非只是道德意义上的评价。综上分析,笔者认为,“不齿”在古代史籍中主要有两个意思:一是在一定期限内不再录用或叙用为官,系法律意义上的资格刑惩罚,即“不齿”刑,如“其能改者反于中国,不齿三年;其不能改而出圜土者,杀”①“其身虽故,子孙并宜屏黜,终身不齿”②等。二是不与用人同列,表示对其极端鄙视,当属道德评价意义上的“不齿”,如“有贰车者之乘马服车不齿”③“惠庄太子,本名成义。初生,武后以母贱,欲不齿”④等。下面着重对前者——“不齿刑”进行探讨。

二、“不齿”刑的表达及运行

由于在历朝律典中尚未查到“不齿”刑相关规定,故笔者只能退

---

① 《十三经》之《周礼·秋官司寇第五》,吴树平等点校,北京燕山出版社 1991 年版,第 479 页。

② (唐)魏征等:《隋书》卷五十八《陆爽列传》,中华书局 1973 年版,第 420 页。

③ (东汉)郑玄注、(唐)孔颖达正义:《礼记·少仪第十七》,上海古籍出版社 2008 年版,第 1399 页。

④ (宋)欧阳修、宋祁:《新唐书》卷八十一《三宗诸子列传》,中华书局 1975 年版,第 3600 页。

而求其次，以经史中收集到的资料为依托，将“不齿”静态的史料表达与动态的案例运行结合起来，力求恢复“不齿”刑之本来面目，以加深对“不齿”刑的理解。

（一）静态的史料表达

据《十三经》《资治通鉴》与二十四史记载，“不齿”的具体案例及相关史料如下表所示：

“不齿”史料统计①

朝代	出处	“不齿”刑案例	“不齿”刑的上疏、诏令	道德评价意义的“不齿”
周	《十三经》	1	3	7
汉	《汉书》	1		
	《后汉书》		2	
魏晋南北朝	《三国志》	1	2	1
	《晋书》		4	3
	《北史》	5		
	《魏书》	2		2
	《宋书》	1		2
	《北齐书》	2		
隋	《隋书》	2		
唐	《旧唐书》	4	3	2
	《新唐书》	2	4	1
五代	《旧五代史》	4		
宋	《宋史》	1	5	5

① 各史料中有一小部分几近相同者，如北史与宋书、北齐书等，新唐书与旧唐书等，在此未一一列出，后面论述时详解。

续表

<table>
<tr><th>朝代</th><th>出处</th><th>“不齿”刑案例</th><th>“不齿”刑的上疏、诏令</th><th colspan="3">道德评价意义的“不齿”</th></tr>
<tr><td>金</td><td>《金史》</td><td>1</td><td></td><td colspan="3">1</td></tr>
<tr><td>元</td><td>《元史》</td><td>1</td><td></td><td colspan="3"></td></tr>
<tr><td>明</td><td>《明史》</td><td>1</td><td></td><td colspan="3">3</td></tr>
<tr><td>清</td><td>《清史稿》</td><td></td><td>3</td><td colspan="3">2</td></tr>
<tr><td></td><td>《资治通鉴》</td><td>2(唐、宋各1)</td><td>3(宋)</td><td rowspan="3">5</td><td>北魏</td><td>1</td></tr>
<tr><td></td><td></td><td></td><td></td><td>唐</td><td>2</td></tr>
<tr><td></td><td></td><td></td><td></td><td>宋</td><td>2</td></tr>
<tr><td></td><td></td><td>31</td><td>29</td><td colspan="3">34</td></tr>
</table>

根据上表,计有31件适用“不齿”的案例和29条关于“不齿”的大臣上疏或最高统治者的诏令,可见“不齿”刑在漫长的历史进程中为统治者所青睐而不断适用。西周时期已有类似记载,如“司徒修六礼以节民性,明七教以兴民德……不变,命国之右乡简不帅教者移之左;命国之左乡简不率教者移之右,如初礼。不变,移之郊,如初礼。不变,移之遂,如初礼。不变,屏之远方,终身不齿”。[①]“以圜土聚教罢民。凡害人者,置之圜土而施职事焉,以明刑耻之。其能改过,反于中国,不齿三年。其不能改而出圜土者,杀。”[②]“司圜掌收教罢民。凡害人者弗使冠饰,而加明刑焉,任之以事而收教之。能改者,上罪三年而舍,中罪二年而舍,下罪一年而舍。其不能改而出圜土者,杀;

① (清)孙希旦撰:《礼记集解》卷十三《礼记·王制第五》,中华书局1989年版,第361~363页。

② 杨天宇撰:《周礼译注》之《周礼·秋官司寇·大司寇之职》,上海古籍出版社2004年版,第508~509页。

虽出,三年不齿。”[①]这几段史料中的“不齿”之罚即是对那些不从教化或教而不改者实施的,即在3年内或终生不得任官职,这一点对后世影响很大。唐朝的教授法规定:“有不率教者,槚楚之,国子移礼部,为太学生;太学又不变,徙之四门;四门不变,徙本州之学;复不变,繇役如初,终身不齿。”[②]此外,对那些受过肉刑者,则剥夺其任官的资格,如三国时期曹操麾下的少府孔融反对恢复肉刑时曾言:“(肉刑)不能止人遂为非也,适足绝人还为善耳。虽忠如鬻拳,信如卞和,智如孙膑,冤如巷伯,才如史迁,达如子政,一离刀锯,没世不齿。是太甲之思庸,穆公之霸秦,南睢之骨立,卫武之初筵,陈汤之都赖,魏尚之临边,无所复施也。”[③]让人吊诡的是,当时主张恢复肉刑的钟繇亦上疏:“是以民无耻恶,数为奸盗,故刑徒多而乱不治也。苟教之所去,罚当其罪,一离刀锯,没身不齿,邻里且尤耻之,而况于乡党手?而况朝庭乎?”[④]二者虽目的迥异,但对受过肉刑的“一离刀锯”之人“没世(身)不齿”的规范则认识颇为一致。甚至到了清王朝,尚有兵部侍郎舒赫德上书乾隆皇帝要求对不法士人处以“不齿”,“必变今之法,行古之制,将治宫室、养游士,百里之内,置官立师,讼狱听于是,军旅谋于是。又将简不率教者,屏之远方,终身不齿。毋乃纷扰而不可行?”[⑤]由此可见,“不齿”刑在历史上客观存在并绵延至清末当不会有太大疑问。

---

① 杨天宇撰:《周礼译注》之《周礼·秋官司寇·士师之职》,上海古籍出版社2004年版,第539页。

② (宋)欧阳修、宋祁:《新唐书》卷一百六十四《归崇敬列传》,中华书局1975年版,第5038页。

③ (南朝宋)范晔:《后汉书》卷七十《孔融列传》,中华书局1965年版,第2266~2267页。

④ (晋)陈寿:《三国志·魏书》卷十三《钟繇列传》,中华书局1959年版,第399页。

⑤ 赵尔巽:《清史稿》卷一百八《选举志三》,中华书局1977年版,第3151页。

(二)动态的案例运行

具体而言,“不齿”刑的适用范围大致有以下4类犯罪。

1. 侵犯(王)皇权类犯罪

在中国近四千年的国家政权发展史上,王权或皇权始终是古代社会专制制度的核心,是历朝历代法律保护的基点,一旦触犯,罪可至死,可剥夺本人及其亲属做官的权利,即适用“不齿”刑。

(1)叛乱

早在西周初期,周公就对参与“武庚叛乱”的霍叔适用过“不齿”刑。据史料记载:“惟周公位冢宰,正百工。群叔流言,乃致辟管叔于商,囚蔡叔于郭邻,以车七乘;降霍叔于庶人,三年不齿;蔡仲克庸祗德,周公以为卿士。”①霍叔系周武王和周公的亲弟弟,与管叔、蔡叔共同作为周初“三监”以监视商地的武庚(纣王之子),后被胁迫参与了周公的弟弟管叔、蔡叔、霍叔和武庚发起的反周叛乱。为了维护周王朝的统治,当时摄政的周公对自己的兄弟毫不手软,杀掉了管叔,囚禁并流放了蔡叔,而对情节较轻的霍叔则处以“三年不齿”,即降其为平民,在3年期限内剥夺霍叔做官或获得爵位的资格。

北魏时期,也有因叛乱而被处以“终身不齿”的案例。史载:“是以叡之愆失,处入门诛。朕谛寻前旨,许不尽法。反逆之志,自负幽冥,违誓在彼,不关朕也。反心逆意,即异馀犯,虽欲矜恕,未如之何。然犹忆先言,兼以末颇异议,听自死别府,免厥孥戮,其门子孙,永世不齿。”②这段史料中的陆叡位极人臣,在文明太后称制之时,曾被“许以有罪不死”,③却因“泰不愿迁都,未及发而泰已至,遂潜相扇

① (汉)孔安国传:《尚书正义》之《尚书·蔡仲之命》,(唐)孔颖达注,上海古籍出版社2007年版,第660页。

② (北齐)魏收:《魏书》卷四十《陆叡列传》,中华书局1974年版,第913页。

③ (北齐)魏收:《魏书》卷三十一《于栗单列传》,中华书局1974年版,第738页。

诱,图为叛”,[①]依律应处门房之诛,但虑及“不死之旨”,魏高祖拓拔宏敕令自尽,其子孙则被株连处以“永世不齿”。

(2)不忠

因对皇帝不忠心,而被处以“不齿”者有如下案例:

“弟处乐,官至洛州刺史。汉王谅反,朝廷以为二心,废锢不齿。”[②]此即隋文帝杨坚驾崩之后,其幼子汉王杨谅举兵谋反,当时杨谅手下总府兵曹裴文安建言:“井陉以西,是王掌握之内,山东士马,亦为我有,宜悉发之。”[③]因洛州处于“山东”(今潼关以东)之地,故当时杨广统治集团认为杨处乐有“二心”,不忠君,故贬其为庶民,且永远不得为官。

唐高祖初年时河西李轨自立为皇帝,当李渊派使节封其为凉王时,且“遣其尚书左丞邓晓随使者入朝,表称皇从弟大凉皇帝臣轨而不受官”。[④] 李渊阅表甚怒:“轨谓朕为兄,此不臣也。”[⑤]是故囚禁了邓晓作为人质。而作为人臣的邓晓却“闻轨败,舞蹈称庆。高祖数之曰:‘汝委质于人,为使来此,闻轨沦陷,曾无戚容,苟阅朕情,妄为庆跃。既不能留心于李轨,何能尽节于朕乎?’竟废而不齿”。[⑥] 此史料中的邓晓之所以被“废而不齿”,就是因为唐高祖李渊认为其不忠君之故。

唐太宗贞观“七年正月戊子,斥宇文化及党人之子孙勿齿”。[⑦]

---

① (北齐)魏收:《魏书》卷二十七《穆崇列传》,中华书局 1974 年版,第 663 页。

② (唐)魏征等:《隋书》卷四十三《河间王弘列传》,中华书局 1973 年版,第 1214 页。

③ (唐)魏征等:《隋书》卷四十五《文四子列传》,中华书局 1973 年版,第 1245 页。

④ (后晋)刘昫等:《旧唐书》卷五十五《李轨列传》,中华书局 1975 年版,第 2250 页。

⑤ (宋)欧阳修、宋祁:《新唐书》卷八十六《李轨列传》,中华书局 1975 年版,第 3709 页。

⑥ (后晋)刘昫等:《旧唐书》卷五十五《李轨列传》,中华书局 1975 年版,第 2252 页。

⑦ (宋)欧阳修、宋祁:《新唐书》卷二《太宗本纪》,中华书局 1975 年版,第 33 页。

此处“勿齿”与“不齿”意义相同，亦即剥夺宇文化及党人的子孙为官的资格。究其因，无非是宇文化及曾以下犯上，杀死炀帝且自立为帝，史称“宇文化及弑逆”。① 其党人及子孙则为虎作伥，在李世民看来，多为奸佞之徒，不忠君王，故处以“不齿”刑。

(3)不敬

隋朝初年作为太子洗马的陆爽因“多言”不敬而连及子孙“终身不齿”。陆爽曾上书文帝：“‘皇太子诸子未有嘉名，请依《春秋》之义，更立名字。’上从之。及太子废，上追怒爽云：‘我孙制名，宁不自解？陆爽乃尔多事！扇惑于勇，亦由此人。其身虽故，子孙并宜屏黜，终身不齿。’”②陆爽的子孙就是因为陆爽多言而被连坐处为“终身不齿”的，其正在为官的儿子“法言竟坐除名”。③

(4)清议

清议，简言之，就是古代士人们品评时政、褒贬权贵的言论。这些士人“交友以方，会友以文”，④甚至“连日达夜”，⑤其刺流激俗且令人警醒的言论往往能对当朝权贵的行为产生一定的威慑力量，在东汉时甚至收到了“自公卿以下，莫不畏其贬议，屣履到门”⑥的社会效果。是故东汉党锢之祸后，当朝统治者对犯“清议”者打击颇重。史载：“士人有禁锢之科，亦有轻重为差。其犯清议，则终身不齿……其制唯重清议禁锢之科。若缙绅之族，犯亏名教，不孝及内乱者，发诏

---

① （唐）魏征等：《隋书》卷六十五《赵才列传》，中华书局1973年版，第1541页。

② （唐）魏征等：《隋书》卷五十八《陆瞀列传》，中华书局1973年版，第1420页。

③ （唐）李延寿：《北史》卷二十八《陆爽列传》，中华书局1982年版，第1023页。

④ （南朝宋）范晔：《后汉书》卷四三《朱穆列传》注引蔡邑《正交论》，中华书局1965年版，第1475页。

⑤ （南朝宋）范晔：《后汉书》卷六八《郭泰列传》，中华书局1965年版，第2230页。

⑥ （南朝宋）范晔：《后汉书》卷六七《党锢列传》，中华书局1965年版，第2186页。

弃之,终身不齿。"①此段史料意即若士人敢有"犯亏名教"等方面的清议,则终生剥夺其做官的资格,目的是钳制士人的思想,将其统一到符合皇权专制的主流思想之内。

因犯清议而被处以"不齿"的案例到明朝依然存在。史载:"给事中潮阳陈洸素无赖。家居与知县宋元翰不相能,令其子柱讦元翰谪戍。元翰摭洸罪及帷薄事刊布之,名《辨冤录》。洸由是不齿于清议,尚书乔宇出之为湖广佥事。"②此案中,陈洸即是因著《辨冤录》讽谤时政而被奏清议才处以"不齿"的,尽管这种处罚与明朝嘉靖年间"议大礼"中的权力斗争密切相关,但由"帝入其言,命免罪为民"③来看,陈洸被降为庶民是不会有太大争议的。至于"出之为湖广佥事"则是由"大礼书成,并原洸妻子"④之后的事情。换言之,对陈洸是先处以"不齿"刑的,"出为湖广佥事"之降职处罚则属于法律执行的问题。

2. 职务类犯罪

官吏是历代王朝进行有效统治的基石,被皇帝及法律赋予多项特权,唯此官吏也就容易贪赃滥权,从而激化社会矛盾,危害皇权的统治,是故对官员的犯罪必须严惩。其中,被处以"不齿"刑的主要有:

(1)犯赃

唐玄宗开元十年(723 年)3 月,为了整饬吏治,下诏严惩贪贿官吏:"自今内外官有犯赃至解免以上,纵逢赦免,并终身勿齿。"⑤这项诏令意即只要是官吏因犯贪赃罪而被免职者,即使遇到朝廷赦免令

---

① (唐)魏征等:《隋书》卷二五《刑法志》,中华书局 1973 年版,第 700、702 页。

② (清)张廷玉等:《明史》卷二百六《叶应骢列传》,中华书局 1974 年版,第 5443 页。

③ 同上书,第 5444 页。

④ 同上。

⑤ (后晋)刘昫等:《旧唐书》卷八《玄宗本纪》,中华书局 1975 年版,第 183 页。

下,也终身不得做官,可见对犯赃官吏处罚之重。

五代时期,后晋的重臣杨延寿亦因受贿被处以“终身勿齿”。史载后晋少帝“开运三年已未,二王后守太仆少卿、袭酅国公杨延寿除名配流威州,终身勿齿。延寿奉命于磁州检苗,受赃二百余匹,准律当绞,有司以二王后入议,故贷其死”。① 由此段史料可知,杨延寿因犯赃依律应处绞刑,因享“八议”特权所以才从轻处罚为“终身勿齿”。

金朝时期,海陵帝的宠臣高怀贞因犯赃奸诈,金世宗登基后处以“没身不齿”。史载:“高怀贞,为尚书令史,素与海陵狎昵……怀贞累迁礼部侍郎。大定二年,降奉政大夫,放归田里。五年,与许霖俱赐起复,怀贞为定国军节度使。上戒之曰:‘汝等在正隆时,奸佞贪私,物论鄙之。朕念没世不齿则无以自新。若怙旧不悛,必不贷汝矣,”②怀贞虽后又被任用,但他曾是被处过“没世不齿”。

(2)滥权

官吏滥权是指官吏滥用职权、超越职权而擅自行事的职务类犯罪。有以下 4 种情形:

①酷吏,如武则天执政时的周利贞等酷吏,被大臣姚崇、卢怀慎等表奏其过,玄宗下敕:“涪州刺史周利贞等十三人,皆天后时酷吏,比周兴等情状差轻,宜放归草泽,终身勿齿。”③

②残民蠹国,如宋哲宗时期,朝中多位大臣对吕惠卿、蔡确等人升迁不满,枢密都承旨刘安世上疏:“陛下初践宸极,务从人欲,以吕

① (宋)薛居正:《旧五代史》卷八十四《少帝本纪》,中华书局 1976 年版,第 1113 页。

② (元)脱脱等:《金史》卷一百二十九《高怀贞列传》,中华书局 1975 年版,第 2789～2790页。

③ (北宋)司马光:《资治通鉴》卷二百一十一《唐纪二十七・玄宗开元二年》,中华书局 1956 年版,第 6698 页。

惠卿、蔡确之徒残民蠹国，辜负任使，为四海所疾，是以相继贬逐……谓宜永投荒裔，终身不齿。”①尽管当时主政的太皇太后未准此议，但至少可以说明对于残民蠹国之官，是应当处以“终身不齿”的。

③随意黜陟。南北朝时期齐武帝的宠臣郭秀因为飞扬跋扈、随意进退大臣，死后为人所奏而株连到儿子郭孝义“终身不齿”。“初，秀妒忌杨愔，诳胁令其逃亡。秀死后，愔还，神武追忿秀，即日斥孝义，终身不齿。”②

④被打击报复，如宋徽宗时期，权相蔡京曾打击报复举报自己的人——“投匦者”，将其处以“不齿”，被太庙斋郎方轸所劾：“蔡京睥睨社稷，内怀不道，专以绍述之说为自谋之计……自元符末陛下嗣服，忠义之士，投匦者无日无之。京分邪等，黥配编织，不齿仕籍，则谁肯为陛下言哉！”③

五代后唐明帝时的宠臣赵凤曾经打击报复不敬其的大臣于峤，于峤被处以流配振武且“终身不齿”之刑：“癸未，秘书少监于峤配振武长流百姓，永不齿任，为宰臣赵凤诬奏也。”④此处“诬奏”并非纯系诬告，只是于峤确有违礼之处，且二者有隙，赵凤便顺势奏表而已：“秘书少监于峤者，自庄宗时与凤俱为翰林学士，而峤亦讦直敢言，与凤素善。及凤已贵，而峤久不迁，自以材名在凤上而不用，因与萧希甫数非斥时政，尤诋訾凤，凤心衔知，未有以发。而峤与邻家争水窨，为安重海所怒，凤即左迁峤秘书少监，峤即被酒往见凤，凤知其不逊，乃辞以沐发，峤垢直吏，又溺于从者之庐而去。省吏白凤，峤溺于客

① （南宋）李焘：《续资治通鉴长编》卷四百五十八《宋纪八十二·哲宗元祐六年》，中华书局1992年版，第10956页。

② （唐）李延寿：《北史》卷九十二《郭秀列传》，中华书局1982年版，第3042页。

③ （清）毕沅编著：《续资治通鉴》卷九十《宋纪九十·徽宗大观二年》，中华书局1957年版，第2311～2312页。

④ （宋）薛居正：《旧五代史》卷四十《明宗纪第六》，中华书局1976年版，第455页。

次，且诟凤。凤以其事闻，明宗下诏夺峤官……”[①]由此看来，于峤被流配且“永不齿任”与自己的违礼行为不无关系，也与官场的明争暗斗相关。

(3)失职

官吏失职，被处以“不齿”的主要有两类：

①不及时赴任。宋太宗即位之后，曾下诏：“川陕、岭南、福建注授，计程外给两月期，违则本州不得放上，遣送阙下，除籍不齿。”[②]亦即对那些不按时赴任者处以“不齿”刑，剥夺其为官的资格。宋太宗之所以重惩选人，只因“川陕闽广阻远险恶，中州之人，多不愿仕其地”。[③]

②卖文书告身。文书告身类似于现今的官员委任状，卖文书告身实质上是卖官鬻爵行为，皇帝对此类行为打击极重，如五代后唐明宗时期，“鸿胪卿柳膺将斋郎文书卖与同姓人柳居则，伏罪，大理寺断当大辟，缘经赦减死，追夺见任官，终身不齿”。[④]

3. 军事类犯罪

犯“惰军心”和“谎报军情”可被处以“终身不齿”。清朝道光年间，御史陈庆镛得知因“海疆偾事；获罪诸臣寖复起用”[⑤]时，上疏道光帝：“琦善於战事方始，首先示弱，以惰军心，海内糜烂，至於此极。既罢斥终身不齿，尤恐不足餍民心而作士气。奕经之罪，虽较

① (宋)欧阳修：《新五代史》卷二八《赵凤列传》，中华书局1974年版，第309~310页。

② (元)脱脱等：《宋史》卷第一百五十八《选举志五》，中华书局1985年版，第3721~3722页。

③ 同上书，第3721页。

④ (宋)薛居正：《旧五代史》卷四十二《明宗纪第八》，中华书局1976年版，第578页。

⑤ 赵尔巽：《清史稿》卷三百七十八《陈庆镛列传》，中华书局1977年版，第11591页。

琦善稍减,文蔚之罪,较奕经又减。然皇上命将出师,若何慎重。奕经顿兵半载,曾未身历行间,骋其虚憍之气,自诡一鼓而复三城;率之机事不密,贻笑敌人,覆军杀将,一败不支。此不得别科骚扰供亿、招权纳贿之罪,而已不可胜诛。臣亦知奕经为高宗纯皇帝之裔,皇上亲亲睦族,不忍遽加显戮。然即幸邀宽典,亦当禁锢终身,无为天潢宗室羞,岂图收禁未及三月,辄复弃瑕录用?"①此段史料中的"禁锢终身"与"终身不齿"意思相同,均为剥夺终生为官的资格之罚。陈庆镛的上疏即是要求皇帝治琦善、奕经等人的失地、丧师之罪,因事实确凿,理无可辩,终致道光帝"罢琦善等职,令闭门思过"。②

4. 侵犯私权类犯罪

前述三类犯罪主要是侵犯了公权类的犯罪,而侵犯私权类犯罪主要是违礼性的行为。孔子曾云:"非礼勿视,非礼勿听,非礼勿言,非礼勿动。"③可以说礼是规范人们行为的基本准则,有学者甚至认为三代时"礼就是法,礼外无法"。④ 违礼就会受到制裁,先秦时尤甚,因而官员的一个重要职责就是教化百姓使之循规守礼,树立正确的人伦观念。如果有违社会伦理和道德礼俗,则会被处以"不齿"刑。中国古代是一个特别注重家族本位与社会伦理的社会,"德礼为政教之本,刑罚为政教之用",⑤故对违背社会伦理者进行严厉惩罚,因之被剥夺任官资格者颇多,具体有以下6类:

---

① 赵尔巽:《清史稿》卷三百七十八《陈庆镛列传》,中华书局1977年版,第11592页。

② 同上书,第11593页。

③ 杨伯峻:《论语译注》之《论语·颜渊》,中华书局2006年版,第138页。

④ 俞荣根:《儒家法思想通论》,广西人民出版社1998年第2版,第103页。

⑤ 曹漫之主编:《唐律疏议译注》之《唐律疏仪·名例律·序》,吉林人民出版社1989年版,第15页。

(1)不孝。古代士人及官员特别崇尚周孔教化之说,认为“亲亲父为大,尊尊君为首”。[①] 换言之,在家孝敬父母,为官才能忠于君王,成为当时主流的意识形态。如果官员对父母不孝,则将被处以“不齿”刑,如唐玄宗开元年间(713 年)的朔方县令郑延祚即因“母卒二十九年,殡僧舍垣地”,[②]而被处以“终身不齿”。颜真卿“复使河东,劾奏朔方令郑延祚母死不葬三十年,有诏终身不齿,闻者耸然”。[③] 郑延祚未以礼葬母即为唐律规定的不孝行为,故被终身夺官,亦株连到自己的兄弟不得为官,“真卿劾奏之,兄弟三十年不齿,天下耸动”。[④] 又如唐玄宗天宝年间的二位京官李钧和李锷兄弟,因对老母亲供养有缺而被处以“不齿”。“(李)皋行县,见一媪垂白而泣,哀而问之,对曰:‘李氏之妇,有二子钧、锷,宦游二十年不归,贫无以自给。’时钧为殿中侍御史,锷为京北府法曹,俱以文艺登科,名重于时。皋曰:‘入则孝,出则悌,行有余力,然后可以学文。若二子者,岂可备于列位?’由是举奏,并除名勿齿。”[⑤]再如宋仁宗至和元年(1054 年)的推官桑泽亦因不孝而被降为庶人,终身不得为官。“益州推官桑泽,在蜀三年,不知其父死,后代还,应格当迁,投牒自陈。人皆知其尝丧父,莫肯为作文书。泽知不可,乃去,发丧制服,以不得家问为解。泽既除丧,求磨勘。黯以为泽三年不与其父通问,虽非匿

① 曾代伟主编:《中国法制史》,法律出版社 2006 年版,第 21 页。

② (后晋)刘昫等:《旧唐书》卷一百二十八《颜真卿列传》,中华书局 1975 年版,第 3589 页。

③ (宋)欧阳修、宋祁:《新唐书》卷一百五十三《颜真卿列传》,中华书局 1975 年版,第 4854 页。

④ (后晋)刘昫等:《旧唐书》卷一百二十八《颜真卿列传》,中华书局 1975 年版,第 3589 页。

⑤ (后晋)刘昫等:《旧唐书》卷一百三十一《李皋列传》,中华书局 1975 年版,第 3637 页。

丧,犹为不孝也,言之于朝,泽坐废,归田里,不齿终身。”①

(2)不容隐。宋仁宗庆历三年(1043 年),时任谏官的欧阳修上书弹劾监察御史马端:“端性险巧,往年常发其母阴事,母坐杖脊。端为人子,不能以礼防闲;陷其母于过恶,又不能容隐,使其母被刑,理合终身不齿官联,岂可更为天子法官！苏绅与小人气类相合,宜其所举如此也！绅由是黜,端寻亦出外。”②马端因不能容隐其母之犯罪行为,本应处以“终身不齿”,但仁宗考虑其中的政治斗争因素,而将马端贬到远地为官。

(3)内乱。即亲属相奸,唐律规定为:“奸小功以上亲、父祖妾及与和者”。③ 对于犯内乱者,往往非流即绞。但因案件的具体情形,也有处以“不齿”的,如五代时期幽州刘仁恭“有嬖妾曰罗氏,美姿色,其子守光烝之,事泄,仁恭怒,笞守光,谪而不齿”。④ 再如元世祖时期,御史台臣弹劾前南京路总管田大成“以其弟妇赵氏为妻,废绝人伦,敕杖八十,三年不齿。时大成已死,惟市杖赵氏八十”。⑤ 当然此段史料中对田大成的“不齿”刑已无实质意义,但对其子孙为官则影响甚巨。

(4)暴虐乡里,如宋太宗时期,秦州富户李益暴虐恣横,当街殴打推官冯伉,且贿赂当朝权贵为其庇护,多年不败。太宗看到冯伉的奏表后,“诏元载逮捕之……鞫于御史府,具得其状,斩之,尽没其家。

① (清)毕沅:《续资治通鉴》卷五十四《宋纪五十四》之《仁宗至和元年》,中华书局 1957 年版,第 1318 页。

② (清)毕沅:《续资治通鉴》卷四十五《宋纪四十五》,中华书局 1957 年版,第 1090 页。

③ 曹漫之主编:《唐律疏议译注》之《唐律疏仪 · 名例律 · 十恶》,吉林人民出版社 1989 年版,第 58 页。

④ (宋)薛居正等:《旧五代史》卷一百三十五《僭伪列传》,中华书局 1975 年版,第 1802 页。

⑤ (明)宋濂等:《元史》卷八《世祖本纪》,中华书局 1976 年版,第 161 ~ 162 页。

益子仕衡先举进士，任光禄寺丞，诏除籍，终身不齿”。[①]

（5）惰农。南北朝时期，封裕曾奏谏自立为燕王的慕容皝重视农业生产：“高选农官，务尽劝课，人治周田百亩，亦不假牛力；力田者受旌显之赏，惰农者有不齿之罚。”[②]此段史料说明对那些不致力于从事农业生产的人，则处以“不齿”刑，以此来促进百姓种地产粮的积极性。

（6）争财。南北朝时期北魏重臣崔宽的孙子崔钟为争夺其兄崔敞之财物而诬告崔敞的三子非其亲生，被处以“终身不齿”。“敞亡后，钟贪其财物，诬敞息子积等三人非兄之胤，辞诉累岁，人士嫉之。尔朱世隆为尚书令，奏除其官，终身不齿。”[③]

三、“不齿”刑的特点

从前述“不齿”刑的表达及运行可以看出，“不齿”刑的适用范围非常广泛，既涉及侵犯皇权罪和侵犯私权罪，又适用于职务类犯罪和军事类犯罪。从“不齿”刑史料统计表可以看出，魏晋南北朝到宋代适用“不齿”刑最多，在计31件具体案例中，魏晋南北朝11件，占约35.5%；隋唐6件，占19.4%；五代和宋朝5件，占16.1%，三者合计71%；在计29件上疏或诏令中，魏晋南北朝计6例，约占20.7%；隋唐一朝7例，占24.1%；五代和宋朝5例，约占17.2%，三者合计也占62%。可见，从魏晋南北朝到宋朝这近一千年的时段，是“不齿”刑在历史上的成熟至高潮期。此外，“不齿”刑还具有以下五个显著的特点：

第一，“不齿”刑的决定权由最高统治者掌握。在此处的最高统

① （元）脱脱等：《宋史》卷二百五十七《吴元载列传》，中华书局1985年版，第8949页。

② （唐）房玄龄等：《晋书》卷一百九《慕容皝列传》，中华书局1974年版，第2823页。

③ （北齐）魏收：《魏书》卷二十四《崔玄伯列传》，中华书局1974年版，第626页。

治者并非仅仅指王或皇帝,也包括代行皇权的摄政者。例如,西周初年的周公"降霍叔于庶人,三年不齿",[①]宋哲宗时的高太后未批准"以吕惠卿、蔡确之徒残民蠹国,是以逐之远方,谓亦永投荒裔,终身不齿"[②]的大臣奏疏等,均是代行皇权的摄政者作出是否适用"不齿"刑。除此之外,一律由皇帝定夺,且多以诏、敕的形式来决定是否对罪吏适用"不齿",如唐玄宗时,敕"周利贞等十三酷吏……终身勿齿";[③]宋太宗曾下诏捕杀暴虐乡里、殴打朝廷命官的秦州富户李益,且对时任光禄寺丞的李益之子李仕衡"诏除籍,终身不齿"。[④] 无论是皇帝还是代行皇权的权臣、太后无不牢牢掌握着"不齿"刑罚的大权,原因无外是剥夺官吏的任官资格不仅关乎一人的命运及前途,更重要的是可能会影响整个官僚群体的情绪及稳定,不可不慎! 诚如西晋大臣刘颂所言:"惟立法创制,死生之断,除名流徙退免大事,及连度支之事,台乃奏处,其余外官皆专断之,岁终台阁课功校簿而已。"[⑤]

第二,"不齿"刑的适用对象主要是官吏群体。对于普通平民而言,"不齿"主要是一种可能性的惩罚。如前述妨害社会管理秩序的惰农行为会被处以"不齿"刑,"力田者受旌显之赏,惰农者有不齿之罚"。[⑥] 北宋末年孙瑛任瑕丘县尉时,"县人习为盗贼,瑛榜谕曰:'今

---

① (汉)孔安国传:《尚书正义》之《尚书·蔡仲之命》,(唐)孔颖达注,上海古籍出版社2007年版,第660页。

② (清)毕沅:《续资治通鉴》卷八十二《宋纪八十二》之《哲宗元祐六年》,中华书局1957年版,第2075页。

③ (北宋)司马光:《资治通鉴》卷二百一十一《唐纪二十七·玄宗开元二年》,中华书局1956年版,第6698页。

④ (元)脱脱等:《宋史》卷二百五十七《吴元载列传》,中华书局1985年版,第8949页。

⑤ (唐)房玄龄:《晋书》卷四十六《刘颂列传》,中华书局1974年版,第1303页。

⑥ (唐)房玄龄等:《晋书》卷一百九《慕容皝列传》,中华书局1974年版,第2823页。

平民或呼以盗,必怒见词色,顾乃舍耕稼本业,为人所不肯为者,及陷于罪,则终身不齿于乡闾,尉不忍以是待汝。”①这说明犯罪的平民亦是终身不得为官的。对于官员而言,则就不仅仅是一种可能性的惩罚,更多的是现实性的惩治,而且无论是皇族高官,还是地方小吏。前者如周成王的皇叔——霍叔就被周公处以“三年不齿”,②金朝海陵帝时期的尚书令史、礼部侍郎高怀贞在金世宗登基之后则被“放归田里……没身不齿”。③ 后者如前违反家庭伦理的不孝罪所导致的“不齿”之罚,如唐玄宗时的朔方县令郑延祚“母死不葬三十年,有诏终身不齿”,④宋仁宗时的推官桑泽因不孝“坐废,归田里,不齿终身”。⑤ 值得一提的是,官吏的子孙与兄弟由于古代实行恩荫、任子等制度,在成年后一般是要步入仕途的,却可能由于父兄的“不齿”刑而累及自身,如前述隋文帝时大臣陆爽的子孙、⑥北齐武帝大臣郭秀的子孙、⑦宋太宗时富户李益的子孙⑧都因其长辈的罪过而被处以“终身不齿”。再有北魏宠臣陆叡因谋反而连及“其门子孙,永世不齿”;⑨唐太宗敕令斥宇文化及其党人的“子孙勿齿”,⑩原因就是宇文

---

① (元)脱脱等:《宋史》卷二百九十八《孙瑛列传》,中华书局 1985 年版,第 9911 页。

② (汉)孔安国传:《尚书正义》之《尚书·蔡仲之命》,(唐)孔颖达注,上海古籍出版社 2007 年版,第 660 页。

③ (元)脱脱等:《金史》卷一百二十九《高怀贞列传》,中华书局 1975 年版,第 2789 ~ 2790 页。

④ (宋)欧阳修、宋祁:《新唐书》卷一百五十三《颜真卿列传》,中华书局 1975 年版,第 4854 页。

⑤ (清)毕沅:《续资治通鉴》卷五十四《宋纪五十四》之《仁宗至和元年》,中华书局 1957 年版,第 1318 页。

⑥ (唐)李延寿:《北史》卷二十八《陆爽列传》,中华书局 1982 年版,第 1023 页。

⑦ (唐)李百药:《北齐书》卷五十《恩幸列传》,中华书局 1972 年版,第第 686 页。

⑧ (元)脱脱等:《宋史》卷二百五十七《吴元载列传》,中华书局 1985 年版,第 8949 页。

⑨ (北齐)魏收:《魏书》卷四十《陆叡列传》,中华书局 1974 年版,第 913 页。

⑩ (宋)欧阳修、宋祁:《新唐书》卷二《太宗本纪》,中华书局 1975 年版,第 33 页。

化及其党人篡逆犯上。也有连及兄弟不能为官的,如唐玄宗时的朔方县令郑延祚因“母死不葬”而致“兄弟三十年不齿”。①

第三,“不齿”刑的适用类型具有多元性。从前述史料来看,“不齿”刑主要有三类:一是“三年不齿”,如周公“降霍叔于庶人,三年不齿”;②元朝南京路总管田大成被劾“废绝人伦,敕杖八十,三年不齿”③等,这是适用“不齿”刑中最轻的一种。二是“终身不齿”,即剥夺罪犯终生任官的资格。其表现形式有“不齿终身”,如北宋仁宗年间的益州推官桑泽因不孝而被“放归田里,不齿终身”。④ 也有“终身勿齿”的表述,如五代时期后晋的太仆少卿杨延寿因受赃被“除名配流威州,终身勿齿”;⑤唐玄宗亦有诏“自今内外官有犯赃至解免以上,纵逢赦免,并终身勿齿”。⑥ 还有表述为“没身不齿”“没世不齿”的,如“一离刀锯,没世不齿”⑦“一离刀锯,没身不齿”⑧等。而“终身不齿”是最常用的表述,前举案例很多,不赘。三是“永世不齿”,即剥夺罪吏子孙后代的任官资格,这是适用“不齿”刑最严厉的一种,如南北朝北魏的权臣陆叡联合定州刺史穆泰谋反,被魏高祖处以“听自死别府,免厥怒戮,其门子孙,永世不齿”。⑨ 至于仅用“不齿”来表述

---

① (后晋)刘煦等:《旧唐书》卷一百二十八《颜真卿列传》,中华书局1975年版,第3589页。

② (汉)孔安国传:《尚书正义》之《尚书·蔡仲之命》,(唐)孔颖达注,上海古籍出版社2007年版,第660页。

③ (明)宋濂等:《元史》卷八《世祖本纪》,中华书局1976年版,第161~162页。

④ (清)毕沅:《续资治通鉴》卷五十四《宋纪五十四》之《仁宗至和元年》,中华书局1957年版,第1318页。

⑤ (宋)薛居正:《旧五代史》卷八十四《少帝本纪》,中华书局1976年版,第1113页。

⑥ (后晋)刘昫等:《旧唐书》卷八《玄宗本纪》,中华书局1975年版,第183页。

⑦ (唐)房玄龄等:《晋书》卷三十《刑法志》,中华书局1974年版,第921页。

⑧ (晋)陈寿:《三国志·魏书》卷十三《钟繇列传》,中华书局1959年版,第399页。

⑨ (北齐)魏收:《魏书》卷四十《陆叡列传》,中华书局1974年版,第913页。

的案例，多为“终身不齿”之意，如唐太宗“斥宇文化及党人之勿齿”、[①]唐高祖李渊给予不忠于主子的邓晓“遂废不齿”[②]之罚、隋炀帝将怀有二心的杨处乐“废锢不齿”[③]等。

第四，“不齿”刑的具体适用有一定的随意性。这主要是受皇帝或摄政者的影响，加上导致“不齿”刑的适用的原因呈现出多种样态。第一种情形是罪犯该处以其他刑罚而最终却被处以“不齿”，如五代时期后唐的鸿胪卿柳膺私卖文书告身，本应处以死刑，但“缘经赦减死，追夺见任官，终身不齿”。[④] 柳膺正是由于“议贵”而被免死处以“终身不齿”的。又如五代时期的太仆少卿杨延寿因坐赃“准律当绞，有司以二王后入议，故贷其死”，被“除名配流威州，终身勿齿”，[⑤]这是“议亲”所致。第二种情形是本该处以“不齿”而最终却处以其他刑罚，如北宋仁宗年间，欧阳修上书弹劾监察御史马端“陷其母于过恶，又不能容隐，使其母被刑，理合终身不齿官联”，[⑥]但最终仁宗只是将马端贬为外官。又如清朝道光年间，御史陈庆镛上书弹劾奕经、琦善等在鸦片战争中丧师失地，应“罢斥终身不齿”，[⑦]但道光帝只是将其革职。再如宋哲宗时期刘安世上疏要求以残民蠹国罪对吕惠卿、蔡确处以“永投荒裔，终身不齿”，[⑧]当时主政的高太后竟不准

---

① （宋）欧阳修、宋祁：《新唐书》卷二《太宗本纪》，中华书局 1975 年版，第 33 页。

② （宋）欧阳修、宋祁：《新唐书》卷八十六《李轨列传》，中华书局 1975 年版，第 3709 页。

③ （唐）魏征等：《隋书》卷四十三《杨处刚列传》，中华书局 1973 年版，第 1214 页。

④ （宋）薛居正：《旧五代史》卷四十二《明宗纪第八》，中华书局 1976 年版，第 578 页。

⑤ （宋）薛居正：《旧五代史》卷八十四《少帝本纪》，中华书局 1976 年版，第 1113 页。

⑥ （清）毕沅：《续资治通鉴》卷四十五《宋纪四十五》，中华书局 1957 年版，第 1090 页。

⑦ 赵尔巽：《清史稿》卷三百七十八《陈庆镛列传》，中华书局 1977 年版，第 11592 页。

⑧ （清）毕沅：《续资治通鉴》卷八十二《宋纪八十二》之《哲宗元祐六年》，中华书局 1957 年版，第 2075 页。

奏。第三种情形是未严格执行“不齿”的刑期规定，如宋太祖建国之初曾下诏免除前代因连坐而被处以“不齿”的文武官员，诏“文武官由谴累不齿者，有司毋得更论前过”。[①] 这说明皇帝有权赦免“不齿”之人，当然也能说明“不齿”刑的刑期未被严格执行到位。金朝海陵帝的宠臣高怀贞后被金世宗处以“没身不齿”，但“大定二年……放归田里。五年，与许霖俱上赐起复，怀贞为定国军节度使”。[②] 此案中，高怀贞的“没世不齿”实际执行了 3 年。再如明世宗时期的给事中陈洸就曾“不齿于清议，尚书乔宇出之为湖广佥事”。[③] 依相关律令“其犯清议，则终身不齿”，[④]而乔尚书却旋即将陈洸贬为湖广佥事，相当于“不齿”刑实际未被执行。

第五，“不齿”的作用具有双重性。一方面，不齿刑可以起到加强皇（王）权、整饬吏治与维持礼治的积极作用。前述的侵犯皇（王）权的叛乱、不忠、清议和军事类犯罪直接威胁皇权专制政体和国家政治秩序的安全，对罪吏处以“不齿”无疑能够起到强化政权统治的目的。而对于职务类犯罪中犯赃、滥权、失职的官吏给予“不齿”之罚，则会对其他官吏产生极大的威慑作用，有助于整饬吏治、在官僚体系中形成清正廉洁的为政风气，如唐玄宗下诏对犯赃者“纵逢赦免，并终身勿齿”，[⑤]就起到了很好的预防和惩治赃吏的作用，有助于士大夫及官吏树立廉洁从政的名节观，“物尽可复得，为吏坐臧，终身捐弃”。[⑥] 而对侵犯私权类犯罪和连坐之人处以“不齿”刑则有力地维护了社会

---

① （元）脱脱等：《宋史》卷四《太宗本纪一》，中华书局 1985 年版，第 54 页。

② （元）脱脱等：《金史》卷一百二十九《高怀贞列传》，中华书局 1975 年版，第 2789 ~ 2790 页。

③ （清）张廷玉等：《明史》卷二百六《叶应骢列传》，中华书局 1974 年版，第 5443 页。

④ （唐）魏征等：《隋书》卷二十五《刑法志》，中华书局 1973 年版，第 700 页。

⑤ （后晋）刘昫等：《旧唐书》卷八《玄宗本纪》，中华书局 1975 年版，第 183 页。

⑥ （南朝宋）范晔：《后汉书》卷二十七《郑均列传》，中华书局 1965 年版，第 946 页。

伦理，并强化了基层的礼治秩序，如宋太宗将为恶乡里、殴打地方官吏的恶霸李益诛杀，并将其子时任光禄丞的李仕衡“诏除籍，终身不齿……民皆饭僧相庆”，[①]说明此案的处理深得民心，能够起到促进民间形成优良社会风气的实效。又如侵犯私权罪中，犯不孝罪被处以“终身不齿”的郑延祚、李氏二子、桑泽等人，收到了“天下耸动”[②]的效果。因为在中国古代社会里，孝“始于事亲，中于忠君，终于立身”，[③]不能事亲者焉能忠君的孝文化理念已深入民众的骨髓，所以将“不孝”官吏处以“不齿”在一定程度上倡导了孝文化在民间的传承与发扬，有助于基层社会秩序的稳定。

另一方面，“不齿”也具有一定的消极影响。一则“不齿”刑罚可能沦为政治派别进行斗争的工具。各种政治派别相互攻讦，排斥异己，加大了国家管理不必要的内耗，如欧阳修上书宋仁宗要求对“不能容隐，使其母被刑”的监察御史马端处以“终身不齿”；[④]宋元瀚向明世宗揭发陈洸非议朝政，“洸由是不齿于清议”。[⑤] 这两个案例均系因个人恩怨而引发的党人之争，实非出于公心，若此则不利于风清政廉的从政之风的形成。二则“不齿”刑打击面过宽，压制和埋没了不少人才，此点以连坐案例最能说明。连坐是指因一人犯罪而株连他人的一种刑罚制度。因连坐而处以“不齿”的主要有两类：职务连坐和亲属连坐。职务连坐多是因上下级或朋党而铸成，如宋太祖初年，为了博取官僚及士人的人心，以稳定刚刚建国的政治秩序，曾下

① (元)脱脱等：《宋史》卷二百五十七《吴元载列传》，中华书局 1985 年版，第 8949 页。

② (后晋)刘煦等：《旧唐书》卷一百二十八《颜真卿列传》，中华书局 1975 年版，第 3589 页。

③ 《十三经》之《孝经》，吴树平等点校，北京燕山出版社 1991 年版，第 2101 页。

④ (清)毕沅：《续资治通鉴》卷四十五《宋纪四十五》，中华书局 1957 年版，第 1090 页。

⑤ (清)张廷玉等：《明史》卷二百六《叶应骢列传》，中华书局 1974 年版，第 5443 页。

诏“诏文武官由谴累不齿者,有司毋得更论前过”。[①] 史料虽未指明具体连坐案例,但至少可以说明因相互“谴累”而被处以“不齿”的官员是很多的。亲属连坐主要是因父兄犯罪而连及子弟的,如隋朝初年作为太子洗马的陆爽因多言而连及“子孙并宜屏黜,终身不齿’”。[②] 南北朝时期齐武帝的宠臣郭秀因为随意进退大臣,死后为人所奏而株连到儿子郭孝义的“终身不齿”。[③] 宋太宗时期的光禄寺丞李仕衡就是因父亲李益暴虐乡里而被株连处以“诏除籍,终身不齿”。[④] 从前述不孝案例中可以看出,“不齿”刑动辄连及子孙兄弟,如唐玄宗时的朔方县令郑延祚因“毋死不葬”而致“兄弟三十年不齿”。[⑤] 这种连坐处罚弄得人人自危,只顾依附巴结权贵,何谈积极从政？三则“不齿”刑罚执行的随意性也在一定程度上削弱了其惩治罪吏的威慑力,自然有损这种法律制度的严肃性。

综上考证,在经史资料中,“不齿”作为一种资格刑在历史上长期存在实属无疑,当然我们并不排除作为道德评价意义上的“不齿”在历史上一直存在。“不齿”刑具有适用范围广泛、适用对象特定、适用种类多样等特征,不仅在当时对整饬吏治、加强皇权起了积极作用,而且对后世也影响深远,如汉以后的禁锢、民国时期的褫夺公权和当今的剥夺政治权利都与其有一定的渊源关系。但由于最高统治者掌握着“不齿”刑的最终决定权,导致“不齿”刑在执行中具有一定的随意性,对律令政风有一定的消极影响。

---

① (元)脱脱等:《宋史》卷四《太宗本纪一》,中华书局 1985 年版,第 54 页。

② (唐)魏征等:《隋书》卷五十八《陆潸列传》,中华书局 1973 年版,第 1420 页。

③ (唐)李延寿:《北史》卷九十二《郭秀列传》,中华书局 1982 年版,第 3042 页。

④ (元)脱脱等:《宋史》卷二百五十七《吴元载列传》,中华书局 1985 年版,第 8949 页。

⑤ (后晋)刘昫等:《旧唐书》卷一百二十八《颜真卿列传》,中华书局 1975 年版,第 3589 页。

第二章　禁锢的流变与成因

禁锢萌芽于先秦,但当时尚未正式形成。那么禁锢是如何形成的?其形成的原因有哪些?禁锢的性质到底如何界定?对这些问题的解答构成本部分的主要任务。在回答这几个问题之前,有必要先对禁锢进行释义,以期更为清晰地了解禁锢的含义流变,为研究禁锢的性质及成因奠基。

一、禁锢的概念

欲了解禁锢之意,首先应认识“禁”和“锢”二字的含义。依据古今比较权威的字典与词典之注解,“禁”与“锢”皆有多种含义,在不同的语境下,亦呈现出纷繁复杂之样态。

(一)禁锢释义

1.“禁”的含义

作为古代字典权威的《说文解字》,对“禁”的解释为:“‘吉凶’之忌也。从示林声。居荫切。”①

《辞源》与《辞海》可以看做当代字典词典的权威。其中,《辞源》对“禁”的解释如下:“1. jin,居荫切,去,沁韻,见。①制止。易爻辞

① (东汉)许慎:《说文解字》(现代版),(宋)徐铭校定,王宏源新勘,社会科学文献出版社2006年版,第7页。

下:‘禁民为非曰议’。荀子议兵:‘兵者所以禁暴除害也’。②法令习俗所避忌的事。《礼·曲礼上》:‘入竟而问禁,入国而问俗’。③指宫殿。宫殿门户皆设禁,故称禁。《文选》三国魏刘公干(桢)赠徐干诗:‘拘限清切禁,中情无由宣’。又南朝宋颜延年(延之)直东宫答郑尚书诗:‘两关阻通轨,封禁限清风’。④监狱。《晋书》符丕载记:‘徐义诵观世音经,至夜中,土开械脱,于重禁之中若有人导之者,遂背杨全期’。⑤禽兽之圈。《周礼·地官·囚人》:‘掌囚游之兽禁’。⑥巫术禁呪之法。《后汉书》八二下《徐登传》:‘登乃禁溪水,水为不流,(赵)炳复次禁枯树,树即生荑’。⑦古代举行祭礼时承放酒樽之器。《仪礼·士冠礼》:‘尊于房户之间,两甒有禁’。注:‘名之为禁者,因为酒戒也’。⑧古代少数民族乐名。《周礼·春官·鞮鞻氏》:‘掌四夷之乐’。注:‘四夷之乐……北方曰禁’。2. jin,居吟切,平,侵韻,见。⑨禁受。唐杜甫《杜工部草堂诗笺》三三《舍弟观赴蓝田取妻子到江陵喜寄》之二:‘巡簷索共梅花笑,冷叶疏枝半不禁’。⑩腰带。通‘衿’。《荀子·非十二子》:‘其冠免,其缨禁缓’。注:‘禁,或曰读为衿’”。①

而《辞海》对“禁”的解释为:“[甲]记荫切,沁韻。①吉凶之忌也,见《说文》。②止也。《左传·僖三年》:‘齐侯与蔡姬乘舟于囿,荡公,公惧变色,禁之不可’。③戒也。《淮南子·氾论》:‘是故因鬼神礼祥而为之立禁’。(注:‘禁承尊之器也;名之为禁者,因为酒戒也’。)④政教也。《礼·曲礼》:‘入境而问禁’。⑤承酒尊之器也。《仪礼·士冠礼》:‘两瓶有禁’。⑥夷乐名。《周礼·鞮鞻氏》注:‘北方曰禁,参阅禁体儿离条。’⑦犹谨也。《礼·缁衣》:‘君子道人以

---

① 广东、广西、湖南、河南辞源修订组、商务印书馆编辑部:《辞源》(修订本)(第3册),商务印书馆1981年版,第228页。

言，而禁人以行’。⑧厌胜也。详禁呪及禁架条。⑨俗谓监狱曰禁。⑩姓也，冗集韻。[乙]基间切，音金，侵韻。①为所胜也，见广韻。②制也。《汉书·咸宣传》：‘犹弗能禁’。按此与甲之二义同”。①

比较《说文解字》《辞源》《辞海》对“禁”字的注解，我们发现，《说文解字》虽失之于简单，但其释义为《辞海》第一个义项所吸收，可见“禁”字含义的古今渊源关系。总体来看，《辞源》与《辞海》关于“禁”字的解释大同小异，“禁”多含有或可引申为“禁止”“封闭”之意，与后述“禁锢”之“禁”意思接近。如《辞源》中第1义项、第2义项与《辞海》中甲之第2义项、第3义项、第4义项及与乙之第2义项，即含有“禁止”做某事之意；而《辞源》中第3义项、第4义项、第5义项和《辞海》中第1义项、第5义项、第9义项则可引申为“封闭”之意，而我们下面所研究的“禁锢”之“禁”也主要采这几个义项。

2.“锢”的含义

《说文解字》对“锢”字释义为：“铸塞也。从金固声。古慕切。”②

《辞海》对“锢”字的解释为：“古误切，音顾，遇韻。①铸塞也。见说文锴注：‘铸钢铁以塞隙也’。《汉书·刘向传》：‘虽锢南山，犹有隙’。②禁锢也。《左传·成二年》：‘子反请以重币锢之’。注：‘禁锢勿令仕’。③谓坚锢也。见方方言。注：‘如经久不治之疾曰锢疾。参阅锢疾条’。”③

《辞源》对“锢”字的解释更细致些，即“古暮切，去，暮韻，见。①铸塞，谓铸钢铁以塞隙。《汉书》三六《刘向传》张释之言：‘使其中

① 舒新城、沈颐、徐元浩、张相主编：《辞海》（下册），中华书局1981年版，第2123页。

② （东汉）许慎：《说文解字》，（宋）徐铭校定，王宏源新勘，社会科学文献出版社2006年版，第786页。

③ 舒新城、沈颐、徐元浩、张相主编：《辞海》（下册），中华书局1981年版，第2992页。

有可欲,虽锢南山犹有隙'。②禁锢。《左传·成二年》:'(巫臣)遂奔晋……子反请以重币锢之'。注:'禁锢勿令仕'。③包揽。《汉书》九一《货殖传》:'上争王者之利,下锢齐民之业,皆陷不轨奢僭之恶'。注:'锢,亦谓专取之也'。④通痼。见'锢疾'。"①

从《说文解字》《辞海》《辞源》对"锢"字的释义来看,《说文解字》对"锢"的释义分别为《辞海》第1义项与《辞源》第1义项吸收,其继承性超过了对"禁"字的注解。就《辞海》与《辞源》对"锢"字的解释来看,二者基本相同,只不过《辞源》多了一个义项,即其第3义项"包揽",其余3项几近一致,甚至连文言注引也保持一致,尤其是二者的第1义项、2义项,均含有"封闭""塞其仕进之路"的意思。可见,"锢"字含义更接近于后面我们要阐述的"禁锢"之义。不仅"锢"在《辞海》和《辞源》中的第2义项均解释为"禁锢",而且二者甚至包括《说文解字》的解释。"铸塞"均可引申为后世的"禁锢"之意,这极可能是后世文献中有不少史料将"禁锢"简写为"锢"的一个原因吧!

3."禁锢"的含义

《辞源》这样解释"禁锢":"禁止封闭,勒令不准做官,犹后世永不叙用。《汉书》七十二《贡禹传》:'孝文皇帝时,贵廉洁,贱贪污,贾人赘婿及吏坐赃者,皆禁锢不得为吏'"。《后汉书·党锢传序》:'于是又诏郡,更考党人门生故吏父子兄弟,其在位者免官禁锢,爰及五属'。也作'禁固'。《文选·蔡伯喈(邕)陈太丘碑文序》:'会遭党事,禁锢二十年'。"②

《辞海》对"禁锢"解释如下:"①谓绝其仕进之路也。《左传·成二年》:'子反请以重币锢之'。注:'禁锢勿令仕'。疏:'锢,铸塞也;

① 广东、广西、湖南、河南辞源修订组,商务印书馆编辑部:《辞源》(修订本)(第3册),商务印书馆1981年版,第3198页。

② 同上书,第2282页。

铁器穿穴者，铸铁以塞之使不漏；禁人使不得仕官者，其事亦似之，故谓之禁锢；今世犹然'。后汉时党人或赦归田里，禁锢终身，见《后汉书·党锢传序》。②今刑罚中禁锢，即监禁，为自由刑之一种，与古时之禁锢性质不同。"①

比较《辞源》与《辞海》对"禁锢"一词的释义，尽管《辞海》的解释多了一个义项，可以说更细致些，但这一义项却与古代"禁锢"关联不大，因此，总的说来，二者对"禁锢"的释义基本相同，只是所论证的史料有少许差别。综上所述，"禁锢"的"禁"字应取"禁止"之意，可引申为"剥夺"之意；而"锢"字宜取"封闭"之意，可引申为"堵塞"之意。禁和锢的结合系同(近)意复合构成词，包含禁而锢之、既禁且锢的意思，在古代尤指剥夺现任官职或为官的资格，即含有"禁人使不得仕官""塞其仕进之路"之双重含义，可能波及官吏的现在与将来，这一点与当今刑法之剥夺政治权利刑有相近之处，后文将详述之。

(二)禁锢与相关概念辨析

要进一步弄清禁锢的概念，就必须厘清禁锢与"不齿"、除名、免官及免所居官的异同。

1. 禁锢与"不齿"

由于"不齿"刑与禁锢刑关系密切，有必要对二者进行辨析，以加深读者对禁锢刑的进一步认识。沈家本曾言："不齿者，终身屏弃，不复见录。此虽无禁锢之名而即禁锢，勿令仕。"②沈先生的观点既有正确的一面，也有不足之处。说其有正确的一面，主要理由有以下3点：一是"不齿"刑和禁锢刑的适用对象基本一致，均为现任官吏群体及将来可能成为官吏的士人，尽管这些士人多为现任官吏的子孙及

---

① 舒新城、沈颐、徐元浩、张相主编：《辞海》(下册)(第1版)，中华书局1981年版，第2124页。

② 沈家本：《历代刑法考》(一)，中华书局1985年版，第491～492页。

亲属;二是“不齿”刑和禁锢刑的处罚结果类似,均为剥夺罪吏一定期限内、终生甚或几世后代不得为官的资格。三是从总体或原则上来理解这句话也无大碍。从这个意义上来讲,沈家本的断言有一定道理。

细心推敲,沈家本的说法也有不足的一面,因为“不齿”刑和禁锢刑还有以下4点区别:

其一,“不齿”刑的产生早于禁锢刑。据现有史料,“不齿”刑最早出现于西周初年,周公东征之后“降霍叔于庶人,三年‘不齿’”。①而禁锢刑若以意思相同的“锢”刑为准的话,最早出现于春秋时期,郑国大臣子反请求郑王对背叛郑国逃亡晋国的大臣巫臣处以“锢”刑,即“晋人使(巫臣)为邢大夫,子反请以重币锢之”;②还有晋国权臣范宣子对乐善好施、多聚士人的大臣栾盈两次实施“锢”刑,即“会于商任,锢栾氏也”③和“会于沙随,复锢栾氏也”。④ 真正以“禁锢”二字出现的禁锢刑最早出现于西汉前期,即汉文帝时“吏坐赃者,皆禁锢不得为吏”;⑤汉景帝“中元年……四月乙巳,赦天下,赐爵一级。除禁锢。”⑥以此推测,“不齿”刑比与禁锢刑相同意思的“锢”刑出现早约四五百年,比“禁锢”刑最早出现的西汉文景时期则早约一千年。这说明“不齿”刑在历史上的出现早于禁锢刑,可以认为是禁锢刑的前身。

---

① (汉)孔安国传:《尚书正义》之《尚书·蔡仲之命》,(唐)孔颖达注,上海古籍出版社2007年版,第660页。

② 杨天宇:《左传译注》之《左传》卷二五《成公二年》,上海古籍出版社2004年版,第518~519页。

③ 杨天宇:《左传译注》之《左传》卷九《襄公二十一年》,上海古籍出版社2004年版,第762页。

④ 同上书,第770页。

⑤ (东汉)班固:《汉书》卷七十二《贡禹传》,中华书局2005年版,第2306页。

⑥ (西汉)司马迁:《史记》卷十一《孝景本纪第十一》,岳麓书社2012年版,第99页。

其二,“不齿”刑和禁锢刑在是否见于历代律典上略有不同。爬梳现存的《唐律疏议》《宋刑统》《大明律》《大清律例》,确实未找到“不齿”刑和禁锢刑的相关规定,但在出土的张家山汉简《二年律令》中却有关于禁锢刑的规定:“贼杀伤父母,牧杀父母,欧(殴)詈父母,父母告子不孝,其妻子为收者,皆锢,令毋得以爵偿、免除及赎。”[①]这说明禁锢作为一种刑罚,在汉初的吕后执政的第二年(公元前186年)已经开始实行。南北朝南朝梁代时,“士人有禁锢之科,亦有轻重为差。其犯清议,则终身‘不齿’”;[②]南朝陈武帝时,“其制唯重清议禁锢之科。若缙绅之族,犯亏名教,不孝及内乱者,发诏弃之,终身‘不齿’”。[③] 这两段史料中的“科”是从汉代就开始采用的一种立法形式,目的是弥补律令的不足。由此看来,南北朝时禁锢刑曾被以“科”的形式进行立法。这是“不齿”刑与禁锢刑在立法形式上的区别。除此之外,“不齿”刑和禁锢刑的施行多以最高统治者的诏令、敕、谕等形式予以颁布,如南北朝北魏高祖下诏对大臣陆叡处以“听自死别府,免厥孥戮,其门子孙,永世‘不齿’”;[④]唐玄宗亦曾“诏自今内外官有犯臧至解免以上,纵逢赦免,并终身‘不齿’”;[⑤]宋太宗后期也曾敕令将益州暴民李益之子李仕衡除名,“诏除籍,终身‘不齿’”。[⑥] 又如汉武帝时“诏令民得买爵及赎禁锢,免臧罪”;[⑦]汉灵帝

---

① 《湖北江陵张家山汉简》之《二年律令·贼律》(38F137),文物出版社2001年版,第139页。

② (唐)魏征等:《隋书》卷二五《刑法志》,中华书局1973年版,第700页。

③ 同上书,第702页。

④ (北齐)魏收:《魏书》卷四十《陆叡列传》,中华书局1974年版,第913页。

⑤ (后晋)刘昫等:《旧唐书》卷八《玄宗本纪》,中华书局1976年版,第183页。

⑥ (元)脱脱等:《宋史》卷二百五十七《吴元载列传》,中华书局1985年版,第8949页。

⑦ (西汉)司马迁:《史记》卷三十《平准书》,中华书局1959年版,第1422页。

时也“赦令诏书,吏民依党禁锢者赦除之”;[①]南北朝北魏肃宗时,主政的皇太后诏曰:“清议禁锢,亦悉蠲除”;[②]南齐高帝曾下诏将放荡不羁的文人谢超宗处以“免官如案,禁锢十年”;[③]唐太宗李世民对宇文化及等逆臣“诏曰:……其子孙并亦禁锢,勿令齿序”;[④]宋太宗时“诏江南、两浙、荆湖吏民之配岭南者还本郡禁锢”;[⑤]明神宗时“以旱诏中外理冤抑,释凤阳轻犯及禁锢年久罪宗”;[⑥]清世宗雍正帝“谕曰:‘塞思黑之妻逐回母家禁锢’”。[⑦] 此外,大臣上奏表要求禁锢某人之例甚多,皇帝或最高执政者也往往以诏令等形式予以准奏。由此看来,关于“不齿”刑或禁锢刑的律典规定虽少,但特别法——出自最高统治者诏令、敕、谕却是不胜枚举。因为在中国古代社会里,这些特别法的规定之效力是高于律典的,所以二者在实际的政治生活中是作为一种刑罚确实存在的。在此点上,笔者同意廖伯源先生将禁锢视为一种刑罚的观点。[⑧] 有些学者认为,禁锢是一种行政处分,[⑨]可能就是基于律典中缺乏明文规定而得出的,笔者以为这种观点有失偏颇,因为诏令、敕、谕等也是历朝法律形式的一种,况且禁锢刑还进入过《二年律令》和南朝的“科”,加上“不齿”刑和禁锢刑能够剥夺一个人终生甚至几代人为官的资格,符合刑罚的本质,行政处分是没有如此严厉的惩罚的。因此,无论是“不齿”刑还是禁锢刑,作为

---

① (南朝宋)范晔:《后汉书》志第十三《五行一》,中华书局 1965 年版,第 2946 页。

② (北齐)魏收:《魏书》卷九《肃宗本纪》,中华书局 1974 年版,第 249 页。

③ (梁)萧子显:《南齐书》卷三十六《谢超宗列传》,中华书局 1997 年版,第 636 页。

④ (后晋)刘昫等:《旧唐书》卷三《太宗本纪下》,中华书局 1976 年版,第 42 页。

⑤ (元)脱脱等:《宋史》本纪第五《太宗本纪二》,中华书局 1985 年版,第 89 页。

⑥ (清)张廷玉等:《明史》卷二十《神宗本纪一》,中华书局 1974 年版,第 270 页。

⑦ 赵尔巽:《清史稿》卷九《世宗本纪》,中华书局 1977 年版,第 318 页。

⑧ 廖伯源:《汉禁锢考》,载《秦汉史论丛》,五南图书出版股份有限公司 2003 年版,第 209 页。

⑨ 陈松青:《汉禁锢说略》,载《历史教学》2003 年第 12 期。

古代的一种资格刑的刑罚应当是比较确定的。

其三，"不齿"刑和禁锢刑的刑期类别也略有不同。"不齿"刑的刑期见于史籍的包括三类："不齿"3 年，"不齿"终身和永世"不齿"。对此分类后有详述，此处不赘。而禁锢刑的刑期则更为丰富，有禁锢 3 年的规定，"按晋律，犯免官禁锢三年"；[①]东晋时亦有"长吏以父母疾去官，禁锢三年"[②]的新制。有被禁锢 5 年的，如南朝齐高祖时的谢朏因放荡不羁，"又以家贫乞郡，辞旨抑扬，诏免官禁锢五年"。[③] 也有被禁锢 10 年的，如南北朝齐朝年间的王诩与阴玄智"坐畜妓免官，禁锢十年"；[④]南北朝刘宋时期的沈怀文因不愿按时赴任，"为有司所纠，免官，禁锢十年"[⑤]等。被禁锢终身的则更多，如东汉时期的清议派首领之一的李膺等人因大将军窦武等的上诉求情，才使"帝意稍解，乃皆赦归田里，禁锢终身"；[⑥]南北朝时期齐朝的宣德太仆刘郎之，"坐不赡给兄子，致使随母他嫁，免官，禁锢终身"；[⑦]唐朝中宗时的宰相桓彦范在遭到武三思的排挤陷害后，"遂流瀼州，禁锢终身，子弟年十六以上谪徙岭外"。[⑧] 需要说明的是，宋代以后多用"禁锢"表述，此处禁锢的意思多为禁锢终身，如南宋度宗时期的大臣朱善孙因"督纲运受赃四万五千，诏特贷死，配三千里，禁锢不赦"；[⑨]明朝弘治年间，"晋府宁化王钟鈉淫虐不孝，勘不得实，再遣珊等勘之，遂夺爵

---

① 程树德：《九朝律考》，中华书局 2006 年版，第 334 页。

② （唐）李延寿：《南史》卷三十三《郑鲜之列传》，中华书局 1975 年版，第 861 页。

③ （唐）李延寿：《南史》卷二十《谢弘微列传》，中华书局 1975 年版，第 558 页。

④ （梁）萧子显：《南齐书》卷四十二《王晏列传》，中华书局 1997 年版，第 744 页。

⑤ （梁）沈约：《宋书》卷八十二《沈怀文列传》，中华书局 1996 年版，第 2105 页。

⑥ （南朝宋）范晔：《后汉书》卷六十七《党锢列传》，中华书局 1965 年版，第 2187 页。

⑦ （北齐）魏收：《魏书》卷九十八《萧鸾列传》，中华书局 1974 年版，第 2168 页。

⑧ （宋）欧阳修、宋祁：《新唐书》卷一百二十《桓彦范列传》，中华书局 1975 年版，第 4312 页。

⑨ （元）脱脱等：《宋史》卷四十六《度宗本纪》，中华书局 1985 年版，第 907 页。

禁锢”;[①]清朝嘉庆年间,“禄康、裕瑞失察属人从逆,发盛京禁锢”;[②]等等。最重的就是禁锢几世,一般为禁锢二世、三世,即不仅处罚本人,还会连及子孙不能为官,如东汉时贪赃的官吏按规定应被处以禁锢三世,安帝年间,“陈忠上书解臧吏三世禁锢,事皆施行”;[③]之前亦有“清河相叔孙光坐臧抵罪,遂增锢二世,衅及其子”,[④]这说明叔孙光因坐臧被处以禁锢二世之处罚。由此可见,禁锢刑的刑期比“不齿”刑的刑期规定得更为细致,适用也更加方便,这符合立法发展的一般规律,也能侧证禁锢刑是“不齿”刑的进一步发展。

其四,“不齿”刑和禁锢刑的适用对象亦有所不同。“不齿”刑的适用对象主要是官吏或被官吏株连的直系父族子孙以及一些率而不教之人,而禁锢刑的适用对象要复杂且广泛些。就现有史料来看,禁锢刑的适用对象在汉初包括贾人、赘婿和臧吏,如汉高祖时“禁人二业,锢商贾不得宦为吏”,[⑤]可能是古代重农轻商之观念所致;文景时期也有类似记载,“贵廉洁、贱贪污,贾人、赘婿及吏坐臧者皆禁锢不得为吏”,[⑥]其余时期则适用对象均是官吏及其株连之人。此外,适用对象的范围比较而言,禁锢刑株连的范围更广。汉章帝时曾下诏解除禁锢罪吏三属,即认为“一人犯罪,禁至三属”[⑦]对官吏的惩罚过于严厉,“三属”按程树德考证“谓父族、母族及妻族”;[⑧]汉灵帝时期士人与宦官斗争造成党锢之祸,“诏州郡更考党人门生故吏父子兄

① (清)张廷玉等:《明史》卷一百八十三《戴珊列传》,中华书局 1974 年版,第 4869 页。

② 赵尔巽:《清史稿》本纪十六《仁宗本纪》,中华书局 1977 年版,第 604 页。

③ (宋)徐天麟:《东汉会要》卷三十五《刑法上》,上海古籍出版社 1978 年版,第 512 页。

④ 沈家本:《历代刑法考》(一),中华书局 1985 年版,第 495 页。

⑤ (南朝宋)范晔:《后汉书》卷二十八《桓谭列传》,中华书局 1965 年版,第 958 页。

⑥ (东汉)班固:《汉书》卷七十二《贡禹列传》,中华书局 2005 年版,第 2306 页。

⑦ (南朝宋)范晔:《后汉书》卷三《章帝本纪》,中华书局 1965 年版,第 147 页。

⑧ 程树德:《九朝律考》,中华书局 2006 年版,第 51 页。

弟，其在位者，免官禁锢，爰及五属”。[①]“五属”程树德先生“谓斩衰、齐衰、大功、小功、缌麻也”，[②]意思是对党人实施禁锢刑的范围扩大到五服以内的亲属，而罪吏的门生、故吏也被株连，“则更不止五属”，[③]禁锢刑株连之广，为世所罕见，可见汉朝统治者对士人的打击何其惨毒！东汉清议派的领袖陈蕃和李膺均被害致死，对陈蕃“徙其家属于比景，宗族、门生、故吏皆斥免禁锢”，[④]对李膺“妻子徙边，门生、故吏及其父兄，并被禁锢”。[⑤]原因是禁锢一人已不能满足统治者的需要，加上政治斗争的残酷本质，使禁锢刑的范围被扩大到罪吏的五属、门生及故吏，禁锢刑成为党争利用的工具。

总之，沈家本的观点不足之处在于，“不齿”并非只有一种刑罚种类“‘不齿’终身”，还有“不齿”3 年和永世“不齿”两类可见于史籍；“不齿”也并不仅仅是“虽无禁锢之名而即禁锢”，而是与禁锢在适用对象、适用种类、适用范围及是否曾见之于律典上均有所区别。二者之间比较准确的关系定位应是：“不齿”刑是禁锢刑的前身，禁锢刑是“不齿”刑的发展；禁锢刑产生后“不齿”刑并未马上消失，而是与禁锢刑并存至清，只不过从汉代至宋代二者曾交互适用，宋以后“不齿”刑几近淡出人们的视野（案例极少），这也侧面说明禁锢刑在宋以后发展更为强劲。

2. 禁锢与除名

客观而言，除名与禁锢均为古代资格刑，且源头有相近之处，如孔颖达对“降霍叔于庶人，三年‘不齿’”的疏文为“降黜霍叔于庶人，

① （南朝宋）范晔：《后汉书》卷六十七《党锢列传》，中华书局 1965 年版，第 2189 页。
② 程树德：《九朝律考》，中华书局 2006 年版，第 51 页。
③ 沈家本：《历代刑法考》（一），中华书局 1985 年版，第 494 页。
④ （南朝宋）范晔：《后汉书》卷六十六《陈蕃列传》，中华书局 1965 年版，第 2170 页。
⑤ 同上书，第 2197 页。

若今除名为民,三年之内不得与兄弟年齿相次”,[①]沈家本对此释义的按语为:“降为庶人则官籍无名,故疏以除名为比”。[②] 也有学者认为秦朝的“废”刑“实与后世除名相当”。[③] 这均可说明除名的源头与“降为庶人”“不齿”“废”密切相关,而禁锢则源于西周的“不齿”,东周之“锢”与秦代之“废”为其雏形。[④] 由此可见,禁锢与除名在起源上有一定相似之处。但掩卷深思并细心研磨,禁锢与除名尚存在如下区别:

首先,禁锢刑产生的时间早于除名刑。与除名刑的实质含义最为接近且最早的一则史料为秦末的大将军蒙毅鞠审宦官赵高弑君之罪,“毅不敢阿法,当高死罪,除其宦籍”。[⑤] 对于此案,沈家本的按语为:“宦籍者,仕宦之人书名于籍也,罪重者,除而去之。”[⑥]夏志刚博士亦认为此处的“除其宦籍”意指除名。[⑦] 而与禁锢刑最为接近的“锢”刑最早出现于东周的春秋时期,楚国大夫子反请求楚庄王对背叛国家的大臣巫臣严肃处理,即“晋人使(巫臣)为邢大夫,子反请以重币锢之”。[⑧] 以此来看,与除名刑最为接近的“除其宦籍”和与禁锢刑意思相同的“锢”所产生的时间相比,前者为秦末,后者为春秋时期,前者比后者约晚 300 余年。再来比较二者本名出现的时间。真正以“除名”二字出现的史料为三国曹魏时期,即“军吏梅平得病,除

---

① (汉)孔安国传:《尚书正义》之《尚书·蔡仲之命》,(唐)孔颖达注,上海古籍出版社 2007 年版,第 660 页。

② 沈家本:《历代刑法考》(一),中华书局 1985 年版,第 489 页。

③ (唐)长孙无忌:《唐律疏议笺解》,刘俊文点校,中华书局 1996 年版,第 208 页。

④ 这将在禁锢的流变部分中详述。

⑤ (西汉)司马迁:《史记》卷八十八《蒙恬列传》,中华书局 1959 年版,第 2566 页。

⑥ 沈家本:《历代刑法考》(一),中华书局 1985 年版,第 490 页。

⑦ 夏志刚:《北朝除名制度管窥》,载《贵州文史论丛》2007 年第 3 期。

⑧ 杨天宇:《左传译注》之《左传》卷二五《成公二年》,上海古籍出版社 2004 年版,第 519 页。

名还家”，[①]尽管有学人认为此段史料中“军吏梅平被除名并非因其有违法犯罪行为，此尚非本书所论述作为一种对罪吏的严厉制裁措施的‘除名’之本义”，[②]但笔者以为，此案例可以认为是包含“除名”二字的最早见诸史书的案例，因为除名的适用对象并非只是罪吏，如株连除名中的那些被株连者。而认为“除名之称始于汉世”[③]的沈家本和程树德二位老先生的根据均为以下史料：“范泉今牒述《汉律》，云‘死罪及除名，罪证明白，考掠以至，而抵隐不服者，处当列上’”。[④]此段史料系南朝陈朝废帝时期，尚书陈项详议废除“测立”酷刑时其舍人盛权的陈述，笔者以为不能确证除名刑在汉朝已经存在。理由为若除名当时确为《汉律》之明文规定，为何在《史记》、《汉书》以及《后汉书》诸史籍中未见“除名”之记载抑或案例？此时禁锢刑的案例却恰恰在上述史籍中屡次呈现，而且以“禁锢”二字出现最早的一则史料为西汉元帝时期御史大夫贡禹的上疏：“孝文皇帝时，贵廉洁，贱贪污，贾人赘婿及吏坐赃者，皆禁锢不得为吏。”[⑤]毕竟贡禹所处的时代距离汉文帝在位时期仅仅一百多年，相比盛权所处的陈朝时期距离汉文帝执政时期已超过600年而言更为可信。加上汉景帝、汉武帝时期关于“除禁锢”[⑥]的诏令已经颇为频繁，东汉后期的党锢之祸中禁锢刑的滥用更系确证，均可证实禁锢刑的产生早于除名刑。退一步讲，即使《陈书》记载的这一“除名”史料为真，也只能说明除

① （晋）陈寿：《三国志·魏志》卷二十九《方技传》，中华书局1959年版，第800页。

② 夏志刚：《北朝除名制度管窥》，载《贵州文史论丛》2007年第3期。

③ 沈家本：《历代刑法考》（一），中华书局1985年版，第490页。

④ （唐）姚思廉：《陈书》卷三十三《沈洙列传》，中华书局1972年版，第439页。

⑤ （东汉）班固：《汉书》卷七十二《贡禹传》，中华书局2005年版，第2306页。

⑥ （东汉）班固：《汉书》卷六《武帝纪》，中华书局2005年版，第123页；（东汉）班固：《汉书》卷二十四下《食货志第四下》，中华书局2005年版，第972页；（东汉）班固：《汉书》卷四十说《万石直周张传》，中华书局2005年版，第2198页；等等。

名入律早于禁锢,在司法实践中晚于禁锢亦无多大问题。因此,从汉景帝时期的“除禁锢”与魏武帝时期的“军吏梅平被除名”相比,禁锢刑的适用比除名刑的适用约早300年。

其次,禁锢刑和除名刑的适用对象亦有不同。不可否认,禁锢刑与除名刑的适用对象均主要是罪吏,都是历代皇帝统驭臣下以维持自身统治秩序的重要工具。但从析出史料来看,禁锢刑适用对象的范围更广一些,包括因身份卑贱被锢的赘婿和贾人、罪吏以及被罪吏株连之人,而除名的适用对象则无赘婿和贾人。贡禹的上疏就是禁锢适用对象的完美概括,即“孝文皇帝时,贵廉洁,贱贪污,贾人赘婿及吏坐赃者,皆禁锢不得为吏”。[①] 除名的适用对象虽无赘婿与贾人,但适用于罪吏的案例却比比皆是:有因军事犯罪被除名者,如东晋穆帝时的豫州刺史谢万就因北伐兵败,“众溃而归,万除名”;[②]又如唐玄宗时期的名将薛讷率军抵御契丹却为其所败,“讷等屏甲遁归,减死,除名为庶人”。[③] 有因侵犯皇权被除名的,如隋炀帝即位之初,其弟汉王杨谅起兵谋反却被杨素击败,本应处死,炀帝却“屈法恕谅一死,于是除名,绝其属籍,竟以幽死”;[④]又如唐高宗年间,权善才和范怀义身为将军却“误斫昭陵柏,罪当除名;上特命杀之”,后因狄仁杰直言陈谏,“二人除名,流岭南”。[⑤] 也有因违礼犯罪被除名的,如南宋高宗年间的知鄞县令程纬被其属下县丞王肇劾告:“慢上无人

① (东汉)班固:《汉书》卷七十二《贡禹传》,中华书局2005年版,第2306页。

② (唐)房玄龄等:《晋书》卷十三《天文志下》,中华书局1974年版,第376页。

③ (后晋)刘昫等:《旧唐书》卷八《玄宗本纪上》,中华书局1975年版,第173页。

④ (唐)李延寿:《北史》卷七十一《隋宗室诸王列传》,中华书局1974年版,第2473页。

⑤ (北宋)司马光:《资治通鉴》卷二百二《唐纪十八·高宗天皇大圣大弘孝皇帝中之下》,中华书局1956年版,第6381页。

臣礼，除名贵州编管，籍其赀”；[①]又如少数民族入主中原的元朝也明文规定：“诸居父母丧，奸收庶母者，各杖一百七，离之，有官者除名……诸受财强嫁所监临妻，以枉法论，杖七十七，除名，追财没官，妻还前夫”。[②] 因职务犯罪被除名的案例则更为丰富，如北魏孝文帝时期的中书博士兼定州大中正李宣茂，“受乡人财货，为御史所劾，除名”，[③]此属因受贿而除名；又如北宋太宗年间的殿中丞赵象“坐擅税，除名”，此属因擅权而除名；再如元成宗年间，“饶州路达鲁花赤阿剌红、治中赵良不法，佥江东廉防司事昔班、季让受金纵之，事觉，昔班自杀，杖季让，除名，仍没其财产奴婢之半”。[④] 当然，对于这四类犯罪，禁锢皆有适用，后将详述，此处不赘。

禁锢与除名的区别主要在于罪吏的株连适用上。株连除名，是指一人犯罪连及他人遭受除名的刑罚。株连除名主要包括三类：亲属被株连除名、故吏被株连除名和交通被株连除名。总而言之，即是被株连的人与罪吏关系密切。因亲属关系被株连除名的例子，如唐高宗年间，权臣长孙无忌因反对立武则天为皇后，遭武后报复指使其亲信许敬宗诬告长孙无忌谋反而流之于黔州，“其子秘书监驸马都尉冲等并除名，流于岭外”；[⑤]株连处罚更重的要算隋朝名臣苏威，被奸臣裴蕴指使张行本诬告图谋不轨差点被处死，最后被隋炀帝从轻处理：“父子及孙三世并除名”。[⑥] 也有因职务株连被除名的，此多为因

---

① （元）脱脱等：《宋史》卷三十一《高宗本纪八》，中华书局1985年版，第581页。

② （明）宋濂等：《元史》卷一百三《刑法志二》，中华书局1976年版，第2643～2644页。

③ （唐）李延寿：《北史》卷三十三《李灵列传》，中华书局1974年版，第1209页。

④ （明）宋濂等：《元史》卷十八《成宗本纪一》，中华书局1976年版，第390页。

⑤ （后晋）刘昫等：《旧唐书》卷六十五《长孙无忌列传》，中华书局1975年版，第2456页。

⑥ （唐）魏征等：《隋书》卷六十七《裴蕴列传》，中华书局1973年版，第1576页。

上级犯罪而下级官吏被株连导致的除名,如太宗贞观时期,因太子李承乾被废,其官属"张玄素、令狐德棻、赵弘智、裴宣机、萧钧皆除名为民,不复用";①又如隋炀帝初年,汉王杨谅的下属府掾沈光即因"谅败,除名"。② 还有不少因交通而除名的,这是因官场谋求升迁而相互交游被认为关系过密而导致的除名。之所以要打击相互交通之人,主要是皇帝担心在朝官吏或在野士人结成朋党威胁皇权,除名成为皇帝有效驾驭臣下的一柄利器,如隋炀帝时期的赵郡太守鱼俱罗与东都将军梁伯隐数相往来,被御史弹劾:"以郡将交通内臣,帝大怒,与伯隐俱坐除名";③又如唐太宗时期的任国公刘弘基与义安王李孝常过往甚密,因"李孝常等谋反,坐与交,除名为民"。④ 相比较而言,禁锢的株连范围更广,对罪吏的打击更重。最为典型的当属东汉党锢之祸中禁锢刑的适用,如清议派首领陈蕃被杀,"徙其家属于比景,宗族、门生、故吏皆斥免禁锢";⑤司隶校尉李膺被杀,则"妻子徙边,门生、故吏及其父兄,并被禁锢"。⑥ 更有甚者,汉灵帝后期为了穷治朋党,竟然"诏州郡更考党人门生故吏父子兄弟,其在位者,免官禁锢,爰及五属"。⑦ 禁锢刑的适用对象居然扩大到罪吏的五服以内亲属、门生、故吏,株连范围之广前无古人后无来者。遍考除名之相关史料,株连除名实所不及。

再次,禁锢与除名是否见于历代律典有所不同。禁锢刑未见于

① (宋)欧阳修、宋祁:《新唐书》卷二百四十二《奸臣列传上》,中华书局1975年版,第6336页。

② (唐)魏征等:《隋书》卷六十四《沈光列传》,中华书局1973年版,第1513页。

③ (唐)魏征等:《隋书》卷六十四《鱼俱罗列传》,中华书局1973年版,第1518页。

④ (宋)欧阳修、宋祁:《新唐书》卷九十《刘弘基列传》,中华书局1975年版,第3766页。

⑤ (南朝宋)范晔:《后汉书》卷六十六《陈蕃列传》,中华书局1965年版,第2170页。

⑥ 同上书,第2197页。

⑦ (南朝宋)范晔:《后汉书》卷六十七《党锢列传》,中华书局1965年版,第2189页。

历代主要律典之规定，主要是以皇帝的命令，即诏、敕、谕等形式予以公布，南北朝时期史料记载中出现过关于禁锢的“科”之形式立法，如南北朝梁朝时期有“士人有禁锢之科，亦有轻重为差。其犯清议，则终身‘不齿’……其制唯重清议禁锢之科。[①] 汉魏南北朝时期，科是一种重要的立法形式，用来补充律和令规定之不足之处。若再细推，禁锢的前身“锢”刑在西汉吕后执政时期颁布的《二年律令》中有规定，禁锢的变式“永不叙用”在《大清律例》中被明确规定，这将在后面的“禁锢的性质”中再加详述。与禁锢不同，除名则在历代主要律典——《唐律疏议》《宋刑统》《大明律》《大清律例》中均有明确规定。就目前史料来看，关于除名的立法最早源自《晋律》，即“吏犯不孝、谋杀其国王、侯、子、男、官长，诬、偷、受财枉法，及略人私卖、诱藏亡奴婢，虽与赦，皆除名为民”。[②] 如果说此段史料属间接引用尚不足证的话，那么在《晋书》里可以收集到 14 件关于除名的具体案例，[③]则可佐证《晋律》已有关于除名的规定，如魏元帝年间，司马昭执掌实权，相府掾刘颂即因违制发赈被除名，“时蜀新平，人饥土荒，颂表求赈贷，不待及而行，由是除名”。[④] 申言之，对刘颂的除名发生在晋武帝司马炎建立晋朝之前，可以认为除名刑在曹魏律就有可能存在，尽管程树德老先生的《魏律考》未见除名的身影，[⑤]但至少在司法实践中有此例和前述之“军吏梅平被除名”的案例。当然亦可认为极可能体现晋王司马昭的立法思想，晋武帝司马炎颁布的《泰始律》肯定和前代之立法尤其是其祖父司马懿和父亲司马昭执政时期的立

① （唐）魏征等：《隋书》卷二五《刑法志》，中华书局 1973 年版，第 700、702 页。

② 《太平御览》卷六五一引《晋律》逸文，转引自夏志刚：《北魏除名制度特点探析》，载《青海社会科学》2007 年第 3 期。

③ 根据钱建文制作的二十四史电子版统计所得。

④ （唐）房玄龄等：《晋书》卷四十六《刘颂列传》，中华书局 1974 年版，第 1293 页。

⑤ 程树德：《九朝律考》，中华书局 1963 年版，第 193 ~ 223 页。

法和司法密切相关。此案例若稍有时间争议的话，则如下几个案例则属晋代发生无疑；如西晋惠帝时期，东海王司马越的府掾谢鲲“任达不拘，寻坐家僮取官稿除名”；[①]东晋成帝时期，庐陵太守羊聃自恃皇亲国戚，残暴杀人成性，经多名大臣求情且顾及太后情面，被宥死罪，“于是，除名”；[②]东晋元帝时期，太子左卫率杨鉴讨伐徐龛反叛兵败，元帝“诏以鉴太妃外属，特免死，除名”。[③] 无须再举，足可证明《晋律》极可能有除名之规定。南北朝时期的除名案例也有不少，具体可参见夏志刚博士的研究成果。[④] 隋唐时期的除名制度及运行则可参见孔祥军及王伟歌的研究成果。[⑤]

最后，禁锢与除名的适用刑期及效果有所不同。除名在《唐律疏议》《宋刑统》《大明律》《大清律例》中均有明确规定，这说明至少在立法层面，除名刑比禁锢刑更为完善。唐律规定：“诸除名者，官爵悉除，课役从本色。六载之后听叙，依出身法”。[⑥] 因此，除名刑的适用刑期为6年，其所产生的法律效果有三：一是官爵悉除，意思是如果犯除名，则剥夺犯罪者所有官职和爵位；二是课役从色，意为犯除名罪者，有官荫者可以根据荫例的相关规定减免课税，无官荫的就只有与平民一样按期服徭役并缴纳相应的课税；三是犯除名者，只有服完6年的刑期后，才能根据自己的出身法再次任官。唐代关于除名者再叙官的出身法规定如下：“犯除名人年满之后，叙法依《选举令》：

---

① （唐）房玄龄等：《晋书》卷四十九《谢鲲列传》，中华书局1974年版，第1377页。

② （唐）房玄龄等：《晋书》卷四十九《羊曼列传》，中华书局1974年版，第1384页。

③ （唐）房玄龄等：《晋书》卷八十一《羊鉴列传》，中华书局1974年版，第2122页。

④ 夏志刚：《北魏除名制度特点探析》，载《青海社会科学》2007年第3期；《北朝除名制度管窥》，载《贵州文史论丛》2007年第3期。

⑤ 孔祥军、李传成：《隋朝除名制度探析》，载《大庆师范学院学报》2010年第2期；王伟歌、张剑光：《唐代官员除名制度探析》，载《江苏技术师范学院学报》2010年第5期；李传成：《隋唐除名制度研究》，山东大学2010年硕士学位论文，第1～63页。

⑥ （唐）长孙无忌：《唐律疏议笺解》，刘俊文点校，中华书局1983年版，第58页。

‘三品以上，奏闻听叙。正四品，于从七品下叙；从四品，于正八品上叙；正五品，于正八品下叙；从五品，于从八品上叙；六品、七品，并于从九品上叙；八品、九品，并于从九品下叙。若有出身高于此法者，听从高。”①换言之，官吏被除名期间必须停职，6 年刑期届满之后重新叙官则按此项规定比原来品位低若干等级的品位再次起用。而禁锢的适用刑期无律典明文规定，史料可查的有禁锢 3 年、禁锢 5 年、禁锢 10 年之有期禁锢，也有禁锢终身之无期禁锢，更有禁锢二世、三世之跨世禁锢，这将在后面“禁锢的适用刑期”中进行详细的阐述。当然前述除名刑的适用刑期之 6 年只是法律的应然规定，在实际运行中则呈现多元现象，既有少于 6 年刑期的，也有大于 6 年刑期的，甚至也有终身除名甚至跨世除名的，这与禁锢刑的适用有相似之处，除名适用的随意性源自皇帝的好恶及维护封建专制统治的需要，如北魏孝庄帝时期的齐州刺史薛修义“以黩货除名。追其守晋州功，复其官爵”。② 薛修义的除名刑因封建特权——“八议”之“议功”迅疾复官，说明其除名适用的期限极短。同样的例子还有，宋徽宗年间的丰稷因受奸臣蔡京排挤，“除名徙建州，稍服朝请郎”；③金章宗时期的郑王永蹈谋逆，臣子仆散揆却“独称永蹈性善，静不好事，乃免死，除名。未几，复五品阶”。④ “稍复”和“未几”充分说明丰稷和仆散揆的除名刑期很短，与除名的 6 年刑期迥然有异。当然并不是每个犯罪官吏都是如此幸运，除名刑的适用期限超过 6 年的也有不少。如隋

① （唐）长孙无忌：《唐律疏议笺解》，刘俊文点校，中华书局 1983 年版，第 58 ~ 59 页。

② （唐）李延寿：《北史》卷五十三《薛修义列传》，中华书局 1974 年版，第 1919 页。

③ （元）脱脱等：《宋史》卷三百二十一《丰稷列传》，中华书局 1985 年版，第 10426 页。

④ （元）脱脱等：《金史》卷九三《仆散揆列传》，中华书局 1975 年版，第 2067 ~ 2068 页。

文帝时期的来州刺史宇文恺因“兄忻被诛，除名于家，久不得调”，[①]史载宇文忻系开皇六年(586 年)被杀，宇文恺于开皇十三年(593 年)因修建仁寿宫才被杨素举荐起用，其被除名的时间显然已经超过 6 年。又如明神宗年间的右给事中陈吾德因秉性刚直忤逆权臣张居正，为御史所劾，“莅饶时违制讲学，用库金市学田，遂除名为民。居正死，荐起思州推官”。[②] 史载陈吾德被除名在万历元年(1573 年)，居正死于 1582 年，其除名的执行期限将近十年。再如宋徽宗年间的侍御史陈次生，“崇宁初……除名徙建昌，编管循州，皆以论京、卞故。政和中，用赦恩复旧职”。[③] 宋徽宗的崇宁年号计用 5 年(1102 ~ 1106 年)，而政和年号共用 7 年(1111 ~ 1117 年)，如此算来从“崇宁初”到“政和中”，陈次生除名刑的适用刑期又是十年以上了！还有终身除名的例子，如北魏孝文帝期间，乐陵太守张纂“在郡多所受纳，闻御史至，弃郡逃走，于是除名，乃卒”。[④] 最重的是跨世除名，如隋朝的名臣苏威因遭人诬告，差点被处死，最后被炀帝轻处“父子及孙三世并除名”。[⑤] 比较离奇的是还有死人被除名的，如唐中宗时期对武后执政时期酷吏的处罚，“邱神勣、来子珣、万国俊、周兴、来俊臣、鱼承晔、王景昭、索元礼、付游艺、王弘义、张知默、裴籍、焦仁亶、侯思立、郭霸、李敬仁、皇甫文备、陈嘉言等虽以身死，并宜除名”。[⑥] 对这些去世酷吏除名于其本人无甚意义，对其子孙则影响甚巨，剥夺了其

① (唐)魏征等:《隋书》卷六十八《宇文恺列传》，中华书局 1973 年版，第 1587 页。

② (清)张廷玉等:《明史》卷二百一十五《陈吾德列传》，中华书局 1974 年版，第 5684 页。

③ (元)脱脱等:《宋史》卷三百四十六《陈次生列传》，中华书局 1985 年版，第 10971 页。

④ (北齐)魏收:《魏书》卷六十八《甄琛列传》，中华书局 1974 年版，第 519 页。

⑤ (唐)魏征等:《隋书》卷六十七《裴蕴列传》，中华书局 1973 年版，第 1576 页。

⑥ (后晋)刘煦等:《旧唐书》卷七《中宗睿宗本纪》，中华书局 1976 年版，第 138 页。

子孙受到荫庇的特权。这些适用除名的案例的类似情形禁锢刑均有适用的例子，说明了二者在具体的运行中的随意性。如果说禁锢因无当朝律典明文规定而由皇帝诏令随意取舍尚可理解的话，那么历代律典明文规定的除名刑的适用6年刑期，历朝皇帝随意更改则为明知故犯，亦可视为古代专制社会有法不依的典型实例。

二、禁锢的流变

禁锢，作为一种身份刑的惩治方式，尽管到汉代才得以确立，但其产生却比汉朝更早，因为“某一制度之创立，绝不是凭空忽然地创立，它必有渊源，早在此项制度创立之先，已有此项制度之前身，渐渐地在创立”。[①] 通过对现有史料的精心爬梳，禁锢的演进历程也大致得以呈现，笔者认为，禁锢萌芽于西周的“不齿”，东周的“锢”与秦朝的“废”展示了禁锢的雏形，最终到汉初得以正式确立并绵延二千余年直至明清，只不过在明清时期其变式——永不叙用亦有适用。

（一）西周之“不齿”

“禁锢”一词在《词源》上最早出现于汉代，即西汉元帝时大臣贡禹的奏章：“孝文皇帝时，贵廉洁，贱贪污，贾人、赘婿及吏坐赃者，皆禁锢不得为吏。”[②]但与禁锢的实质内容“禁人不得仕宦”的类似规定——“不齿”早在西周时就有多处记载，如《周礼》相关记载如下：“以圜土聚教罢民，凡害人者，置之圜土而施职事焉，以明刑职之。其能改者，反于中国，‘不齿’三年。其不能改而出圜土者，杀。虽出，三年‘不齿’”；[③]“司圜掌收教罢民，凡害人者弗使冠饰，而加明刑焉，任

① 钱穆：《中国历代政治得失》，生活·读书·新知三联书店2001年版，前言第2页。

② （东汉）班固：《汉书》卷七十二《贡禹列传》，中华书局2005年版，第2306页。

③ 杨天宇撰：《周礼译注》之《周礼·秋官司寇第五·大司寇之职》，上海古籍出版社2004年版，第508～509页。

之以事而收教之,能改者,上罪三年而舍,中罪二年面舍,下罪一年而舍。其不能改而出圜土者,杀;虽出,三年'不齿'。凡圜土之刑人也,不亏体;其罚人也,不亏财。"①

这两段史料无论讲大司寇的职责还是士师的职责,均可理解为西周时期司法机关或司法官的职责,只不过大司寇是西周时期的中央司法机关(官),士师是西周时期的地方司法机关(官)。这两段史料的要旨在于,对于那些"害人者"(犯罪人)要关到"圜土"(监狱)之中进行"收教"(教育改造),经过"收教"的"能改者"才可以"出"或"反于中国",但是出狱后还要"'不齿'三年"或"三年'不齿'",即3年内不得担任官职。这与后世的禁锢3年名异而实同,故沈家本曾言"'不齿'虽无禁锢之名而即禁锢;均为'勿令仕'也"。②

《礼记》亦有关于"不齿"的记载,并且更侧重于教化的一面,如"司徒修六礼以节民性,明七教以修明德,齐八政以防淫,一道德以同俗,养耆老以致孝,恤孤独以逮不足,上贤以崇德,简不肖以绌恶。命乡简不帅教者以告,耆老、皆朝于痒,元日,习射上功,习乡上齿,大司徒帅国之俊士与执事焉。不变,命国之右乡简不帅教者移之左,命国之左乡简不帅教者移之右,如初礼。不变,移之郊,如初礼。不变,移之遂,如初礼。不变,屏之远方,终身'不齿'。命乡论秀士,升之司徒,曰选士。司徒论选士之秀者而升之学,曰俊士。升于司徒者不征于乡;升于学者不征于司徒,曰造士。乐正崇四术,立四教,顺先王《诗》《书》《礼》《乐》以造士。春、秋教以《礼》《乐》,冬、夏教以《诗》《书》。王大子、王子、群后之大子,卿、大夫、元士之适子,国之俊选,

---

① 杨天宇撰:《周礼译注》之《周礼 · 司圜十八 · 士师之职》,上海古籍出版社2004年版,第508~509页。

② 沈家本:《历代刑法考》(一),邓经元、骈宇骞点校,中华书局1985年版,第492页。

皆造焉。凡入学以齿。将出学,小胥、大胥、小乐正简不帅教者,以告于大乐正,大乐正以告于王,王命三公、九卿、大夫、元士皆入学。不变,王亲视学。不变,王三日不举,屏之远方,西方曰棘,东方曰寄,终身'不齿'"。①

这段史料意即对那些"不帅教者"(屡教不改之人),一是经过耆老、俊士、大司徒之不断更换地方之教化仍"不变"(不能得到教化之目的)之人,二是经过小胥、大胥、小乐正、大乐正、王之不同级别之教化仍"不变"之人,则处以"屏之远方,终身'不齿'"之罚,意即将"不帅教者"或"不变者"迁徙到远离都城之地,永远不能担任官职。这实质上是剥夺"不帅教者"和"不变者"为官资格的惩罚,类似于汉之后的禁锢,沈家本亦有此解读:"汉时之禁锢,亦有徙之边方者,其法盖原于古。"②而对于那些"帅教者",周王朝则给予其参与国家官吏选拔的资格,这也反证了"不齿"作为一种资格刑,亦即"不齿"作为剥夺为官资格之罚确与后世禁锢极其类似。

如果说前面三段史料仅仅从静态的规范层面对"不齿"进行诠释尚不足证的话,西周时还有关于"不齿"罚的案例记载,则能从规范运行的层面论证"不齿"刑在西周的客观存在。据《尚书》记载:"惟周公位冢宰,正百工。群叔流言,乃致辟管叔于商,囚蔡叔于郭邻,以车七乘;降霍叔于庶人,三年'不齿';蔡仲克庸祗德,周公以为卿士。"③

此段史料中记载的是西周初年周公东征平定"武庚"叛乱后,对相关的王族迹行处罚。管叔、蔡叔、霍叔均系周武王与周公的弟弟,

---

① 王文锦译解:《礼记译解》之《礼记·王制第五》,中华书局2016年版,第165~167页。

② 沈家本:《历代刑法考》(一),邓经元、骈宇骞点校,中华书局1985年版,第492页。

③ (汉)孔安国传:《尚书正义》卷十七《蔡仲之命》,(唐)孔颖达注,上海古籍出版社2007年版,第660页。

周初被封为“三监”以监视商地诸侯王武庚(商纣王之子),后武庚与管叔、蔡叔发起反周叛乱,霍叔亦被胁迫参与。周公平叛成功后,为了维护周王朝的统治对自己的族弟们毫不手软,杀了管叔并流放了蔡叔,而对情节较轻的霍叔则处以“三年‘不齿’”,即削除霍叔的官职及爵位,贬其为平民,3 年期限内不得担任任何官职。由此可见,“不齿”之罚与后世之禁锢的意思基本一致,可以视为禁锢的萌芽与前身。

(二)东周之“锢”

周幽王为犬戎所杀,西周王朝烟消云散;周平王定都洛邑,历史的车轮进入东周时代。东周时期,周王室统治衰落,先有春秋五霸争雄,后有战国七雄逐鹿。在这个诸侯国林立神州大地的特殊时期,如何通过吸引人才归附从而增强自身实力成为各诸侯国的首选方针,同时也为士大夫谋求重用且推广自己的政治主张提供了历史舞台,其中难免会出现背君离王的“臣子”,于是乎类似禁锢之“锢”——禁人不得仕官也出现在一些史籍之中。

《左传》有云:“巫臣聘诸郑,郑伯许之。及共王即位,将为阳桥之役,使屈巫聘于齐,且告师期。巫臣尽室以行。申叔跪从其父,将适郢,遇之,曰:‘异哉!夫子有三军之惧,而又有《桑中》之喜,宜将窃妻以逃者也。’及郑,使介反币,而以夏姬行。将奔齐,齐师新败,曰:‘吾不处不胜之国’。遂背晋,而因郤至,以臣于晋。晋人使为邢大夫。子反请以重币锢之。”①

这段史料中的屈巫系楚国大臣,曾劝楚庄王与子反不要纳夏姬为妾,而自己却趁出使齐国之机,绕道郑国,携美少妇夏姬逃至晋国。

① 杨天宇:《左传译注》之《左传》卷二五《成公二年》,上海古籍出版社 2004 年版,第 518 ~ 519 页。

对于屈巫这种欺骗君王逃背敌国的行为，楚国大夫亦即楚庄王的弟弟子反首先杀了屈巫的族人，并请求楚庄王以重礼贿赂晋国，让其不要任用屈巫为官。尽管楚庄王未同意子反的请求，“止！其自为谋也则过矣。其为吾先君谋也则忠。忠，社稷之固也，所盖多矣。且彼若能利国家，虽重币，晋将可乎？若无益于晋，晋将弃之，何劳锢焉？”①体现了楚庄王洞察时局的霸主风范，从侧面也可能透露出对悖君弃主的之臣实施“锢”罚是一种常规做法。

再来看《左传》所记载的二段史料：“会于商任，锢栾氏也。齐侯、卫侯不敬。叔向曰：‘二君者不免。会朝，礼之经也；礼，政之舆也；政，身之守也；怠礼，失政；失政，不立，是以乱也。’”②“冬，会于沙随，复锢栾氏也。栾盈犹在齐。晏子曰：‘祸将作矣。齐将伐晋，不可以不惧。’”③

这两段史料中的“栾氏”指晋国大臣栾盈，因平日乐善好施而威望日增，众多士人趋之若鹜。后因其母与他人通奸畏其约束而告自己的亲生儿子——栾盈谋反，栾盈被迫逃到齐国。晋国时任执政范宣子不仅杀死栾盈多名亲信如黄渊、司空靖、羊舌虎等人，还囚禁其诸多亲属如叔向、伯华等人，而且利用诸侯会盟之际，对各国下达针对栾盈的两次“锢”令，即要求他国不得任用栾盈为官。尽管齐国不顾晋国的禁锢令依然接纳了栾盈并委以重任，实为永无休止争权夺利之需要，但这两段史料说明类似后世禁锢刑的“锢”罚在春秋时期已经存在是没有多大问题的。

不唯春秋时期，战国时期亦有类似后世禁锢的“锢”罚：“公仲数

---

① 杨天宇：《左传译注》之《左传》卷九《襄公二十一年》，上海古籍出版社 2004 年版，第 519 页。

② 同上书，第 762 页。

③ 同上书，第 770 页。

不信于诸侯,诸侯锢之。南委国于楚,楚王弗听。苏代为楚王曰:'不若听而备与其反也。明之反也,常仗赵而畔楚,仗齐而畔秦。今四国锢之,而无所入矣,亦甚患之。此方其为尾生之时也。'"①

这段史料中的公仲因多次背离赵、楚、齐、秦等诸侯王,被四国处以"锢"罚,即这四个国家均不再授其以官职,对其实施这种"锢"罚的重要理由就是公仲失去了诸侯王的信任。由此可见,东周时期,"锢"作为一种阻塞士人参与政治的惩罚方式,极可能为各诸侯国多次适用。

还有一点需要说明的是,有学人认为《孟子》中的"搏执亦是类似于禁锢之惩罚",②笔者认为此观点值得商榷。该学人可能是根据沈家本在《历代刑法考》中的辑录而得出,沈氏辑录史料如下:"《孟子》:今也为臣,谏则不行,言则不听;膏泽不下於民;有故而去,则君搏执之,又极之于其所往。赵注:'搏执其亲族也。极者,恶而困之也'。朱注:'极,穷也,穷之于其所往之国,如晋锢栾氏也。'"③

此段史料中孟子立意是规劝齐宣王善待谏言之臣,切勿动辄拘捕大臣,并将其投到穷困边远之地。仔细琢磨,似有"屏之远方,终身'不齿'"④之意;加上东汉赵歧和南宋朱熹的注解,亦似有后世禁锢之意。但笔者以为,从孟子的整段话理解来看,似乎含有将谏言之臣处以"禁锢"之罚之意,但并非"搏执"一词就包含了后世"禁锢"的应有含义,因为此处"搏执"完全可以解释为"拘捕、抓捕"之意,并且"搏执"的此种义项其他史料中亦出现过,如"(孟秋之月)是月也,命

---

① (西汉)刘向集录、范祥雍笺证:《战国策笺证》之《战国策·韩策一》,上海古籍出版社2006年版,第1538页。

② 张德欣:《禁锢考析》,西南政法大学2010年硕士学位论文,第7页。

③ 沈家本:《历代刑法考》(一),邓经元、骈于骞点校,中华书局1985年版,第492页。

④ 王文锦译解:《礼记译解》之《礼记·王制第五》,中华书局2001年版,第178页。

有司修法制，缮囹圄，具桎梏，禁止奸、慎罪邪，务搏执”。[①] 孙希旦对“搏执”的解释是“谓搏击而拘执之”。另有“汉宫搏执，取金吾鸟，示法戒迟，师授以枣”，[②]此处解释为“拘捕”亦比较容易理解，解释为“禁锢”则牵强甚或不通。再者，沈家本在辑录此史料时想必是受到朱熹注解的影响，但其亦心知肚明地感觉似有不当，自己也未加评论或注解，从而给后人理解留下了空间。但笔者以为，如果不是普遍联系或无限上升，诸相关史料中的“搏执”直译为“拘捕”之意，可能更为贴切。

（三）秦代之“废”

秦朝是中国历史上第一个大一统的中央集权帝制王朝，秦始皇以法家思想为主导，创立了一套类似马克斯·韦伯所言的“科层制”官阶官僚体制，“中国社会从爵本位的贵族政治时代走入了官本位的官僚政治时代”。[③] 在法律层面，秦朝的“废”刑与后世的禁锢最为接近。

秦简《法律答问》记载：“廷行事吏为诅伪，赀盾以上，行其论，有（又）废之。”[④]大意是只按照成例，官吏弄虚作假，其罪在罚盾以上的，依照判决执行，同时将该官吏撤职永不叙用。同时，秦简《除吏律》亦有关于“废”刑的记载：“任法（废）官者为吏，赀二甲”，[⑤]意即对保举曾被撤职永不叙用的人为吏，处以罚二甲之罚。实际上，这是

---

① 王文锦译解：《礼记译解》之《礼记·月令第十六》，中华书局2001年版，第219页。

② （明）徐渭：《一品三公图赞》，转引自中国汉语大词典编纂委员会：《汉语大词典》（第6卷），汉语大词典出版社1989年版，第796页。

③ 阎步克：《从爵本位到官本位——秦汉官僚品位结构研究》，生活·读书·新知三联书店2009年版，序言第1页。

④ 睡虎地秦墓竹简整理小组：《睡虎地秦墓竹简》，文物出版社1978年版，第176页。

⑤ 同上书，第127页。

禁止任用废官的规定,侧证了"废"刑在秦代的存在。

关于"废"刑更多的史料记录在秦简《秦律杂抄》中,"为(伪)听命书,法(废)弗行,而本为候;不辟(避)席立,赀二甲,法(废)",[①]意为对那些假装听从朝廷的命书,实际不予执行的官吏,应处以耐为候[②]之罚;听命书时不下席站立之官吏,则处以罚二甲且撤职永不叙用。"先赋蓦马,马备,乃粼从军者,到军课之,马殿,令、丞二甲;司马赀二甲,法(废)",[③]意即先征取蓦马,马数已足,就在从军人员中选用骑士,到达军营后对马进行考核,若马被评为下等,则罚县令、县丞二甲;司马[④]则罚二甲且革职永不叙用。"不当禀军中而禀者,皆赀二甲,法(废)……禀卒兵,不完善(缮),丞、库啬夫、吏赀二甲,法(废)",[⑤]即对那些不应当从军中领粮食而领取的官吏,皆罚二甲且撤职永不叙用;发给军卒的兵器质量不好,则处罚管理兵器的县丞和管理军库的啬夫及其他官吏二甲且撤职永不叙用。"漆园三岁比殿,赀啬夫二甲而法(废),令丞各一甲……采山重殿,赀啬夫一甲,佐一盾;三岁比殿,赀啬夫二甲而法(废)。"[⑥]此段史料意为若漆园3年连续被评为下等,处罚管理漆园的啬夫二甲并撤职永不叙用,处罚县令、县丞各一甲;若采矿两次被评为下等,则处罚管理矿山的啬夫一甲一盾;3年连续评为下等,则罚啬夫二甲且撤职永不叙用。

综合上述史料来看,前三段史料主要是为了维护皇帝及上级官僚的权威,后三段史料主要是督促司马、啬夫、令丞恪尽职守,否则,

① 睡虎地秦墓竹简整理小组:《睡虎地秦墓竹简》,文物出版社1978年版,第129页。

② 即剃掉鬓毛胡须后服短期自由刑的惩罚。

③ 睡虎地秦墓竹简整理小组:《睡虎地秦墓竹简》,文物出版社1978年版,第132页。

④ 专门管理马政、训马的官吏。

⑤ 睡虎地秦墓竹简整理小组:《睡虎地秦墓竹简》,文物出版社1978年版,第133~134页。

⑥ 同上书,第138页。

将会被处以“废”刑——撤职永不叙用，与汉以后禁锢之意非常接近，只不过秦时这些规定主要是针对官吏阶层，也可能是明清“永不叙用”罚的先声。

此外，有学人认为秦之“卒囚或可视为汉代禁锢之雏形”，[①]笔者认为欠妥。“卒囚”在史籍中出现2次，均为记载秦相李斯被杀之事，[②]即由于右丞相去疾、左丞相斯、将军冯劫进谏秦二世“请且止阿房宫作者”，而被二世“下去疾，斯、劫吏，案责他罪。去疾、劫曰：‘将相不辱’，自杀。斯卒囚，就五刑”。[③]《史记·李斯列传》也有类似记载。《史记·正义》曰：“卒，子律反。囚，在由反。谓禁锢也。”[④]该学人正是据此得出“卒囚”系禁锢之雏形的结论。笔者认为，“卒囚”实为一单证，史书并无其他史料可证明其为“禁锢”之意，《正义》之解释不能足证。加之此处“卒囚”完全可以释为“终被囚禁关押”之意，而“卒”在文言文中解释为“终于、终究”之意者不胜枚举且颇为常见，“囚”在古代文献中解释为“囚禁、关押”亦属司空见惯，且此处根据上下文语境，李斯因进谏秦二世，被秦二世报复先被关押，后被具五刑完全可以说通。故“卒囚”与汉代以后的资格刑禁锢相距较远，只要将《正义》注解之“禁锢”理解为“监禁”，而不是硬要与禁锢资格刑联系起来，则《正义》解释亦不为过。因此，笔者以为将“卒囚”视为后世资格刑之一种的“禁锢”之雏形不妥。

（四）汉代“禁锢”之确立

“禁锢”确立于汉代，学界无甚争议，但禁锢作为刑罚具体在汉代

---

① 白超：《两汉禁锢考论》，厦门大学2014年硕士学位论文，第14页。

② （西汉）司马迁：《史记》卷六《秦始皇本纪》，中华书局1959年版，第272、273页。

③ 同上书，第271～272页。

④ 同上书，第273页。

哪一时期确立,则争议颇大,至今尚无定论。归纳起来,对于禁锢确立的时间有两种比较具有代表性的观点:“日本学者若江贤三认为禁锢确立于西汉文帝时,主要依据是汉元帝时期御史大夫贡禹的上书:孝文皇帝时,贵廉洁,贱贪污,贾人、赘婿及吏坐赃者,皆禁锢不得为吏。”①我国台湾地区学者廖伯源则对此持有异议,他认为“因犯罪受罚不得仕宦,至文帝始见”,②但“禁锢”成为刑罚之名,甚为难说,然最迟不得晚于东汉光武帝时。③ 其理由是贡禹疏言中的“禁锢”与“不得为吏”语义复合,盖为文帝时禁锢并非刑名,故后加“不得为吏”予以强调说明。④

笔者以为,二位学者对“禁锢”的实质内容“禁人不得为吏”产生的时间——汉文帝时期无甚争议,只是对作为资格刑的禁锢确立之时间有不同认识。笔者比较倾向于禁锢确立于汉初的观点,理由是汉高祖时期即有官吏被禁锢的案例,即“(高祖)八年十月,安陆丞忠劾狱史平舍匿无名数大男子种一月……平被耐为隶臣,锢,毋得以爵、当赏免”。⑤ 汉高祖八年即公元前199年,狱史平因将来路不明之人非法隐藏家中帮其耕种1个月而遭弹劾被处以“耐为隶臣”,⑥且附加“锢”刑,即禁锢之意。无独有偶,吕后二年(即公元前186年)颁布的《二年律令》亦有类似规定:“贼杀伤父母,牧杀父母,欧(殴)詈父母,父母告子不孝,其妻子收者,皆锢,令毋得以爵偿,免除及赎。”⑦此

---

① (东汉)班固:《汉书》卷七十二《贡禹传》,中华书局2005年版,第2306页。

② 廖伯源:《秦汉史论丛》卷八,五南图书出版股份有限公司2003年版,第246页。

③ 廖伯源:《汉禁锢考》,载《秦汉史论丛》,中华书局2008年版,第206页。

④ 廖伯源:《秦汉史论丛》卷八,五南图书出版股份有限公司2003年版,第246页。

⑤ 张家山汉墓竹简整理小组:《张家山汉墓竹简》(简68),文物出版社2001年版,第218页。

⑥ 剃掉胡须鬓毛做2年苦役的刑罚。

⑦ 张家山汉墓竹简整理小组:《张家山汉墓竹简》(简38),文物出版社2001年版,第139页。

段史料意为对于犯不孝罪者处以“锢”刑，当然如果因不孝罪被杀，“锢”刑的影响就可能波及其子孙，这也是此规定透露出的信息，极可能是后来禁锢二世的源头之一。

如果说高祖与吕后时期只出现“锢”刑尚未明示“禁锢”刑的话，则汉文帝时期“禁锢”已多次出现。除前述贡禹上疏言及文帝时之“禁锢”刑外，还有丞相张仓、御史大夫冯敬在上书请求文帝除肉刑的奏言中亦有涉及：“前令之刑城旦舂岁而非禁锢者，完为城旦舂岁数以免”，①意即对那些处以“城旦舂”②而未附加“禁锢”刑的，服满刑期之后即免为庶人。汉武帝时期更是多次下诏解除或赎免禁锢，如因卫青征匈奴大获全胜，为了奖赏军士且获取民心而下诏“诸禁锢及有过者，咸蒙厚赏，得免，减罪”。③ 又如为了支持卫青征伐匈奴，大司农认为军费不足，故“有司请令民得买爵及赎禁锢、免减罪”。④ 再如武帝斥责丞相石庆等人移民之策的诏令：“往车觐明堂，赦殊死，无禁锢，咸自新，与更始。今流民愈多，计文不改，君不绳责长吏，而请以徙四十万口，摇荡百姓，孤儿幼年不满十岁，无罪而坐率，朕失望焉。”⑤

综上所述，与禁锢同义的“锢”刑，汉高祖时即已出现，禁锢则从汉文帝至汉武帝时期多次出现于史籍之中，故禁锢刑确立于汉初当较为合理。西汉武帝之后更是记载了不少案例，如汉元帝时期，槐里县县令朱云与御史中丞陈咸交好，因得罪当朝丞相韦玄成，“上于是

---

① （东汉）班固：《汉书》卷二十三《刑法志第三》，中华书局 2005 年版，第 93 页。

② 相当于服苦役 5 年的刑罚。

③ （东汉）班固：《汉书》卷六《武帝纪》，中华书局 2005 年版，第 123 页。

④ （东汉）班固：《汉书》卷二十四下《食货志第四下》，中华书局 2005 年版，第 972 页。

⑤ （东汉）班固：《汉书》卷四十《万石直周张传》，中华书局 2005 年版，第 2198 页。

下咸、云狱,减死为城旦。咸、云遂废锢,终元帝世”,[①]此处“废锢”即禁锢之意。汉平帝时期,王莽专权,因其子王宇与当世名儒吴章密谋“夜以血涂莽门,若鬼神之戒,冀以惧莽。章欲因对其咎事发觉,莽杀宇……章坐要斩,磔东市门。初章为当世名儒,教授尤盛,弟子千馀人,莽以为恶人党,皆当禁锢,不得仕宦”。[②] 汉哀帝时期,息夫躬自恃才高,数次谏诤得罪权贵为哀帝免职归国,返乡后不但不悔过自新,还“与巫同祝诅”“入狱而死,躬母圣,坐祠灶祝诅上,大逆不道。圣弃市,妻充汉与家属徙合浦。躬同族亲属素所厚者,皆免,废锢。”[③]这说明禁锢在汉初确立之后,在西汉中后期已被反复适用。

东汉时期,禁锢被广泛适用,史籍记载案例及诏疏颇多,如汉章帝即位之初适逢大旱,向大臣鲍昱求教解灾之法,鲍昱的建言即:“宜一切还诸徙家属,蠲除禁锢。兴灭继绝,死生获所。如此,和气可致。帝纳其言。”[④]章帝在执政晚年亦下诏:“一人犯罪,禁至三属,莫得垂缨于士宦王朝,如有贤才而没齿无用,朕甚怜之,非所谓与之更始也,诸以前妖恶禁锢者,一皆蠲除之。”[⑤]汉安帝时期基本继承了减少或减轻禁锢惩罚的做法,如安帝初年,“清河相叔孙光坐臧抵罪,遂增锢二世,衅及其子”,[⑥]后来由于陈忠上书安帝“解臧吏三世禁锢,事皆实行”。[⑦] 正因为汉安帝认为对贪赃官吏处以二世、三世禁锢过重,才会有废去此类禁锢的诏令。值得一提的是,即使是在位不足一年

---

① (东汉)班固:《汉书》卷六十七《朱云列传》,中华书局 2005 年版,第 2196 页。

② (东汉)班固:《汉书》卷六十七《云敞列传》,中华书局 2005 年版,第 2205 页。

③ (东汉)班固:《汉书》卷四十五《息夫躬列传》,中华书局 2005 年版,第 1681 ~ 1682 页。

④ (南朝宋)范晔:《后汉书》卷二十九《鲍昱列传》,中华书局 1965 年版,第 1022 页。

⑤ (南朝宋)范晔:《后汉书》卷三《章帝纪》,中华书局 1965 年版,第 147 页。

⑥ (东汉)班固:《汉书》卷三十九《刘恺列传》,中华书局 1962 年版,第 1308 页。

⑦ (宋)徐天麟:《东汉会要》卷三十五《刑法上》,上海古籍出版社 1978 年版,第 512 页。

的汉殇帝时期，亦有解除禁锢之诏书，如殇帝时的“自建武以来诸犯禁锢，诏书虽解，有司持重，多不奉行，其皆复为平民”，[①]顺帝时诏书“从甲寅赦令已来复秩属籍，三年正月已来还赎。其阎显、江京等知识婚姻禁锢，一原除之”。[②] 遗憾的是，东汉中后期之后，皇帝多为年幼即位抑或平庸无能，致使要么宦官乱政，要么外戚当权，禁锢成为二者整治士人的工具，最终造成了桓灵时期的党锢之祸，也是禁锢在历史上被适用的一个顶峰。在《后汉书》含有“禁锢”二字的 49 处记载中，仅桓帝、灵帝时期即有 29 处，仅《党锢列传》一章中就出现 9 次，[③]可见士人被禁锢之烈。具言之，东汉有两次著名的党锢之祸，第一次发生在汉桓帝时期，因李膺等“养太学游士，交结诸君生徒，更相驱驰，共为部党，诽讪朝廷，疑乱风俗。于是天子震怒，班下郡国，逮捕党人，布告天下，使同忿疾，遂收执膺等”。[④] 此次党祸致使李膺、贾彪、郭泰等 200 余名“党人”被捕入狱，后经尚书霍谞、将军窦武并表上请，众人才被赦归故里，但终身禁锢。第二次发生在汉灵帝时期，此时窦武因立帝有功被封为大将军而专权，与太尉陈蕃大量起用“党人”，密谋除尽宦官，不料事败被杀，于是宦官侯览指使朱并“上书告俭与同乡二十四人别相署号，共为部党，图危社稷。灵帝诏刊章捕俭等”。[⑤] 这次党祸致使司空虞放、太仆杜密、少府李膺、司隶校尉朱寓等百余人皆死狱中，其死徙废禁者达六七百人。汉灵帝“于是又诏州郡更考党人门生故吏父子兄弟，其在位者，免官禁锢，爰及五属”。[⑥] 无怪乎沈家本给出如下评价：“人之云亡，邦国殄瘁，民心去

① (南朝宋)范晔：《后汉书》卷五《殇帝纪》，中华书局 1965 年版，第 197 页。
② (南朝宋)范晔：《后汉书》卷六《顺帝纪》，中华书局 1965 年版，第 256 页。
③ 根据钱建文制作的《二十五史》之《后汉书》电子版搜索统计所得。
④ (南朝宋)范晔：《后汉书》卷六十七《党锢列传》，中华书局 1965 年版，第 2187 页。
⑤ 同上书，第 2188 页。
⑥ 同上书，第 2189 页。

而鼎祚旋移。汉亡于桓灵，而灵之昏更甚于桓，古今党祸无烈于此时者矣。”[①]客观而言，禁锢适用次数之多，株连范围之广，在东汉党锢之祸中已被应用到无以复加的地步！

（五）魏晋至隋禁锢之发展

尽管由于禁锢之罚曾导致东汉党锢之祸，人心离散国运不昌，故东汉末期禁锢虽在名义上被废除，[②]但因为禁锢具有整顿吏治、维护专制统治之功能，所以三国两晋南北朝至明清，禁锢一直得以沿用，且在明清时期出现“永不叙用”之罚。

根据程树德20世纪二三十年代出版的《九朝律考》之考证，在《汉律考》《魏律考》《晋律考》《梁律考》《后魏律考》中均有禁锢之专门考证，[③]《陈律考》《北齐律考》《后周律考》《隋律考》中虽不见禁锢之身影，但史籍中却有不少关于禁锢的相关记载，确证了三国两晋至隋代禁锢不断为统治者所适用。

曹魏时期，魏明帝曹睿曾以“浮华”禁锢诸葛诞和李胜。史载“明帝禁浮华，而人白（李）胜堂有四窗八达，各有主名，用是被收。以其所连引者多，故得原，禁锢数岁”。[④] 还有诸葛诞“与夏侯言、邓飏等相善，收名朝廷，京都翕然。言事者以诞、飏等修浮华，合虚誉，渐不可长……帝以构长浮华，皆免官废锢”。[⑤] 当然，这两段史料的“浮华”之意，并非仅指生活奢靡之意，主要是“从政治着眼，以才能

---

① 沈家本：《历代刑法考》（一），邓经元、骈宇骞点校，中华书局1985年版，第494页。

② 张德欣：《禁锢考析》，西南政法大学2010年硕士学位论文，第13页。

③ 程树德：《九朝律考》，中华书局1963年版，第51、203、249、322、368页。

④ （晋）陈寿：《三国志·魏书》卷九《曹爽列传》注引《魏略》，中华书局2006年版，第176页。

⑤ （晋）陈寿：《三国志·魏志》卷二十八《诸葛诞传》注引《世语》，中华书局1982年版，第769页。

至相标谤，结为朋党，标奉名号如‘四窗’‘八达’以自夸”，[①]从而犯了封建官场之大忌，而为明帝重惩以儆效尤。此外，魏文帝时期，曹植因争夺帝位失败而被封为陈王，多次上表文帝欲求朝聘，曾在上书中言：“至于臣者，人道绝绪，禁锢明时，臣窃自伤也。不敢乃望交气类，修人事，叙人伦。近且婚媾不通，兄弟乖绝，吉凶之问塞，庆吊之礼废，恩纪之违，甚于路人，隔阂之异，殊于胡越。今臣以一切之制，永无朝觐之望，至于注心皇极，结情紫闼，神明知之矣。”[②]此处之“禁锢”沈家本将其作为刑名予以考证，[③]笔者认为不妥，曹植并未被剥夺官职——陈王，与禁锢的实质内容——“不得宦为吏”相悖，只是由于封建专制统治的需要，经常受到文帝派人监控，深感自由受到控制而已。是故此段史料中之“禁锢”是一种类比，含有封闭监管之意，盖为曹植的牢骚抑或向文帝诉苦之意。三国时期东吴，亦有两例禁锢案例。一是宗族孙朗在东吴与曹魏作战时，违“范令入火，烧损茅芒，以乏军用，范即启送匡还吴。权别其族为丁氏，禁固终身”，[④]此即孙朗因违反吕范军令放火而被孙权处以禁锢终身。二是东吴末帝孙皓在位期间，孙皓因夫人之故，悲痛欲绝，数月不理朝政，民间以为已死，“讹言奋与上虞侯奉当有立者。奋母仲姬墓在豫章，豫章太守张俊疑其或然，扫除坟茔。皓闻之，车裂俊，夷三族……江表传曰：豫章吏十人乞代俊死，皓不听。奋以此见疑，本在章安，徙还吴城禁锢”，[⑤]此案例系因

---

① 周一良：《魏晋南北朝史札记》，中华书局1985年版，第35页。

② （晋）陈寿：《三国志 · 魏书》卷十九《陈思王植传》注引《魏略》，中华书局2006年版，第342页。

③ 沈家本：《历代刑法考》（一），邓经元、骈开骞点校，中华书局1985年版，第496页。

④ （晋）陈寿：《三国志 · 吴志》卷五十一《宗室传》，中华书局1982年版，第213页。

⑤ （晋）陈寿：《三国志 · 吴书》卷五十九《吴主五子传》，中华书局2006年版，第813页。

传言孙奋将继位为王而被禁锢,后被孙皓毒死以绝后患。

两晋时期,关于禁锢的记载则更为丰富。有关于禁锢之立法规定,如晋武帝时曾命贾充等人酌定汉魏之律,有“省禁固相告之条”。① 晋令亦有规定:“犯免官,禁锢三年。”②据此则禁锢为免官的附加刑,3年为禁锢的期限,很可能是禁锢的最低执行期限,因为在实际案例中晋代处以禁锢终身的较多,如西晋尚书令王衍的女儿为愍怀太子妃,因贾皇后与太子之矛盾,王衍担心祸及自身,请求离婚。待贾后被废,有司奏衍“不能守死善道,即求离婚。得太子手书,隐蔽不出。志在苟免,无忠蹇之操。宜加显责,以励臣节。可禁锢终身。从之”。③还有皇帝或上级官吏屡召不至而被处以禁锢终身的。东晋时期,御史中丞周闵“奏裕及谢安违诏累载,并应有罪,禁锢终身,诏书贯之”。④ 此外,解除禁锢也是统治者获取人心的一种重要政治手段,如晋武帝即位之初,为稳定民心,吸收前朝士人参政,曾多次下诏解除汉、魏宗室禁锢:“泰始元年冬十二月丙寅……除旧嫌,解禁锢,亡官失爵者皆复之……乙巳,诏约法省刑,除魏宗室禁锢……二年春二月,除汉宗室禁锢。”⑤

南朝上承晋祚,禁锢之诏令及案例屡载史籍,尤以刘宋时期为最。据《南史》记载,宋武帝刘裕、齐高帝萧道成、梁武帝萧衍、陈武帝陈霸先,即位之始均布告天下解除前代士人官吏禁锢,以获取人心从而维护其统治,如刘裕诏曰:“亡官失爵,禁锢夺劳,一依旧准。”⑥萧

① (唐)房玄龄等:《晋书》卷三十《刑法志》,中华书局1974年版,第813页。

② (北宋)李昉等:《太平御览》卷六五一《刑法部十七·禁锢》,中华书局影印本2000年版,第2911页。

③ (唐)房玄龄等:《晋书》卷四十三《王戎列传》,中华书局1974年版,第1237页。

④ (唐)房玄龄等:《晋书》卷四十九《阮籍列传》,中华书局1974年版,第1368页。

⑤ (唐)房玄龄等:《晋书》卷三《武帝本纪》,中华书局1974年版,第50、51、53页。

⑥ (唐)李延寿:《南史》卷一《宋本纪上》,中华书局1975年版,第24页。

道成与陈霸先均有诏告“亡官失爵,禁锢夺劳,一依旧典”;[①]萧衍诏令:“禁锢夺劳,一皆旷荡。”[②]不仅如此,刘宋时期还改变了东晋时一些关于禁锢的规定,如东晋末期曾有“长吏以父母疾去官,禁锢三年”的规定,刘宋大臣郑鲜之认为此法有悖儒家伦理,遂上疏曰:“今省父母之疾,而加以罪名,悖义疾理,莫此为大。谓宜从旧,于义为允。从之。于是自二品以上父母没者,坟墓崩毁及疾病族属辄去,并不禁锢。”[③]又如《梁律》曾规定:“士人有禁锢之科,亦有轻重为差。其犯清议,则终身‘不齿’。”[④]梁元帝即位后,则下诏废除之。南朝被处以禁锢的官吏很多,有学者统计达21起典型案例,[⑤]通过史料搜索尚不止这些,其中尤以刘宋、南齐为多。刘宋时期,东阳太守张淹残酷对待下属百姓,“逼郡吏烧臂照佛,百姓有罪,使礼佛赎刑,动至数千拜”。[⑥] 为人所纠免官禁锢。御史中丞何承天亦曾举奏太学博士顾雅、王罗云、周野王“上背经典,下违故事,率意妄作,自造礼章……雅、野王初立议乖舛,中执捍愆失,未违十日之限,虽起一事,合成三愆,罗云掌押捍失,三人加禁锢五年”。[⑦] 这三位国子监的文人系因为违礼被处以禁锢的。再有孝武帝之中书令褚叔度“在任四年,广营贿货,家财丰积,坐免官,禁锢终身”。[⑧] 南齐时代,褚澄因“善医术”且与前朝公主联姻,受到齐高帝赏识,官至左民尚书,因为父褚渊办

---

① (唐)李延寿:《南史》卷四《齐本纪上》,中华书局1975年版,第109页。

② (唐)李延寿:《南史》卷八《梁本纪下》,中华书局1975年版,第239页。

③ (梁)沈约:《宋书》卷六十四《郑鲜之列传》,中华书局1974年版,第1696页。

④ 沈家本:《历代刑法考》(一),邓经元、骈宇骞点校,中华书局1985年版,第497页。

⑤ 付开境:《魏晋南北朝政府对官员的禁锢惩治》,载《克拉玛依学刊》2014年第1期。

⑥ (梁)沈约:《宋书》卷四十六《张邵列传》,中华书局1974年版,第1400页。

⑦ (梁)沈约:《宋书》卷十五《志第五》,中华书局1974年版,第401页。

⑧ (梁)沈约:《宋书》卷五十二《褚叔度列传》,中华书局1974年版,第1505页。

丧事奢华,即“永明元年,为御史中丞袁彖所奏,免官禁锢”。[①] 还有益州刺史刘悛在郁林王即位后,因上贡减少,差点丢了性命,而被处以禁锢,即“郁林新立……讽有司收悛付廷尉,将加诛戮。高宗启救之,见原,禁锢终身”。[②] 刘宋顺帝时期侍中谢朏在齐高帝受禅时,放荡不羁,武帝请求诛杀之,高帝则从轻处其禁锢之罚,即“(朏)又以家贫乞郡,辞旨抑扬,诏免官禁锢五年”。[③] 梁朝时,禁锢亦有相关记载,如江蒨为南齐重臣之后,曾率吏民抵抗梁军入建康,“及建康城平,蒨坐禁锢。俄被原,起为后军临川王外兵参军”。[④] 又如吴令唐佣因违礼造物而被处以终身禁锢,即“有司奏:‘吴令唐佣铸盘龙火炉、翔凤砚盖。诏禁锢终身’”。[⑤] 再如梁朝的王实是因直接呼王爷名讳而被处以禁锢终身的,即“(实)后为南康嗣王湘州长史。王三日出禊,实衣冠倾崎,王性方严,见之意殊恶。实称主名谓王曰:‘萧玉志念实,殿下何见憎’?王惊赧即起,后密启之,因此废锢”。[⑥] 陈朝时,御史中丞元饶曾上奏弹合州刺史陈裒渔肉乡里,赋敛无度,致其被处以禁锢之罚,即“(裒)遂乃擅行赋敛,专肆贪取,求粟不厌,愧王沉之出赈,征鱼无限,异羊续之悬枯,置以严科,实惟明宪。臣等参议,请依旨免裒所应复除官,其应禁锢及后选左降本资,悉依免官之法。遂可其奏”。[⑦] 另外,陈朝官员曾因泄露省中语被处以免官禁锢,即“时高宗辅政,固以废帝外戚,妳媪恒往来禁中,颇宣密旨,事泄,比

① (梁)萧子显:《南齐书》卷二十三《褚澄列传》,中华书局 1974 年版,第 432 页。
② (梁)萧子显:《南齐书》卷三十七《刘悛列传》,中华书局 1974 年版,第 653 页。
③ (唐)李延寿:《南史》卷二十《谢弘微列传》,中华书局 1975 年版,第 558 页。
④ (唐)姚思廉:《梁书》卷二十一《江蒨列传》,中华书局 1973 年版,第 334 页。
⑤ (唐)李延寿:《南史》卷六《梁本纪上》,中华书局 1987 年版,第 189 页。
⑥ (唐)李延寿:《南史》卷二十三《王彧传》,中华书局 1987 年版,第 623 页。
⑦ (唐)姚思廉:《陈书》卷二十九《宗元饶列传》,中华书局 1972 年版,第 386 页。

将伏诛,高宗以固本无兵权,且居处清洁,止免所居官,禁锢"。①

北朝的主要代表系鲜卑族建立的北魏拓拔氏政权,亦可能是少数民族入主中原,对汉文化包括汉人的律令法制需有一个学习吸收的过程,故相较于南朝而言,禁锢适用的记载较少。纵观相关史料,包括 3 个方面:一是关于禁锢的规定,如公元 531 年 11 月已巳,后废帝下诏:"王度创开,彝伦方始,所班官秩,不改旧章。而无识之徒,因兹侥幸,谬增军级,虚名显位,皆言前朝所授,理难推抑。自非严为条制,无以防其伪窃。诸有虚增官号,为人发纠,罪从军法。若入格检覆无名者,退为平民,终身禁锢"。② 此诏令的目的是打击虚报官号、虚增官职之人,当然也有初继帝位稳定官吏秩序的原因。二是皇帝登基为博取天下人心赦免禁锢之官吏,如公元 424 年 11 月壬申,世祖拓拔焘继承大统后大赦天下,"于是除禁锢,释嫌怨,开仓库,赈穷乏,河南流民相率内属者众"。③ 又如公元 516 年,肃宗孝明帝元诩即位,大赦天下,当时摄政的胡灵太后下诏曰:"今丧君有君,宗祏惟固,宜崇赏卿士,爰及百辟,凡厥在位,并加陟叙。内外百官文武、督将征人,遭艰解府,普加军功二阶;其禁卫武官,直阁以下直从以上及主帅,可军功三阶;其亡官失爵,听复封位。谋反大逆削除者,不在斯限。清议禁锢,亦悉蠲除。"④这一段史料无论是解除禁锢,还是给现有官员加官晋级,抑或赈救贫民,无不是皇帝即位之初,悯怀天下,体现仁爱民众之意。三是禁锢的具体运行。孝文帝年间,南安王拓拔桢因"不能遵奉,后乃聚敛肆情。孝文以桢孝养闻名内外,特加原恕,

① (唐)姚思廉:《陈书》卷二十一《王固列传》,中华书局 1972 年版,第 282 页。
② (北齐)魏收:《魏书》卷十一《后废帝纪》,中华书局 1974 年版,第 279 页。
③ (北齐)魏收:《魏书》卷四《世祖纪上》,中华书局 1974 年版,第 69 页。
④ (北齐)魏收:《魏书》卷九《肃宗纪》,中华书局 1974 年版,第 249 页。

削除封爵,以庶人归第,禁锢终身”。[①] 孝武帝即位之初,安定王拓拔休的三子愿平“悖恶日甚,杀人劫盗,公私成患。世宗以其戚近,未忍致之于法,乃免官,禁之别馆。馆名愁思堂,冀其克念。世宗崩,愿平乃得出。灵太后临朝,以其暴乱不悛,诏曰:‘愿平志行轻疏,每乖宪典,可还于别馆,依前禁锢’”。[②] 拓拔愿平两被禁锢,依然不改恶行,后差点被杀,会赦被贬为员外常侍。北魏对王族尚施予禁锢之罚,对于其他官吏则更不在话下,如北魏略阳公苻承祖为冯太后以“居中腹心之任,许以不死之诏。后承祖坐赃论死,高祖原之,削职禁锢在家,授滓义将军、佞浊子,月余遂死”。[③] 又如孝明帝正光年间,“普释禁锢,敞复爵齐郡侯,拜龙骧将军、中散大夫”,[④]这说明崔敞之前是被处罚过禁锢的。

公元581年,北周大将杨坚废掉北周静帝,建立隋朝,经过8年征战,使分裂300余年的神州大地重新归于一统。隋朝践祚虽短,仅仅37年,但依然有禁锢的史料记载与案例适用。前者如“士人有禁锢之科,亦有轻重为差,其犯清议,则终身‘不齿’”,[⑤]此处“禁锢”与“终身‘不齿’”系同义复合之用,虽系陈述《梁律》《陈律》规定之严苛,但不能排除隋初亦有此文,否则,此上疏要求减轻对士人的禁锢之罚无甚意义。后者如“(杨)勇及诸子皆被禁锢,部分收其党与……于是(杨谅)除名为民,绝其属籍,竟以幽死。子颢,因而禁锢”。[⑥] 在隋文帝立嫡的权力斗争中,太子杨勇、三子杨秀、四子杨谅

① (唐)李延寿:《北史》卷十八《南安王列传》,中华书局1974年版,第667~668页。

② (北齐)魏收:《魏书》卷十九下《安定王列传》,中华书局1974年版,第519页。

③ (北齐)魏收:《魏书》卷九十三《恩幸列传》,中华书局1974年版,第2025页。

④ (北齐)魏收:《魏书》卷二十四《崔玄伯列传》,中华书局1974年版,第626页。

⑤ (唐)魏征等:《隋书》卷二十五《刑法志》,中华书局1973年版,第700页。

⑥ (唐)魏征等:《隋书》卷四十五《文四子列传》,中华书局1973年版,第1235、1246页。

皆败于杨广，杨勇诸子与杨秀之子还被禁锢，可见其中权力斗争之残酷。又如隋代名臣元亨少年时与母李氏居住于洛阳（当时隶属北齐），因其父季海在北周为官，北齐武帝“以亨父在关西，禁锢之”。[①]再如应州刺史唐君明，“居母丧，娶瀛洲长史厍狄士文之从父妹”，为柳彧弹劾“弃二姓之重匹，违六礼之轨仪。请禁锢终身，以惩风俗。二人竟坐得罪”，[②]唐君明因违礼被文帝免官禁锢。

纵览上述史料，魏晋南北朝至隋代大一统，禁锢刑始终存在且被一以贯之地继承并适用，当属确定无疑。

（六）唐宋辽金元时期之禁锢

唐承隋祚，进入中国古代社会的鼎盛时期，但禁锢之罚依然多次被适用，如李素节之母萧淑妃曾与武则天争宠，则天立为皇后，辱杀萧淑妃，“素节尤被谗嫉，出为申州刺史……仪凤二年，禁锢终身，又改于岳州安置”。[③] 由此可见，作为王爷的李素节因宫廷斗争而被连及，被武后处以终身禁锢之刑，后虽又封王，但终被缢死，令人感慨。又如张知謇的弟弟张知默“尝与来俊臣、周兴等同掌诏狱，陷于酷吏，子孙禁锢”。[④] 此段史料中的张知默因陷于酷吏，后虽身死，被中宗李显、玄宗李隆基下诏子孙不得仕官，《良吏传》中直接称为禁锢。再如中宗时期，武三思诬陷桓彦范疏韦后淫秽之事，中宗震怒，桓彦范“遂流瀼州，禁锢终身，子弟年十六以上谪徙岭外”。[⑤] 桓彦范因大不

---

① （唐）魏征等：《隋书》卷五十四《元亨列传》，中华书局 1973 年版，第 1365 页。

② （唐）魏征等：《隋书》卷六十二《柳彧列传》，中华书局 1973 年版，第 1482 页。

③ （后晋）刘煦等：《旧唐书》卷八十六《高宗诸子列传》，中华书局 1976 年版，第 2826 ~ 2827 页。

④ （后晋）刘煦等：《旧唐书》卷一百八十五《良吏列传下》，中华书局 1976 年版，第 4810 页。

⑤ （宋）欧阳修、宋祁：《新唐书》卷一百二十《桓彦范列传》，中华书局 1975 年版，第 4312 页。

敬本应诛杀,因“彦范等五人尝赐铁券,许以不死”,[①]而被轻处为流刑,且终身禁锢,后被武三思派人杖杀于赴流所的途中。

宋朝建国初年忙于征战统一全国,为获取人心,加之宋太宗赵光义以兄弟身份即位,在位期间曾多次下诏解除士人之禁锢,如太宗淳化年间,“诏江南、两浙、荆湖吏民之配岭南者还本郡禁锢”;“诏诸杂除禁锢人,州县有阙得次补以责效,能自新勤干者具闻再叙”;“五年九月壬申,大赦,除十恶、故谋劫斗杀、官吏犯正赃外,诸官先犯赃罪配隶禁锢者放还……冬十月庚辰,诏释殿前司逃军亲属之禁锢者”。[②] 不唯此,宋太宗也曾以禁锢之罚处理了多名佞幸小人,如因诋毁曹彬事成而获宠的弥德超因不满位居王显与柴禹锡之下而大发牢骚且出言不逊,被太宗“下诏夺官职,与其家配隶琼州禁锢,未几死”。[③] 又如因懂变幻之术而获太宗信任的陈利用因得势后横恣无复畏惮,为中书赵普弹奏,被太宗“下诏除名,配商州禁锢”。[④] 再如南宋宁宗年间,韩侂胄专权,禁锢道学,士人或贬或锢,与东汉末期党锢之祸无异,如大学生徐范等人上书要求丞相赵汝愚复位,惹怒权相韩侂胄,“谓其扇摇国是,各送五百里编管。范谪临海,与兄归同住,禁锢十余年”。[⑤] 南宋禁锢士大夫若此,无怪乎致使国运不昌,朝政日荒了。

辽金与宋朝处在同一时代,系少数民族契丹和女真族分别建立的王朝,在文化上与宋朝相比相对落后,故法制上多学习宋朝。尽管

---

① (后晋)刘昫等:《旧唐书》卷九十一《桓彦范列传》,中华书局1976年版,第2931页。

② (元)脱脱等:《宋史》卷五《太宗本纪二》,中华书局1985年版,第89、92、95、96页。

③ (元)脱脱等:《宋史》卷四百七十《佞幸列传》,中华书局1985年版,第13678页。

④ 同上书,第13979页。

⑤ (元)脱脱等:《宋史》卷四百二十三《徐范列传》,中华书局1985年版,第12627页。

关于禁锢的记载少于宋代，但亦有几个典型案例，如辽穆宗时期，工部侍郎李澣欲南逃汴京与兄长李涛相聚，事泄被逮险被穆宗诛杀，因枢密使高勋为之求情，方使“帝怒稍解，仍令禁锢于奉国寺，凡六年，艰苦万状”。[①] 而金朝时期最严重的禁锢就是针对镐厉王永中和卫绍王永济之子孙，镐厉王因为谋逆被章宗诛杀，卫绍王为大臣胡丘弑逆，即“卫绍历年不永，诸子凡禁锢二十余年，镐厉王诸子禁锢四十余年，长女鳏男皆得不婚嫁。天兴初，方弛其禁”。[②] 又如金熙宗时期，参知政事萧肄上奏翰林学士张钧大不敬，帝怒而杀张钧。海陵王篡立后，对萧肄处禁锢之罚，即“诏除名，放归田里，禁锢不得出百里外”。[③]

元朝为蒙古族建立的大一统政权，疆域横跨亚欧大陆，可以说各地规范不一，但禁锢之刑在元代亦多次被适用，如元成宗年间，硃清、张瑄本为海盗后降元朝，“以海运之故，位致参知政事，恃其势位，多行不法，以黄金五十两、珠三囊赂脱脱，求蔽其罪。脱脱大怒，系之有司，遣使者以闻”。[④] 成宗下诏“禁锢硃清、张瑄族属”，[⑤]以儆百官。元文宗年间，御史中丞和尚亦因接受妇人贿赂，虽遇赦原罪，仍被监察御史弹劾：“和尚所为贪纵，有污台纲，罪虽见原，理宜追夺所受制命，禁锢元籍终其身”，[⑥]和尚终被禁锢。元仁宗年间，“司徒萧珍以城中都徼功毒民，命追夺其符印，令有司禁锢之”，[⑦]萧珍因侵夺民田

---

① （元）脱脱等：《辽史》卷一百零三《李瀚列传》，中华书局 1974 年版，第 1450 ~ 1451 页。

② （元）脱脱等：《金史》卷九十三《卫绍王子列传》，中华书局 1975 年版，第 2060 页。

③ （元）脱脱等：《金史》卷一百二十九《佞幸列传》，中华书局 1975 年版，第 2780 页。

④ （明）宋濂等：《元史》卷一百一十九《木华黎列传》，中华书局 1976 年版，第 2945 页。

⑤ （明）宋濂等：《元史》卷二十一《成宗本纪四》，中华书局 1976 年版，第 457 页。

⑥ （明）宋濂等：《元史》卷三十四《文宗本纪三》，中华书局 1976 年版，第 771 页。

⑦ （清）毕沅：《续资治通鉴》卷一百九十七《元纪十五》，中华书局 1957 年版，第 5373 页。

而被处以禁锢之罚。

(七)明清时期之禁锢及永不叙用

明朝之禁锢多发生在明朝中后期之时,盖因彼时皇帝多怠政且优待宦官,耿直之臣多被禁锢,如万历年间,吏科给事中王元翰曾上疏神宗要求重用贤人,解除禁锢:“陛下三十年培养之人才,半扫除于申时行、王锡爵,半禁锢于沈一贯、朱赓”。[①] 不唯如此,明朝皇帝往往对犯罪之宦官从轻处罚,如景泰帝元年(1450 年)11 月,宦官“(金)英犯赃罪,下狱论死,帝令禁锢之”。[②] 此例即皇帝一句话,将犯死罪的宦官金英仅处以禁锢之罚。当然,明朝亦有用禁锢惩治王公贵族的不法行为,如明孝宗弘治二年(1489 年),“晋府宁化王钟鋖淫虐不孝,勘不得实,再遣珊等勘之,遂夺爵禁锢”。[③] 又如明世宗嘉靖年间,赵府辅国将军祐椋杀人劫夺多年,被巡按王仪与巡抚吴山奏弹,祐椋被“夺爵禁锢”。[④]

清朝是又一个少数民族入主中原而建立的大一统王朝,其统治中国的时间远长于蒙元的一个重要原因,笔者以为主要是满族统治者倡行的“参汉酌金”——大力学习汉文化的结果,其中禁锢的适用即是其中的一个方面,如康熙八年(1669 年),鳌拜因专擅权力被抓捕治罪,众议论死,康熙诏谓:“效力年久,不忍加诛,但褫职籍没。(鳌拜子)纳穆福亦免死,俱予禁锢。”[⑤]此段史料中的鳌拜父子即是因反逆应论死而被从轻处以禁锢的。清朝亦不乏满族王公被禁锢的

① (清)张廷玉:《明史》卷二百三十六《王元翰列传》,中华书局 1974 年版,第 6151 ~ 6152 页。

② (清)张廷玉:《明史》卷三百四《宦官列传》,中华书局 1974 年版,第 7770 页。

③ (清)张廷玉:《明史》卷一百八十三《戴珊列传》,中华书局 1974 年版,第 4869 页。

④ (清)张廷玉:《明史》卷二百十三《王仪列传》,中华书局 1974 年版,第 5374 页。

⑤ 赵尔巽等:《清史稿》卷二百四十九《鳌拜列传》,中华书局 1977 年版,第 9683 页。

事例,如雍正即位初年,“禁锢皇十四弟胤禵及其子白起于寿皇殿侧”;[①]乾隆二十年(1755 年),“以额附科尔沁亲王色布腾巴勒珠尔贻误军机,褫爵禁锢”。[②] 光绪年间,由于百日维新失败,戊戌六君子被诛,相关的官员则有被禁锢的案例,1898 年 8 月,“甲午,杨深秀、杨锐、林旭、刘光第、谭嗣同、康广仁俱处斩。谪张荫桓新疆,徐致靖禁锢……十二月壬戌,再论纵匪肇乱首祸诸臣罪,夺载澜爵职,与载漪并谪新疆禁锢”。[③]

值得一提的是,明清时期出现了“永不叙用”之罚,与禁锢名异而实同。永不叙用,最早见于南宋之史料,即宋高宗建炎二年(1128 年)之诏令:“自今犯枉法、自盗赃人,令中书籍记姓名,罪至徒者,永不叙用;按察官失于举劾者,并取旨科罪,不以去官原免。”[④]此段史料应属立法,目的是打击枉法赃吏,以澄清政风。但宋代尚无找到“永不叙用”处罚的具体案例,有可能系多处以禁锢之罚。明朝时期涉及“永不叙用”的史料有 3 处。一是嘉靖七年(1528 年),明世宗对右副都御史潘埙诬告的处罚,即“河南大饥,埙不以时振,而河南知府范璁不待报,辄开仓发粟,民德而颂之。埙怨声大起,流闻禁中。帝切责抚、按匿灾状。埙惶恐引罪,且归罪于璁,遂为给事中蔡经等所劾。诏罢埙,永不叙用”。[⑤] 二是万历年间,左给事中孟养浩上书为李献可开托,且言及册立太子礼不能废长立幼,“帝大怒,言册立已谕于明年举行,养浩疑君惑众,殊可痛恶。令锦衣卫杖之百,削籍为民,永不叙用”。[⑥] 三是南明福王年间,刑部尚书解学龙治从贼之狱,因

① 赵尔巽等:《清史稿》卷九《世宗本纪》,中华书局 1977 年版,第 317 页。
② 赵尔巽等:《清史稿》卷十二《高宗本纪三》,中华书局 1977 年版,第 433 页。
③ 赵尔巽等:《清史稿》卷二十四《德宗本纪二》,中华书局 1977 年版,第 926 页。
④ (清)毕沅:《续资治通鉴》卷一百一《宋纪一百一》,中华书局 1957 年版,第 2560 页。
⑤ (清)张廷玉:《明史》卷二百十三《潘埙列传》,中华书局 1974 年版,第 5368 页。
⑥ (清)张廷玉:《明史》卷二百三十三《孟养浩列传》,中华书局 1974 年版,第 6078 页。

保护刑科给事中光时亨、庶吉士周锺等人免死而得罪当时权臣马士英和阮大铖,二位权臣设法排挤解学龙,杀掉周锺与光时亨后,“即传旨二等罪斩者谪允充云南金齿军,三等罪绞者充广西边卫军,四等以下俱为民,永不叙用”。[①] 至此解学龙所议的分类处罚被毁之殆尽。清朝关于“永不叙用”的记载较多,如顺治年间,左都御史赵开心因请求礼部同意其子赵而下参加会试,为人所劾,“开心坐夺职,永不叙用”。[②] 嘉庆年间,廉吏李赓芸为漳州布政使,“会龙溪知县朱履中以不职劾,因讦赓芸婪索,遽劾讯。履中已自承诬告,志伊固执驳诘,福州知府涂以辀迎合逼供,赓芸自经死,舆论大哗……诏斥志伊衰迈谬误,褫职永不叙用”。[③] 李赓芸之死“由汪志伊因执苛求,而成于涂以辀勒供凌逼,褫志伊职,永不叙用。以辀、履中俱谴戍黑龙江,绍澜亦以附和革职”。[④] 此罚对汪志伊来说实为罪有应得。光绪年间,百日维新失败,慈禧太后再次垂帘听政,大肆捕杀帝党人士,排斥帝党大员,多人被处以“永不叙用”之罚,如“御史宋伯鲁、湖南巡抚陈宝箴,开缺户部尚书、协办大学士翁同龢,俱削官永不叙用”。[⑤] 由此可见,清代“永不叙用”与禁锢均在适用,清末尤甚,可见“永不叙用”处罚对臣吏打击之重。

综上所述,作为剥夺为官资格的禁锢,尽管在历朝历代运用程度有别,但西周至清代,禁锢之罚始终存在当无多大怀疑。通过前述史

① (清)张廷玉:《明史》卷二百七十五《解学龙列传》,中华书局 1974 年版,第 7046 页。

② 赵尔巽等:《清史稿》卷二百四十四《赵开心列传》,中华书局 1977 年版,第 9606 页。

③ 赵尔巽等:《清史稿》卷三百五十七《汪志伊列传》,中华书局 1977 年版,第 11327 页。

④ 赵尔巽等:《清史稿》卷四百七十八《循吏列传》,中华书局 1977 年版,第 13046 页。

⑤ 赵尔巽等:《清史稿》卷一百九《选举志》,中华书局 1977 年版,第 3191 页。

料之分析梳理，可以得出如下结论：禁锢萌芽于西周时期的“不齿”，东周的“锢”与秦朝的“废”清晰呈现出“禁锢”的雏形，至汉代禁锢正式得到确立，三国两晋至明清时期禁锢一直得到延续，明清时期的“永不叙用”可以看做禁锢的变异及发展。禁锢的这一历史脉络，在笔者前述的纵向史料分析中蜿蜒相呈，这说明禁锢之罚从西周至清朝一直存在并适用绝非子无虚有，而是确有其事。

三、禁锢的性质

关于禁锢的性质，学界颇有争论，主要观点有以下三种：

一是刑罚说，即禁锢是古代一种刑罚，持这种观点的人在学界中人数较多，主要代表是我国台湾地区汉史专家廖伯源先生。他认为：“禁锢是汉代刑罚之一种：凡见禁锢者，不得宦为吏。”[①]廖伯源不仅认为禁锢系一种刑罚，而且还通过翔实的史料论证了“禁锢成为刑名，最迟当始于东汉光武时”。[②] 廖伯源对禁锢的定性——刑罚及其形成于东汉光武帝年间，为不少学人所引用。[③]

二是行政处分说，即认为禁锢是古代一种行政处分，持此观点的代表是湖南师范大学的陈松青教授。他认为，“禁锢，又称废锢或禁固，它是对事主为官资格的取消，而不是刑罚，也不能用刑罚来代替……既然禁锢是一种行政处分，因此它不能用刑罚来代替。”[④]笔者认为，此种观点有以今释古之嫌。行政处分是行政机关的内部成员因违法失职而受到的处罚，包括警告、通报批评、记过、记大过、降

---

① 廖伯源：《汉禁锢考》，载廖伯源：《秦汉史论丛》，中华书局2008年版，第205页。

② 同上书，第209页。

③ 黄河：《汉代禁锢研究》，吉林大学2006年硕士学位论文，第2页；吕红梅：《略论两汉时期的禁锢》，载《求索》2006年第9期；吕红梅：《略论两汉时期的禁锢》，载《首都师范大学学报》2006年第6期；张德欣：《禁锢考析》，西南政法大学2010年硕士学位论文，第5页；等等。

④ 陈松清：《汉禁锢说略》，载《历史教学》2003年第12期。

级降职、撤职、辞退、开除等形式,其适用对象必须是行政机关内部成员。其中的辞退与开除与古代禁锢有一定相似之处,即均剥夺了某人为官的资格,但此种观点无法解释连坐禁锢之情形,也无法解释禁锢二世、三世之情形,如"往者妖言大狱,所及广远,一人犯罪,禁至三属"。[①] 又如东汉党锢之祸中,"中常侍侯览讽有司奏,前司空虞放、太仆杜密、长乐少府李膺、司隶校尉朱寓、颍川太守巴肃、沛相荀昱、河内太守魏朗、山阳太守翟超皆为钩党,下狱,死者百余人,妻子徙边,诸附从者锢及五属"。[②] 再如"清河相叔孙光坐臧抵罪,遂增锢二世,衅及其子"。[③] 换言之,若禁锢止为行政处分之一种,其严厉程度绝不至于株连到违法者的三族甚至五族亲属,也不会连及违法者的儿子甚至孙子一起受罚,加之这些亲属及家族之人未必都是行政系统的内部成员,不论从惩治强度还是适用对象来讲,将古代禁锢定性为行政处分均欠妥。

三是强制性规定说,即认为禁锢是古代的一种强制性规定,持此种观点的是厦门大学的白超硕士。白超认为,汉武帝以前,禁锢不是刑罚,因为刑罚的对象是犯罪之人,而当时的商贾和赘婿并未犯罪,只是因为身份低下而遭禁锢。而武帝之后,禁锢的对象多为犯罪官吏及所牵连之人,故将禁锢定性为刑罚尚不为过。基于此,白超得出结论:"汉代禁锢的性质问题比较复杂……而将其分为两个阶段来看,又恐破坏汉代禁锢本身的统一性,所以本文采取折中的观点,将汉代的禁锢看作是一种剥夺人为官资格的强制性规定。"[④]笔者认为,此种观点看似融合了上述两种观点具有一定的道理,实则是在

---

① (南朝宋)范晔:《后汉书》卷三《章帝本纪》,中华书局1965年版,第147页。
② (南朝宋)范晔:《后汉书》卷八《灵帝本纪》,中华书局1965年版,第330页。
③ (南朝宋)范晔:《后汉书》卷三十九《刘恺列传》,中华书局1965年版,第1308页。
④ 白超:《两汉禁锢考论》,厦门大学2014年硕士学位论文,第7~8页。

"和稀泥",令人有模棱两可之感。其一,唯物辩证法告诉我们,分析任何事物必须抓住事物的主要矛盾,不能一叶障目,不见泰山。诚然,商贾、赘婿确非犯罪之人,不应成为刑罚的适用对象,但这在禁锢的发展历程中,只存在于汉初至武帝时期的百十年间,相对于从汉禁锢之确立到清末禁锢仍有适用的两千余年的历史长河而言,几尽可以忽略。其二,武帝之前,赘婿、商贾的地位与罪人几乎无异,如秦始皇三十三年(前214年),"发诸尝捕亡人、赘婿、贾人略取陆梁地,为桂林、象郡、南海,以適遣戍",[①]此即将赘婿和商人与犯罪逃亡之人一起流放到边疆三郡定居戍边,足见其地位低之可怜,与罪人无异,因而文帝时禁锢其不得为吏就易于理解了。其三,将禁锢性质界定为一种强制性规定,过于笼统泛化,因为只要有剥夺权利之惩罚内容的均可认为是一种强制性规定,不利于加深对禁锢性质的具体认知。

上述三种观点各有其理也有不足,笔者倾向于认为禁锢系古代一种刑罚,理由如下:

前人于禁锢的研究结论应当重视并参考,合理的继承之,不足的完善之,错误的纠正之。在此仅举中国法制史的两位著名前辈——沈家本和程树德两位老先生为例说明。沈、程二位先生居于百余年前的中国法制大变革时代,他们上承中国古代法制之精华,下开中国近代法制之先河,可以说对中国古代法制认识得更为透彻。先看沈家本,24岁即进入清王朝刑部,大半生致力于立法与司法工作,以精通中国旧律闻名于也,主持了清末变法修律这项伟业。虽因清王朝的覆灭而功亏一篑,然民国成立后退居故乡著书立说,所著《历代刑法考》依然是现在研究中国法制史的权威参考著作。在该书中,沈家本将禁锢列于刑法分考第17卷,排在第7位,前6位分别是"免、削

---

① (西汉)司马迁:《史记》卷六《秦始皇本纪》,中华书局1959年版,第253页

爵一级、免官、官当、比徒、除名”。[①] 笔者认为，沈先生的这种安排决非空穴来风，而是隐含了两种看法：一是认为禁锢是一种刑罚，否则将其编入刑法分考何义？二是认为禁锢是对——至少主要是对官员的刑事处罚，因为禁锢之前的6种处罚“免、削爵一级、免官、官当、比徒、除名”均与对官员（包括实职与官品爵位）的处罚有关，即剥夺或降低官员的职位，隶属于现代刑法资格刑的范畴，从而官员的现有权利受到限制或剥夺，而禁锢亦有此意，只不过处罚程度比前6种资格刑处罚更重。前举史料已经很多，在此不赘述。这说明，沈家本先生倾向于认为禁锢为一种刑罚。再看程树德，其观点集中表达在20世纪二三十年代成书的《九朝律考》中。在该书中，程老先生遍查史料，考证了汉律、魏律、晋律、南北朝之陈律、梁律、后魏律、北齐律、后周律和隋律，其中梁律与陈律合为1卷，计为8卷。在程树德考证的九朝律典中，有禁锢之考的计有五律，即汉律、魏律、晋律、梁律和后魏律，其余四律不见禁锢之文。在该书《汉律考》中，程先生明确地将禁锢列于第二部分“刑名考”中，即“死刑、肉刑、徒刑、完刑、作刑、赎刑、罚金、夺爵、除名、夷三族、徙边、督、鞭杖、顾山、禁锢”。[②] 在《魏律考》《晋律考》《梁律考》《后魏律考》中，程先生未将禁锢列于魏刑名、晋刑名、梁刑名与（后）魏刑名之中，而是与各刑名并列置之。[③] 这可能体现了程先生对禁锢考的审慎态度，也可能暗示了主刑与附加刑分离考证的思路。无论如何，程先生认为禁锢为一种刑罚当不会有太大疑问，否则，他费尽心力将禁锢列入“律考”该做何解释？这一点在其《汉律考》中，将禁锢、夺爵、除名这些资格刑排在前几种

① 沈家本：《历代刑法考》（一），邓经元、骈宇骞点校，中华书局1985年版，总目第5页。

② 程树德：《九朝律考》，中华书局1963年版，第4～5页。

③ 同上书，第195、227、313、341页。

“主刑”(后世多发展为封建制五刑)之后更加明显,毕竟民国时期经过清末变法已引进了西方的主刑、从刑之制,且禁锢与当时刑法规定的“褫夺公权”最为接近,程老先生亦很难完全排除此类影响。这在《晋律考》将“禁锢、除名、夺爵”[①]连续排列、在《梁律考》中将“削爵、禁锢、除名”连续排列、[②]在《后魏律考》中将“禁锢、除名、籍没”连续排列,且皆排在各朝刑名之后,亦可推测程老先生显将禁锢置于从刑(附加刑)之列,这与沈家本将禁锢置《刑法分考》17 卷(最后 1 卷)拷讯之法之前,前 16 卷之主要刑罚之后,想必是英雄所见略同。因此,程树德亦倾向于认为禁锢是一种刑罚。故我国台湾地区学者廖伯源先生明确地提出禁锢为一种刑罚,极可能是对沈、程二位先生观点的提炼与发展,故禁锢性质之“刑罚说”值得重视与借鉴。

客观而言,依据现代刑法理论,欲证明“禁锢”为一种刑罚,最有力的证据莫过于在历代律典中的明确规定,而这恰恰是“禁锢”的“软肋”,也是前述“行政处分”说的根据之一,因为现存的《唐律疏议》《宋刑统》《大明律》《大清律例》等具有代表性的古代律典中着实未觅到“禁锢”的踪迹,但仅据此就否定“禁锢”为一种刑罚可能也会失之于草率。爬梳古代史料,虽然确无“禁锢”之律典规定,却有禁锢的前身——“锢”及发展——“永不叙用”的律典立法。前者存在于西汉初年的《二年律令》中,即“贼杀伤父母,牧杀父母,欧(殴)詈父母,父母告子不孝,其妻子为收者,皆锢,令毋得以爵偿、免除及赎”。[③] 此处的“锢”,汉简整理小组注释为“禁锢”,由此看来,早在西汉初年吕后执政的公元前 186 年,禁锢就已入律并成为一种刑罚了。不唯如此,该汉简之简 68 的《奏谳书》还记载了一个被处以禁锢刑罚

① 程树德:《九朝律考》,中华书局 1963 年版,第 227 页。

② 同上书,第 313 页。

③ 《张家山汉墓竹简》(简 38),文物出版社 2001 年版,第 139 页。

的具体适用案例:“安陆丞忠劾狱史平舍匿无名数大男子种一月……平被耐为隶臣,锢,毋得以爵当赏免”。[①] 此案例中“锢”是作为“耐为隶臣”的附加刑而适用的,御史平因犯“舍匿罪”——隐藏无名籍男子为其耕种数月而被处以“罚作一岁刑”(隶臣)[②]且被禁锢。后者存在于《大清律例》的规定里,计有两处律文:“凡州、县官将小民疾苦之情不行详报上司、使民无可控诉者,革职,永不叙用”;[③]“若官员,无论赌钱、赌饮食等物,有打马吊,斗混江者,俱革职、满杖,枷号两个月,上司与属员斗牌掷骰者,亦均革职、满杖,枷号三个月,俱永不叙用”。[④] 这两条规定主要是打击那些压榨盘剥百姓、欺上瞒下之官吏,以及与下属赌博之官吏,目的是打击赃官恶吏以正政风。前一规定系永不叙用的独立适用,后一规定则是杖刑与枷的附加适用,亦能说明其为一种附加刑。此外,如果我们不将禁锢之规定限于律典之中,则古代的法律形式诸如令、诏、敕、谕等中亦含有不少关于禁锢之法,而且多为皇帝金口玉言所立,效力也未必在律典之下,不可不予以重视,如宋太宗年间,“诏坐依附寻阳削官爵禁锢者,皆从原荡,随才铨用”,[⑤]五代后唐庄宗同光三年(925 年)6 月,“敕:刑以秋冬,虽关恻隐,罪多连累,翻虑滞淹。若或十人之中,止为一夫抵死,岂可以轻附重,禁锢逾时。言念哀矜,又难全废”。[⑥] 明神宗万历十三年

---

① 《张家山汉墓竹简》(简 38),文物出版社 2001 年版,第 218 页。

② 程树德:《九朝律考》,中华书局 1963 年版,第 45 页。

③ 《大清律例》卷七《吏律·公式》条例第 65 条第 1 款,田涛、郑秦点校,法律出版社 1999 年版,第 161 页。

④ 《大清律例》卷三十四《刑律·杂犯》条例第 378 条第 14 款,田涛、郑秦点校,法律出版社 1999 年版,第 532 页。

⑤ (北宋)司马光:《资治通鉴》卷一百三十一《宋纪十三·太宗明皇帝上之下》,中华书局 1956 年版,第 4126 页。

⑥ (宋)薛居正等:《旧五代史》卷一百四十七《刑法志》,中华书局 1974 年版,第 1965 ~ 1966 页。

(1585年)4月,“以旱诏中外冤抑,释凤阳轻犯及禁锢年久罪宗”。[①]清初雍正年间,“谕曰:‘阿其那、塞思黑虽大逆不道,而反叛事迹未彰,免其缘坐。塞思黑之妻逐回母家禁锢。其余眷属,交内务府养赡。’”[②]这几段史料中的“禁锢”均出现在皇帝颁布的“诏”“敕”“谕”等法律形式中,亦可侧证禁锢的性质为一种刑罚。

依据现代刑法理论,刑罚通常有两种分类方法:“一是以某种刑罚是只能单独适用还是既可单独适用又可附加适用为标准,其可分为主刑和附加刑两类;二是以刑罚所剥夺的犯罪分子的权利和利益的性质为标准,将刑罚分为生命刑、自由刑、财产刑和资格刑四类。而资格刑是指剥夺犯罪分子行使某种权利的资格的刑罚方法。”[③]以此来分析古代禁锢的性质,虽有以今释古之嫌,但为了说明问题总要选一参照,而以现代刑罚分类为参照则最易说明问题,故笔者也属不得已而为之。有学者认为:“刑罚是掌握政权的阶级即统治阶级用以惩罚犯罪的一种强制方法。”[④]刑罚的本质特征是惩罚,其严厉程度远远强于其他惩罚方式如行政制裁等,而禁锢是我国古代一种剥夺“某类人或有罪者见举为吏”,[⑤]亦即剥夺罪吏现任官职,并终身剥夺或在一定时间内剥夺本人或其亲属、门生等复任官职的一种惩罚方法。由此可见禁锢在制裁上的严厉程度,故将其定性为古代一种刑罚较为妥当。申言之,若依前述刑罚的第二种分类方法,禁锢当属于资格刑,因为禁锢主要是剥夺罪吏及某类人的为官资格,这在“学而优则仕”的中国古代社会是一种非常严厉的惩罚。禁锢的这种惩罚

---

① (清)张廷玉:《明史》卷二十《神宗本纪一》,中华书局1974年版,第270页。
② 赵尔巽等:《清史稿》卷九《世宗本纪》,中华书局1977年版,第318页。
③ 高铭暄:《刑法学》,北京大学出版社2000年版,第136页。
④ 同上书,第129页。
⑤ 廖伯源:《汉禁锢考》,载廖伯源:《秦汉史论丛》,中华书局2008年版,第205页。

功能极易演变为政治斗争的工具,从而导致大量士人被罢官或不得任官,甚至被流被杀,如东汉末年的党锢之祸、南宋中后期的党争等等。依前述刑罚的第一种分类方法,禁锢当属于附加刑。一则因为在隋代确立的封建制五刑——笞、杖、徒、流、死刑中,无禁锢之规定;二则因为禁锢既可独立适用,又可附加适用,符合附加刑的内涵。禁锢独立适用的案例,如东汉桓帝年间,“党人二百余人皆归田里,书名三府,禁锢终身”;[①]又如唐玄宗年间,御史大夫程行湛奏请禁锢酷吏之子孙,“周朝酷吏来俊臣等二十三人,情状尤重,子孙请皆禁锢;傅游艺等四人差轻,子孙不听近任。从之”。[②] 禁锢附加适用的案例亦有不少记载,如唐代武周时期,大臣桓彦范受武三思陷害,“遂流瀼州,禁锢终身,子弟年十六以上谪徙岭外”,[③]此即禁锢为流刑附加适用;南宋度宗时期,“台臣劾朱善孙督纲运受赃四万五千,诏特贷死,配三千里,禁锢不赦”,[④]此为禁锢作为刺配刑的附加刑适用;再如元文宗年间,“囊加台以其妄言惑众,杖一百七,禁锢之”,[⑤]此为禁锢作为杖刑的附加刑适用。

综上所述,禁锢自汉代确立至清末延续的一千余年里,其性质界定为古代社会中的一种刑罚较为妥当,具体言之应为资格刑之一种,适用上应属附加刑之一种,其主要着眼于现任官职之取消与将任官职资格之剥夺,可以单独适用,亦可附加适用。

---

① (北宋)司马光:《资治通鉴》卷五十六《汉纪四十八·孝桓皇帝下》,中华书局1956年版,第1799页。

② (北宋)司马光:《资治通鉴》卷二百十二《唐纪二十八·玄宗皇帝上之下》,中华书局1956年版,第6763~6764页。

③ (宋)欧阳修、宋祁:《新唐书》卷一百二十《桓彦范列传》,中华书局1975年版,第4312页。

④ (元)脱脱等:《宋史》卷四十六《度宗本纪》,中华书局1985年版,第907页。

⑤ (明)宋濂等:《元史》卷三十二《文宗本纪一》,中华书局1976年版,第722页。

四、禁锢的成因

禁锢自汉初确立至清末变法被废除，绵延中国古代社会两千余年，其形成及广泛适用有其深刻的政治原因、经济原因、文化原因及社会阶构的原因，要么基于外部环境的需要，要么本于统治者的内在用意，下面基于历史之维度具体阐释之。

（一）中央集权的政治体制

纵观上下五千年的中国历史，自公元前221年秦始皇建立起统一的秦帝国之后，中国的政治权力架构就形成了高度统一的中央集权政治体制，越往后世发展，中央集权的趋势越强，明清两朝相比前代尤甚。有权力就有斗争，这是一条政治铁律。古代社会中多数情况下尽管皇权独大，但外戚、宦官与士人官僚集团的势力亦不可小视，少许时段甚至有凌驾皇权之势。在这种中央集权的政治体制下，皇帝仅靠一个人的力量是无法统治一个地域辽阔、人口众多的国家的，依靠官僚集团管理则是政治的常态；但皇帝又担心官吏势力坐大后威胁皇权，禁止结党营私、阿党附益也就成为历朝统治者尤其是皇帝所实施的一贯政纲。不唯如此，外戚、宦官、士人官僚对此也是心知肚明，往往会最大限度地争取皇帝的支持以巩固自身或自己所在集团的利益，禁锢就是各方尤其是皇帝经常采用的一种政治手段。换言之，中央集权政治体制下的政治权力斗争是禁锢产生并被广泛适用且长期存在的一个重要动因。最典型的例子如东汉后期宦官与外戚及士大夫的党锢之祸。先是汉桓帝延熹九年（公元166年），因河南尹李膺捕杀与宦官关系密切的张成之子，张成发誓报失子之仇，与当朝宦官侯览、张让上书诬告李膺等人“养太学游士，交结诸郡生徒，更相驱驰，共为部党，诽讪朝廷，疑乱风俗”，①导致桓帝震怒，下

① （南朝宋）范晔：《后汉书》卷六十七《党锢列传》，中华书局1965年版，第2187页。

诏逮捕李膺、陈寔等二百余人,次年才在当朝重臣霍湑、窦武的共同表请下,方“帝意稍解,乃皆赦归田里,禁锢终身。而党人之名,犹书五府。自是正直放废,邪枉炽结”。[①] 此为东汉第一次党锢之祸。二是汉灵帝建宁四年(公元171年)开始,东汉第二次党锢之祸再起,宦官侯览指使朱并诬告张俭等人“别相署号,共为部党”,[②]导致灵帝下诏搜捕党人,张俭“门生、故吏及其父兄,并被禁锢”,[③]结果致使千余太学生被捕,百余人死于狱中。在此,禁锢成为宦官集团借助皇权整治士大夫官僚集团的工具。又如北宋末年,权臣蔡京专权,大力打击元佑党人,并视司马光之徒弟、门生为奸党,刻石立于文德殿门前以警士人,又“籍范柔中以下为邪等。凡名在两籍者三百九人,皆禁锢其子孙,不得官京师及近甸”。[④] 南宋宁宗年间,韩侂胄专权,以政敌“坐伪党逆党得罪者五十又九人”,[⑤]或徙或禁锢,致使朝政日非,南宋国运亦因之而衰。再如明熹宗年间,宦官魏忠贤专权,大肆打击代表士大夫利益的东林党人,史书记载:“借魏忠贤毒焰,一网尽去之。杀戮禁锢,善类为一空。崇祯立,始渐收用。而朋党势已成,小人卒大炽,祸中于国,迄明亡而后已”。[⑥] 由东汉、宋朝、明朝的党锢斗争来看,中央集权体制下政治斗争是禁锢产生的动因之一,并且禁锢的适用范围亦渐扩大,禁锢的严厉程度逐渐加深。

---

① (南朝宋)范晔:《后汉书》卷六十七《党锢列传》,中华书局1965年版,第2187页。
② 同上书,第2188页。
③ 同上。
④ (元)脱脱等:《宋史》卷四百七十二《奸臣列传二》,中华书局1985年版,第13724页。
⑤ (元)脱脱等:《宋史》卷四百七十四《奸臣列传四》,中华书局1985年版,第13773页。
⑥ (清)张廷玉:《明史》卷二百三十一《顾宪成列传》,中华书局1974年版,第6033页。

(二)重农抑商的经济基础

土地和人口是国家不可或缺的构成因素,而“土地是农民的命根子”,[①]亦可以说土地是人类生存之本,在古代社会更是如此。中国古代历代王朝无不把土地广阔视为帝国强大的象征,处于中心地域的黄河流域、长江流域均为以农业为根本的自然经济,这种农耕文化的重要特征是自给自足,那就需要将农民稳定于土地周围,是故编户齐民就成为历代王朝的一项重要管理职能,重农抑商也在这种背景下形成中国古代社会,尤其是鸦片战争以前的古代社会的一项基本国策。中国历史上著名的商鞅变法,就开始大力推行重农抑商政策,大力奖励耕战,而商人甚至被移民戍边:“(始皇)三十三年,发诸尝逋亡人、赘婿、贾人略取陆梁地,为桂林、象郡、南海,以谪遣戍。”[②]这种抑商贬商政策也推动了禁锢的产生。因为要重农,就必须让百姓认识到农耕的重要性,而不能如商人般“男不耕耘,女不蚕织,衣必文采,食必粱肉;亡农夫之苦,有仟佰之得……此商人所以兼并农人,农人所以流亡者也”。[③] 晁错此言可谓一语中的,击中商贾之人不耕却糜食、不织却衣缎之要害。是故布衣出身的汉高祖刘邦登鼎之初,就明令抑商之策,规定“贾人毋得衣锦绣、绮縠絺纻罽,操兵,乘骑马”。[④] 这种重农抑商之策亦被东汉光武帝时期的御史大夫桓谭所推崇,其曾上疏言及其益:“夫理国之道,举本业而抑末利,是以先帝禁人二业,锢商贾不得宦为吏,此所以抑并兼长廉耻也。”[⑤]在桓谭看来,农业为本,商业为末,禁锢商贾不得为官,以免官商结合,不仅能

---

① 稀木:《土地:农民的命根子》,载《中国政协》2004 年第 3 期。

② (西汉)司马迁:《史记》卷六《秦始皇本纪》,中华书局 1959 年版,第 253 页。

③ (东汉)班固:《汉书》卷二十四上《食货志》,中华书局 2005 年版,第 954 页。

④ (东汉)班固:《汉书》卷一下《高帝纪下》,中华书局 2005 年版,第 48 页。

⑤ (南朝宋)范晔:《后汉书》卷二十八上《桓谭列传》,中华书局 1965 年版,第 958 页。

减缓土地兼并,而且可使百姓及现任官吏明廉知耻,利于国家发展。汉惠帝死后吕后执政时期,对商贾管制稍为松弛,依然"复驰商贾之律,然市井之子孙亦不得仕宦为吏",①汉文帝继续推行抑商政策,禁锢商人不得为官,这在汉元帝时期御史大夫贡禹的上疏中可以见到:"孝文皇帝时,贵廉洁,贱贪污,贾人、赘婿及吏坐赃者皆禁锢不得为吏。"②这是禁锢二字联用在史料中首次出现,但前述史料中的"不得宦为吏"亦为禁锢之意,其中对象之一即为"贾人",为汉王朝推行重农抑商政策所致,这种政策汉景帝时依然得以继承,"有市籍不得宦",③汉哀帝时期有诏:"贾人皆不得名田、为吏,犯者以律论。"④尽管汉武帝时期由于征伐需要,开了捐纳为官之门,以后各王朝也不时有为了解决财政困难而实行卖官鬻爵之策,但重农抑商的政策直至19世纪末之前未有太大改变。是故禁止商人为官政策是推动禁锢产生并形成的原因之一。重农抑商政策虽然起到了巩固皇权、稳定政权的目的,但是却导致了自汉代始的众多朝代实行的"禁锢"政策,从禁"盐、茶、酒"到后来的"钒、铁、铜"金属矿藏等范围不断扩大,以致最终发展到明清王朝的海禁,甚至规定"片帆不得入海",其中无不闪现着"禁锢"被无限扩大的影子,终至鸦片战争落后挨打的百年屈辱,其中教训,不可不鉴!

(三)"一元"独尊的意识形态

自秦始皇建立帝制以来,"大一统"是中国古代历代统治者的理想追求,这就需要为中央集权体制的大一统提供思想文化基础。出于对春秋战国时期"百家争鸣"导致思想多元的反思,秦朝以法家思

① (西汉)司马迁:《史记》卷三十《平准书》,中华书局1959年版,第1418页。
② (东汉)班固:《汉书》卷七十二《贡禹传》,中华书局2005年版,第2306页。
③ (东汉)班固:《汉书》卷五《景帝本纪》,中华书局2005年版,第109页。
④ (东汉)班固:《汉书》卷十一《哀帝本纪》,中华书局2005年版,第235页。

想为正统而定为一尊，并且焚书坑儒，试图运用政权力量控制意识形态，殊不知事与愿违，秦帝国方经二世十余年即分崩离析。汉朝吸取此教训，尤其是汉武帝吸收大儒董仲舒之建议“罢黜百家，独尊儒术”，且以功名利禄引诱士人，终于达到了目的，即“自武帝立五经博士，开弟子员，设科射策，劝以官禄，讫于元始，百有余年，传业者浸盛，支叶蕃滋。一经说至百馀万言，大师众至千余人，盖禄利之路然也”。① 自此中国古代社会从分裂割据到天下一统，从思想多元到一元独尊，而士人因为拥有知识而极具思想不得不为统治者所提防与打压，为了禁锢思想就必须禁锢具有异端思想的人是其自然延伸。东汉桓灵年间的两次党锢之祸虽然夹杂着错综复杂的政治斗争，但清议派中数百人被罢官禁锢不能不说是最高统治者对士大夫思想的钳制。换言之，正是这种一元独尊的思想促使了禁锢的产生，又由于这符合了后来历朝历代统治者的口味，这种衣钵得以世代传承。

南宋朱熹创立了理学，是对儒家学说的进一步发展，目的是“修政事、攘夷狄、复中原、灭仇虏”②力挽狂澜于不倒，进而达到力促南宋政权北定中原的宏图。但由于与当权派韩侂胄的政见相左，其学术先被攻击为“道学”，后被诬蔑为“伪学”，进而被罗织了一个以朱熹为首的59人“伪学逆党”，一律罢官禁锢。在这里，禁锢成为排斥异己的政治斗争之手段，采用行政命令手段禁锢学派与学术，莫此为甚！但从侧面也说明了一元独尊的意识形态是禁锢产生及存在的土壤。

尽管理学在朱熹去世9年之后成为官方学说之显学，稳居官方钦定的正统思想地位，科举取士均以朱熹的《四书集注》为标准答案，

① （东汉）班固：《汉书》卷八十八《儒林列传》，中华书局2005年版，第2684页。

② （元）脱脱等：《宋史》卷四百二十九《道学列传三》，中华书局1985年版，第12754页。

但却造成思想领域内一片沉闷气氛。于是明朝中后期王阳明首创“心学”与理学抗衡,目的是追求思想自由为旨归,形成一股数百年未有的自由主义与博爱主义思潮,亦即“夫道,天下之公道也;学,天下之公学也。非朱子可得而私也,非孔子可得而私也”。[①] 在这一股新鲜空气的浸润之下,隶属王学左派的李贽相继写出了震动思想界的《焚书》《续焚书》《藏书》,矛头直指理学,嘲讽理家的道貌岸然是“口谈道德,而心存高官,志在巨富”[②]的两面派,其在《藏书》中称赞儒家谴责为暴君的秦始皇为“千古一帝”,认为与司马相如私奔而去的卓文君是“善择传偶”。这些“离经叛道”的“奇谈怪论”,致使当权者对其恨之入骨,礼科给事中张问达向万历皇帝控告李贽的著作是“流行海内,惑乱人心……大都刺谬不经,不可不毁”,[③]结果李贽被加上“敢倡乱道,惑世诬民”的罪状银铛入狱、自杀而亡,所著书籍一概焚毁。因相关言论被禁锢、贬官、流放者亦有多人。紧接着明熹宗年间东林书院之士人与以魏忠贤为首的宦官集团的斗争,亦是令人发指地残害以推崇儒家及朱子思想的士大夫的恶行。在这次斗争中,禁锢志士已是轻罚,动辄大兴厂狱严刑致死已是常态,政治干预学术思想之自由,已达到中国历史上的一个顶峰,实在令人扼腕长叹!禁锢完全沦为权臣及皇帝打击士人的政治工具,亦是其在历史上得以长期存在的一个重要动因。

(四)社会架构的抑族平权

中国古代社会是家族本位为核心的伦理社会,无论是皇帝宗室、

① (清)张廷玉:《明史》卷一百九十五《王阳明列传》,中华书局1974年版,第5168页。

② (清)张廷玉:《明史》卷二百二十一《耿定向列传》,中华书局1974年版,第6817页。

③ 转引自樊树志:《国史十六讲》,中华书局2009年版,第165页。

官僚士子,还是布衣庶民无不重视血缘伦理,以光耀门第为己任。此种情形自东汉光武帝依靠世家大族夺取政权后表现得更为突出,发展到东晋则形成门阀政治,“王与马,共天下”便是其真实的写照。其实不仅是当时执政的王氏,即使是随后执政的庾氏、桓氏、谢氏等家族门第亦是与司马氏共治天下,维持了当时的权力结构平衡和社会的有序运行。唐宋以后,虽然门阀政治经过累年战乱的洗礼已风光不再,但世家大族在当时的政治架构中依然是一支不容忽视的力量,能够影响一方的稳定。受程朱理理学影响而发展起来的“义门”即是显著的例子,如江州(今江西德安)义门陈氏,定有《陈氏家法》,用儒家孝义伦理来治理家族;至宋仁宗朝代,陈氏家族已经拥有 3700 多人口,连续 19 代同居共炊,曾被唐昭宗于 891 年诏书表彰其为“义门”,[①]宋太宗又亲笔为其题词为“真良家”。[②] 又如浦江县[③]“义门郑氏,婺州浦江人,其家十世同居,凡二百四十余年,一钱尺帛无敢私……家庭中凛如公府……(子孙)虽尝仕宦,不敢一毫有违家法”。[④] 这些世家大族要么子弟为官,要么富甲一方,多数是二者兼而有之,具有极强的凝聚力与向心力,倘为当权者所用,则释放正向功能有益于维持社会秩序;反之,倘对当局统治者不满,亦能爆发出威胁家天下集权统治的力量。对此当朝皇帝自然心知肚明,是故为了抑制家族势力的膨胀,平衡皇权与地方族权,禁锢的株连适用就应运而生。

东汉章帝时期,针对妖言惑众之人“一人犯罪,禁至三属,莫得垂

① 河南淮阳《陈氏谱义门碑》。

② (元)脱脱等:《宋史》卷四百五十六《陈兢列传》,中华书局 1985 年版,第 13392 页。

③ 今浙江金华市。

④ (明)宋濂等:《元史》卷一百九十七《孝友一・郑文嗣列传》,中华书局 1976 年版,第 4451 ~4452 页。

缨仕宦王朝"[①]的记载,即因一人犯罪,犯罪人父族、母族、妻族皆被处以禁锢刑。这还不算最厉害的,汉灵帝时期的党锢之祸,"诏州郡更考党人门生故吏父子兄弟,其在位者,免官禁锢,爰及五属",[②]亦即将党人的五服之内的亲属均给予禁锢之罚,株连范围之广,莫此为甚。当然细究其因,当与家族本位的古代社会结构密切相关,当权者既要打击罪吏就一定要灭绝后患,血缘亲属关系首当其冲不难理解,反面恰恰说明这种家族本位的社会结构是推动禁锢产生并长期存在的一个动因。不唯汉朝,晋朝有"除魏宗室禁锢……除汉宗室禁锢"[③]的记载,说明曹魏宗室、刘氏宗室之前均被处以禁锢刑,以防其东山再起对抗司马氏专权,只是到晋武帝司马炎称帝建晋后,为显示德政而下发这两项诏令。唐太宗亦曾下诏禁锢乱臣贼子及其子孙,"宇文化及弟智及、司马德戡、裴虔通、孟景、元礼、杨览、唐奉义、朱方裕、元敏、薛良、马举、元武达、李孝本、李孝质、张恺、许弘仁、令狐行达、席德方、李覆等,大业季年,咸居列职,或恩结一代,任重一时;乃包藏凶慝,罔思忠义,爰在江都,遂行弑逆,罪百阎、赵,衅深枭境。虽事是前代,岁月已久,而天下之恶,古今同弃,宜置重典,以励臣节。其子孙并宜禁锢,勿令齿叙"。[④] 即使到了清朝嘉庆年间,依然有"命刑部查久禁官犯及禁锢子孙与久戍者,宽减之"[⑤]的诏令。以上3段史料,无论是皇帝宗室,还是罪吏子孙,均饱含株连打击之意,尽管目的是维护当朝家天下的统治地位,但其背后却是对植根于家族本位之社会结构的深厚土壤之了然于心,禁锢之形成及其株连运用即是

---

① (南朝宋)范晔:《后汉书》卷三《章帝本纪》,中华书局1965年版,第147页。
② (南朝宋)范晔:《后汉书》卷六十七《党锢列传》,中华书局1965年版,第2189页。
③ (唐)房玄龄等:《晋书》卷三《武帝本纪》,中华书局1974年版,第51、53页。
④ (后晋)刘煦等:《旧唐书》卷三《太宗本纪下》,中华书局1975年版,第42页。
⑤ 赵尔巽等:《清史稿》卷十六《仁宗本纪》,中华书局1977年版,第579页。

当朝最高统治者限制与排斥宗族豪强及世家大族势力的深层原因。

概而总之，推动禁锢在汉代的产生及确立并后世王朝得以长期存在的重要原因有四，即中央集权的政治体制、重农轻商的经济基础、一元独尊的儒家文化与家族本位的社会结构。

第三章　禁锢的适用对象

刑罚的适用是研究刑罚的中心内容之一，而禁锢作为一种资格刑也不例外。接下来的两章主要解决如下问题，禁锢的适用对象及刑期的种类。具体言之，禁锢的适用主体由哪些人或机关实施？禁锢刑涉及禁锢对象的哪些权利？禁锢的具体适用中会出现哪些变式以及其如何解除？通过对上述问题的逐一解决，笔者欲将禁锢适用的大致轮廓清晰地展示在读者的眼前。

纵观禁锢自汉初产生、确立至清末修律被废除二千余年的历程，以笔者收集的关于禁锢及其相关的史料来看，禁锢的适用对象有四种：其一为赘婿，其二为贾人，其三为罪吏，其四为被株连者。其中官吏是禁锢刑最主要的适用对象，前两类赘婿、贾人主要是因在古代社会中身份卑贱而被剥夺了为官的资格，最后一类是因为与被处以禁锢刑的官吏具有血缘关系、师生关系等比较密切的联系，而不得为官吏。为便于论述，下文将禁锢的适用以其适用对象为标准分为三类详述：因身份卑贱而遭禁锢的赘婿贾人；因犯罪而受禁锢的官吏；因罪吏牵连而被禁锢之人。

一、赘婿贾人

赘婿指因家贫无法通过正常的婚礼聘娶而“嫁”至女家的男性，俗称“上门女婿”。客观而言，赘婿是婚姻的特殊形式——入赘的产物,至于其源于何时,实难考证。以现有史料来看,春秋时期即有如下记载:“始桓公兄襄公淫乱,姑姊妹不嫁,于是令国中民家长女不得嫁,名曰‘巫见’,为家主祠,嫁者不利其家,民至今以为俗。”①齐襄公为满足一己之私,而令各户长女不嫁,必然导致入赘婚的盛行。但这段史料不能看出赘婿在当时地位若何。战国时期出现了歧视赘婿的记载:“廿五年闰再十二月丙午朔辛亥,□(王)告相邦:民或弃邑壄(野),入人孤寡,缴人妇女,非邦之故也。自今以来,假(贾)门逆吕(旅),赘婿后父,勿令为户,勿予田宇。三世之后,欲仕,仕之,仍署其籍曰:故某闾赘婿某叟之曾孙。”②此段史料说明,至迟在公元前252年(魏安釐王25年)就有贬低赘婿身份的律文,即对于“假门逆旅,赘婿后父”,不准其独立为户,不分给其田地房屋,且三代之后才能改变身份从而具有为官的资格,为官的还要写明其祖上“赘婿后父”的履历。由此可见,此时的赘婿已经因其身份被剥夺了为官的资格,只是未出现禁锢二字而已。秦代继承了轻视赘婿的衣钵,如秦始皇在平定南方后,曾“发诸尝逋亡人、赘婿、贾人略取陆梁地,为桂林、象郡、南海、以谪遣戍”,③居然将赘婿、贾人视同犯罪之人予以流放守边,可见其地位低至何等程度。汉朝时发布“七科谪”,即七类人被予以谪边守戍,“四年春正月……发天下七科谪及勇敢士。张晏注曰:‘吏有罪一,亡命二,赘婿三,贾人四,故有市籍五,父母有市籍六,大父母有市籍七。凡七科也。’”④由此可以看出,汉武帝前期依然贱视赘婿贾人,将其同罪吏和亡命之犯同列,而对于贾人,尤其是有市籍的贾

---

① (东汉)班固:《汉书》卷二十八下《地理志下》,中华书局2005年版,第1324页。

② 中华书局编印部:《云梦秦简研究》之《云梦秦简·魏户律·为吏之道》附录,中华书局1981年版,第81页。

③ (西汉)司马迁:《史记》卷六《秦始皇本纪》,中华书局1959年版,第253页。

④ (东汉)班固:《汉书》卷六《武帝本纪》,中华书局2005年版,第146页。

人,则上推三代至其祖父为止,实乃前述战国时期魏国规定的翻版。如果说这几段史料只是表明赘婿、贾人地位及身份卑贱如同罪犯的话,而如下史料则明确提出禁锢赘婿、贾人不得为官,"孝文皇帝时,贵廉洁,贱贪污,贾人、赘婿及吏坐臧者,皆禁锢不得为吏"。① 这段史料虽然出自御史大夫贡禹向汉元帝的上疏,但叙述的却是汉文帝时期的选官规定。联系前述史料,尽管禁锢赘婿的史料不多,但由于中国古代系典型的身份社会,至少至汉武帝前期赘婿不得入朝为官是无多大疑问的。其后不见禁锢赘婿之案例及史料,可能是儒家思想在汉武帝时期被确立为正统思想后,入赘为婿者极少,赘婿为官则少之更少了,似无再有明文禁令之必要。

贾人指那些不从事农业生产,通过买进卖出从中获取利益之人。中国古代社会历来崇尚以农为本而且抑制商业,自秦朝商鞅变法实行奖励耕战政策以来,历代统治者无不将重农抑商奉为圭臬。诚如商鞅所言:"民之内事莫苦于农,故轻治不可以使之。奚谓轻治?其农贫而商富。故其食贱者钱重。食贱则农贫,钱重则商富;末事不禁,则技巧之人利而游食者众之谓也。故农之用力最苦,而赢利少,不如商贾技巧之人。苟能令商贾、技巧之人无繁,则欲国之无富,不可得也。"②商鞅一针见血地批判了贾人之奸诈取利,指出欲富国必首重农。前述秦始皇征发众人谪戍岭南三郡,其中之一就包括贾人;汉武帝时的"七科谪"之对象亦包含贾人。由此可见贾人身份卑贱几同囚犯,剥夺其为官的资格亦在情理之中了!不唯如此,商人在生活上亦遭受劣等待遇,如汉高祖规定贾人不得穿戴丝绸制品,不得骑马,不得使用兵器,自然有"锢商贾不得宦为吏"③的规定,前述贡禹

① (东汉)班固:《汉书》卷七十二《贡禹列传》,中华书局 2005 年版,第 2306 页。
② 《商君书》卷二十二《外内》,石磊译注,中华书局 2009 年版,第 182 页。
③ (南朝宋)范晔:《后汉书》卷二十八上《桓谭列传》,中华书局 1965 年版,第 958 页。

上疏中的史料说明汉文帝继承了这一禁锢贾人不得为官的规定，汉景帝时期亦曾下诏："有市籍不得官，无訾又不得官，朕甚愍之。訾算四得官，亡令廉士久失职，贪夫长利。"[①]此段史料透露给我们两点信息：一是只有有市籍的贾人继续被禁锢，而没有市籍的贾人则不受此限制，可以入朝为官；二是说明对贾人的禁锢有所松动，因为可以通过"赀算"为官，难免一些贾人通过投机取巧进入官场，当然也为汉武帝晚期为解决扩张战争的财政不足问题而实行"赀选"制度埋下了伏笔。尽管到了汉哀帝时期依然有"贾人皆不得名田、为吏，犯者以律论"[②]的诏令，但自汉武帝晚期以后，由于可以通过"赀选"为官，桓灵时期尤甚，难免致使一些贾人进入政途，故禁锢贾人为官的政令于东汉以后稀见于史籍。不唯如此，以后历朝历代为了解决财政困难，卖官鬻爵现象屡有发生，官职既有定价，无钱者只能望洋兴叹，而贾人作为经济上的发达者，通过捐纳为官者多有其例，如明代即有捐纳的专门规定："捐纳事例，自宪宗始。生员纳米百石以上，入国子监；军民纳二百五十石，为正九品散官，加五十石，增二级，至正七品止。武宗时，富民纳粟振济，千石以上者表其门，九百石至二三百石者，授散官，得至从六品。世宗令义民出谷二十石者，给冠带，多者授官正七品，至五百石者，有司为立坊。"[③]清代对捐纳之规定则更为细致，"捐途文职小京官至郎中，未入流至道员；武职千、把总至参将"。[④] 既然有此规定，禁锢贾人为吏实则已无必要。

二、罪吏

罪吏，顾名思义即犯罪的官吏，这里专指因犯罪而被处以禁锢的

---

① （东汉）班固：《汉书》卷五《景帝本纪》，中华书局2005年版，第109页。
② （东汉）班固：《汉书》卷十一《哀帝本纪》，中华书局2005年版，第235页。
③ （清）张廷玉：《明史》卷七十七《食货志二》，中华书局1974年版，第1909页。
④ 赵尔巽等：《清史稿》卷一百十二《选举志七》，中华书局1977年版，第3233页。

官吏及士人。罪吏是禁锢最主要的适用对象，自汉至清，莫不如是，尽管犯罪形态各异且种类多样，但为叙述清晰起见，笔者将其分为四类进行详细阐释，即侵犯皇权被锢、违礼犯罪被锢、职务犯罪被锢及军事犯罪被锢，以加深读者对禁锢的进一步认知。

(一)因侵犯皇权被禁锢者

自秦始皇首称皇帝开始，皇帝便为中国古代社会的最高统治者，皇权具有任何人不可侵犯的神圣性。若有人侵犯皇权，甚或皇帝认为臣民侵犯了皇权，常被称为“大逆不道”必将严惩不贷，如秦代规定：“听命书……不避席立，赀二甲，废”，①意即臣下在听皇帝下达的命令时，要下席站立，以示恭敬，否则，罚款二甲，并撤职永不叙用(后世之禁锢刑)。汉代对侵犯皇权的“大逆不道”之人，处罚为“父母妻子同产皆弃市”。② 由此可见，汉代的做法是不仅处死大逆不道者本人，其父母子女及兄弟姐妹直系三代将被一并处死。尽管这种规定并不一定落实到具体案例中，但至少说明对侵犯皇权的大逆不道行为处罚甚为严厉。但笔者以为，秦汉时所言的“大逆不道”有一定主观性，尚无形成具体的涵盖范围，如日本著名中国法制史研究专家大庭修就认为：“所谓大逆不道，是不道中最重大者，也即谋反行为，包括取代天子或加害天子身体的企图及行为、破坏宗庙及其器物、危害天子后继者的企图及行为。”③随着中央集权制度的加强，皇权一步步得以膨胀，到魏晋南北朝时期，《北齐律》明确规定“重罪十条”：“一曰反逆，二曰大逆，三曰叛，四曰降，五曰恶逆，六曰不道，七曰不

① 睡虎地秦墓竹简整理小组：《睡虎地秦墓竹简》，文物出版社 1978 年版，第 129 页。

② (东汉)班固：《汉书》卷五《景帝本纪》，如淳注释，中华书局 2005 年版，第 102 页。

③ [日]大庭修：《秦汉法制史研究》，林剑鸣等译，上海人民出版社 1991 年版，第 112 页。

敬,八曰不孝,九曰不义,十曰内乱。其犯此十者,不在八议论赎之限。"[①]此时"大逆不道"的范围大致得到了法律的明文规定,即前述的反逆、大逆、叛、降、不道、不敬诸条,但具体解释尚不明确(至少从现有史料看来如此)。随着隋代《开皇律》进一步将"重罪十条"改为"十恶"罪,《唐律疏议》予以进一步完善,"十恶"被其后的律典《宋刑统》《大明律》《大清律例》所继承。以《唐律疏议》为例,"十恶"规定在《名例律》中,内容如下:"一曰谋反。谓谋危社稷。二曰谋大逆。谓谋毁宗庙、山陵及宫阙。三曰谋叛。谓谋背国从伪。四曰恶逆。谓殴及谋杀祖父母、父母,杀伯叔父母、姑、兄姐、外祖父母、夫、夫之祖父母、父母者。五曰不道。谓谋杀一家非死罪三人,及支解人,造畜蠱毒、厌魅。六曰大不敬。谓盗大祀神御之物、乘舆服御物;盗及伪造御宝;合和御药,误不如本方及封题误;若造御膳,误犯食禁;御幸舟船,误不牢固;指斥乘御,情理切害及封捍制使,而无人臣之礼。七曰不孝。谓告言、诅骂祖父母、父母,及祖父母、父母在,别籍异财,若供养有缺;诈称祖父母,父母死。八曰不睦。谓谋杀及卖缌麻以上亲,殴告夫及大功以上尊长、小功尊属。九曰不义。谓杀本属府主、刺史、县令、见受业师,吏卒杀本部五品以上官长;及闻夫丧匿不举哀,若作乐,释服从吉,及改嫁。十曰内乱。谓奸小功以上亲、父祖妾及与和者。"[②]由"十恶"罪规定的内容可以看出,其打击锋芒首推侵犯皇权的行为,如谋反、谋大逆、谋叛、大不敬四大类犯罪,以及不道中的"造畜蠱毒、厌魅"[③]和不义中的杀本府长官之行为。"十恶"之10条规定竟有一半多的规定系为维护皇权所制定,不仅可以看出最

---

① (唐)魏征等:《隋书》卷二十五《刑法志》,中华书局1973年版,第706页。

② (清)薛允升:《唐明律合编》,怀效锋、李鸣点校,法律出版社1999年版,第2~3页。

③ 妖言惑众、以毒虫恶毒攻击诽谤皇帝之行为。

高统治者——皇帝的立法用意,而且处罚往往是非死即流,甚或株连家族,不可谓不重,即便是对侵犯皇权的行为从轻处理,禁锢罪吏本人甚或其子孙亦是常有之事,体现了皇帝为维护其专制统治的良苦用心。下面以古代惩罚最多的大逆不道之锢、朋党之锢和妖言诽谤之锢为例进一步说明对侵犯皇权行为打击之严酷。

1. 大逆不道之锢

所谓大逆不道,顾名思义即为意图颠覆政权、僭取皇位或与现政权对抗割据等严重危害封建皇权统治的行为。历代对犯大逆不道者打击极重,往往是不仅本人处死甚至株连亲族,但由于种种原因,亦有本犯处死而禁锢其子孙,抑或从轻处罚仅仅予以禁锢的案例,如宋太祖建隆二年(961 年)8 月,“义武节度使、同平章事清苑孙行友,代兄方简镇易定逾八年,而狼山妖尼深意党益盛。帝初即位,行友不自安,累表乞解官归山,帝不许。行友惧,乃缮治甲兵,将弃其孥,还据山寨以叛。兵马都监叶继能密表其事,帝遣阁门使武怀节驰骑会镇、赵之兵,伪称巡边,直入定州。行友不之觉,既而出诏示之,令举族归朝,行友仓皇听命。既至,命侍御史李维岳即讯,得实,已酉,制削夺行友官爵,禁锢私第;取深意尸,焚之都城西北隅”。[①] 此段史料中的定州节度使孙行友因欲解官归乡未经批准,遂想治甲兵占山为王,此举实属谋叛行为,尽管被叶继能表奏归案,但太祖并未灭其身而只是处以夺官禁锢之罚。可能是考虑北宋建国之初,国内局势未稳,为安抚诸节度使的权宜之举,但“仍戮其部下数人,遣使驰诣狼山,辇其尼师之尸焚之”,[②]目的是以儆效尤、威摄四方官吏。又如宋太宗淳化年间,赵昌言任工部侍郎,“有佣书翟颍,性险诞,与旦狎,旦为作大言

① (清)毕沅:《续资治通鉴》卷二《宋纪二》,中华书局 1957 年版,第 37 页。

② (元)脱脱等:《宋史》卷二百五十三《孙行友列传》,中华书局 1985 年版,第 8873 页。

之辞,使颍上之,为颍改姓名马周,以为唐马周复出也。其言多毁时政,自荐为大臣,及历举数十人皆公辅器,期昌言为内应。陈王尹开封,廉知以闻,诏捕颍系狱,鞠之,尽得其状。昌言坐贬崇信军节度行军司马,颍仗脊黥面,流海岛,禁锢终身”。[①] 此处翟颍之行为实属谋逆,由于被告发而扼杀于萌芽之中,因未遂被处以刺配海岛,禁锢终身为其附加刑。由此可见统治者对大逆不道者处罚之重,即使是皇帝宠信之臣赵昌言亦因佣书之牵连而降职。

金朝亦有大逆不道被禁锢者。史载金宣宗兴定二年(1218 年),“亳州谯县人孙学究私造妖言云:爱王终当奋发,今匿迹民间,自号刘二。卫真百姓王深等皆信以为诚然。有刘二者出而当之,遣欧荣辈结构逆党,市兵仗,大署旌旗,谋僭立。事觉诛死者五十二人,缘坐者六十余人。永中子孙禁锢,自明昌至于正大末,凡四十年”。[②] 文中爱王指金世宗的儿子完颜永中之子石古乃,石古乃未曾封王,而民人借此旗号结党叛乱,从而导致完颜永中子孙被处以禁锢达 40 年的严重后果。鄗王完颜永中在天之灵亦难以瞑目,皇帝对叛逆不道者打击之重,莫此为甚!

清朝雍正年间,由于康熙帝在位时未立继承大统之人,康熙诸子怀疑雍正继位来路不正,诸王反对之风尤烈,尤以皇九子胤禟、皇十四子胤禵为甚。雍正帝率以大逆不道禁锢多人,如谕曰:“阿其那、塞思黑虽大逆不道,而反叛事迹未彰,免其缘坐。塞思黑之妻逐回母家禁锢。其余眷属,交内务府养赡”。[③] “谕:‘允禵止于糊涂狂妄,其奸诈阴险与允禩、允禟相去甚远。朕于诸人行事,知之甚悉,非独于允

---

① (元)脱脱等:《宋史》卷二百六十七《赵昌言列传》,中华书局 1985 年版,第 9195 页。

② (元)脱脱等:《金史》卷八十五《世宗诸子列传》中华书局 1975 年版,第 1900 页。

③ 赵尔巽等:《清史稿》卷九《世宗本纪》,中华书局 1977 年版,第 318 页。

禵有所偏徇。今允禵居马兰峪,欲其瞻仰景陵,痛涤前非。允禵不能悔悟,奸民蔡怀玺又造为大逆之言,摇惑众听,宜加禁锢,即与其子白起并锢于寿皇殿左右,宽以岁月,待其悔改'。"①"已革贝勒苏努涂抹圣祖硃谕,经王、大臣、刑部参奏。得旨:'苏努怙恶不悛,竟令其子苏尔金、库尔陈、乌尔陈信从西洋之教。谕令悛改,伊竟赫称:'愿甘正法,不能改教'。今又查出昔年对圣祖硃批奏折,敢于狂书涂抹,见者发指。即应照大逆律概行正法。但伊子孙多至四十人,悉行正法,则有所不忍。倘分别去留,又何从分别。暂免其死,仍照前禁锢'"。②

上述史料实述三事:第一件事是康熙之皇九子胤禟因与皇八子胤禩交好,曾经违命赴西宁任职,后被雍正所执,胤禟免于处理,而将其妻处以禁锢。此案含有因皇族从轻处理之意,因为谋叛一般是要被诛杀的。第二件事是康熙之皇十四子胤禵本因皇位继承颇有怨气,虽被劾侵扰地方,挥霍军费,雍正帝则将其与胤禩、胤禟区别对待,将胤禵及其子白起一同禁锢,原因是雍正认为二人大逆系谣言,有对诸王子分而治之的目的。第三件事是贝勒苏努不仅信仰西教,有辱皇族正统,而且胆敢涂抹康熙帝硃批奏折,实为大逆不道行为,本应正法,雍正帝念及皇族身份,且所涉人数过多,故从轻处理为禁锢之罚。由此可见,大逆不道并不一定均处死刑,而是可能经皇帝恩宥及其他政治目的,而代之以禁锢之罚。甚至到了清朝嘉庆年间,仍有因谋逆被禁锢的例子:"喀什噶尔阿奇木伯克玉努斯听其妻色奇纳言,多不法,私与浩罕酋爱码尔交通。爱码尔欲使尊为汗,遣使请自设哈子伯克,用浩罕税例征安集延商。(嘉庆)十九年,松筠巡视回

① 赵尔巽等:《清史稿》卷二百二十《诸王列传》,中华书局1977年版,第9082页。

② 赵尔巽等:《清史稿》卷九《世宗本纪》,中华书局1977年版,第320页。

疆,诛色奇纳,械玉努斯,禁锢伊犁;拒浩罕之请,斥去其使。"[①]本案中,玉努斯伯克之所以被松筠处以禁锢,理由就是玉努斯受其妻色奇纳怂恿,私与浩罕国交通,欲谋叛国所致。

综上所述,大逆不道之锢主要针对的是那些谋反、谋逆、谋叛者,这些犯罪本应处以极刑,一则因为多为未遂,二则由于皇帝宽宥,从而对事主及其亲属处以禁锢刑。这样做的好处在于,不仅可以向天下彰示皇恩浩荡及宽仁之心,而且可能在关键时候赦免禁锢,使之重新为国家效力,如北宋初年的孙行友先以谋叛被锢,两年之后因战事需要,宋太祖即"诏免行友禁锢。未已,以郊祀恩,起为右能武军将军。乾德二年,迁右监门卫大将军,又改左能武军大将军"。[②]

2. 朋党之锢

中国古代二千余年的皇权政治,维护皇帝的最高权威和皇权的至高无上始终是其重中之重,是故防止诸侯大臣结成朋党对抗中央就成为皇帝维持其专制统治的一大要务。西汉在"七王之乱"后,即制定有"阿党附益"之法:"景帝遭七国之难,抑损诸侯,减黜其官。武有衡山、淮南之谋,作左官之律,设附益之法,诸侯惟得衣食租税,不与政事",[③]"诸侯有罪,傅相不举奏,为阿党"。[④] 这两段史料所言的阿党,指中央政府派到诸侯国监视诸侯王的丞相不尽职责,与诸侯结为朋党;附益,指在朝官员阿媚王侯以相互为助获取非法利益。汉朝对阿党、附益者严惩不贷,如田蚡为武帝时期太尉,私下与淮南王刘安交通,及淮南王谋反事发之时,田蚡已故,武帝仍不忘告诫震慑

① 赵尔巽等:《清史稿》卷三百四十二《松筠列传》,中华书局 1977 年版,第 11117 页。

② (元)脱脱等:《宋史》卷二百五十三《孙行友列传》,中华书局 1985 年版,第 8873 页。

③ (东汉)班固:《汉书》卷十四《诸侯王表》,中华书局 2005 年版,第 284 页。

④ (东汉)班固:《汉书》卷三十八《高五王列传》,中华书局 1962 年版,第 2002 页。

诸臣："使武安候(田蚡)在者,族矣!"[①]明太祖朱元璋在位时设"奸党"罪,规定以下几种行为属于奸党:"一是凡奸邪进谗言,左使杀人者;二是若犯罪,律该处死,其大臣小官巧言减免,暗邀人心者;三是若在朝官员,交接朋党,紊乱朝政者;四是若刑部及大小各衙门官吏,为不执法律,听从上司官主使出入人罪者;五是上言宰制大臣美政才德者。"[②]凡犯以上5种情况之一者,一律视为奸党,重法治罪。如果确实有结党反逆之行,则被诛戮禁锢亦算合法合情,如东汉明帝时,"楚王英谋反,阴疏天下善士,及楚事觉,显宗得其录,有尹兴名,乃征兴诣廷尉狱。续与主簿梁宏、功曹史驷勋及掾史五百余人诣洛阳诏狱就考,诸吏不堪痛楚,死者大半,唯续、宏、勋掠考五毒,肌肉消烂,终无异辞……帝既赦兴等事,还乡里,禁锢终身"。[③] 此段史料中因楚王刘英谋反株连500余人下狱,汉明帝必欲穷治刘英之朋党而后快,多人被折磨致死,陆续因饱受掠打而辞色慷慨,却见自己的老母亲亲手所做馈羹而对食悲泣,孝心感动使者上书,方被明帝减等处以禁锢终身之罚。

然而多数朋党系政敌扣给对方的帽子,目的是触动皇帝时刻警惕朋党的那根神经,从而对朋党大行惩治。东汉桓、灵二帝时期的党锢之祸即为一例,本来是宦官集团与清议士大夫集团的权力斗争,宦官集团却指斥"诬告膺等养太学游士,交结诸郡生徒,更相驱驰,共为部党,诽讪朝廷,疑乱风俗",[④]结果致使汉桓帝下达惩治朋党之诏令,将李膺、陈寔等二百余人逮捕下狱,后被赦予以禁锢。不唯宦官,

---

① (西汉)司马迁:《史记》卷一百七《魏其武安候列传》,中华书局1959年版,第2855页。

② 转引自曾代伟:《中国法制史》,法律出版社2012年版,第199页。

③ (南朝宋)范晔:《后汉书》卷八十一《独行列传》,中华书局1965年版,第2682~2683页。

④ (南朝宋)范晔:《后汉书》卷六十七《党锢列传》,中华书局1965年版,第2187页。

即使汉代外戚当权之时,亦利用当时的选官制度——察举和征辟培植亲信党羽为官,终致“群僚举士者,或以顽鲁应茂才,以桀逆应至孝,以贪饕应廉吏,以狡猾应方正,以谀谄应直言,以轻薄应敦厚,以空虚应有道,以嚚暗应明经,以残酷应宽博,以怯弱应武猛,以愚顽应治剧,名实不相副,求贡不相称”。[①] 对此种选举不实、颠倒黑白之选官,士大夫们义愤填膺,于是当朝太尉陈蕃与五官中郎将孙琬同心戮力,“显用志士,平原刘醇、河东朱山、蜀郡殷参等并以才行蒙举。蕃、琬遂为权富郎所见中伤,事下御史中丞王畅、侍御史刁韪。韪、畅素重蕃、琬,不举其事,而左右复陷以朋党,畅坐左转议郎而免蕃官,琬、韪俱禁锢”。[②] 由此可见,朋党成了权富郎未达做官目的而攻击清议士大夫的借口,而皇帝也在宦官、权臣及士大夫之间寻求权力的平衡而走钢丝,在汉代尤其倾向于采纳宦官及权臣的意见,而士大夫们则主要成了被防范的对象,如此陈蕃被免,孙琬、刁韪被禁锢也就不难理解了。更有甚者,东汉还有被诬为“酒党”而要求治其罪者,“(桓)彬少与蔡邕齐名。初举孝廉,拜尚书郎。时中常侍曹节女婿冯方亦为郎,彬厉志操,与左丞刘歆,右丞杜希同好交善,未尝与方共酒食之会,方深怒之,遂章言彬等为酒党。事下尚书令刘猛、雅善彬等,不举正其事,节大怒,劾奏猛,以为阿党,请收下诏狱,在朝者为之寒心,猛意气自若,旬日得出,免官禁锢。彬遂以废”。[③] 此段史料中当权宦官曹节之女婿郑方竟因桓彬不与自己交好而诬其为“酒党”,而曹节竟因尚书令刘猛不处理“酒党”而奏其为阿党而将刘猛下狱,后虽被免官禁锢,却彰显出官宦专权、皇帝昏庸的政治生态。如此终致汉灵

① (汉)王符撰、(清)王继培笺:《潜夫论》卷二《考绩第七》,上海古籍出版社 1978 年版,第 74 页。

② (南朝宋)范晔:《后汉书》卷六十一《孙琬列传》,中华书局 1965 年版,第 2040 页。

③ (南朝宋)范晔:《后汉书》卷三十七《桓荣列传》,中华书局 1965 年版,第 1261 页。

帝时期朱并“上书告(张)俭与同乡二十四人别相署名,共为部党,图危社稷”,[①]致使汉灵帝下诏处死一百余人,另有囚禁流放者达六七百人,且“诏州郡更考党人门生故吏父子兄弟,其在位者,免官禁锢,爰及五属”。[②] 纵观国史,打击“党人”,莫如东汉为甚,汉之亡祚与党锢之烈不无关系。正如唐宪宗时期宰相李绛对朋党之评价:“自古人君所甚恶者,莫若人臣为朋党,故小人僭君子必曰朋党。何则?朋党言之则可恶,寻之则无迹故也。东汉之末,凡天下贤人君子,宦官皆谓之党人而禁锢之,遂以亡国。此皆群小欲害善人之言,愿陛下深察之!夫君子固与君子合,岂可必使之与小人合,然后谓之非党邪?”[③] 李绛确实聪明,它通过此言不仅回答了唐宪宗“人言外间朋党大盛,何也?”的问题,而且以东汉党锢之鉴委婉劝谏唐宪宗不可偏听谗言,以无为有,大治朋党。唐宪宗深以为然,是故唐末虽有牛李党争,却无东汉党锢之祸;虽有贬官流徙之罚,却无大肆屠戮禁锢之行,亦算一点引以为鉴吧!

尽管三国至唐朝朋党之锢事例不见于史籍,但历史的发展往往并非一帆风顺,宋朝至清朝依然有“党人”被禁锢的案例,如北宋徽宗当政年间,权臣蔡京当政,穷治元祐党人,尽管“时元祐群臣贬窜死徙略尽,京犹未惬意,命等其罪状。首以司马光,目曰奸党,刻石文德殿门,又自书为大碑,遍班郡国。初,元符末以日食求言,言者多及熙宁、绍圣之政,则又籍范柔中以下为邪等。凡名在两籍者三百九人,皆锢其子孙,不得官京师及近甸”。[④] 蔡京如此专横跋扈,连死人亦

① (南朝宋)范晔:《后汉书》卷六十七《党锢列传》,中华书局1965年版,第2188页。

② 同上书,第2189页。

③ (北宋)司马光:《资治通鉴》卷二百三十九《唐纪五十五》,中华书局1956年版,第7702~7703页。

④ (元)脱脱等:《宋史》卷四百七十二《蔡京列传》,中华书局1985年版,第13724页。

不放过，而禁锢其子孙，为靖康之祸埋下隐患。无怪乎北宋名臣张商英一针见血地指出："谓蔡京虽明绍述，但借以劫制人主，禁锢士大夫耳"，①以"朋党"之名大肆打击士大夫，其祸何其惨也！又如南宋初年，权臣秦桧力主与金议和，于是正直敢言尤其主张与金对战之士大夫或免或锢，朝臣无不震慄，刘勉之即为一典型例子："勉之知不与桧合，即谢病归。杜门十余年，学者踵至，随其材品，为说圣贤教学之门及前言往行之懿。所居有白水，人号曰白水先生。贤士大夫自赵鼎以下皆敬慕与交。后秦桧益横，鼎窜死，诸贤禁锢，勉之竟不复出。"②再如南宋宁宗年间，权臣韩侂胄动辄指斥士大夫为道学伪党，大加禁锢，致使朝政日荒。以下两段史料即为佐证："嘉泰元年，御史施康年劾必大首倡伪徒，私植党与，诏降为少保。自庆元以后，侂胄之党立伪学之名，以禁锢君子，而必大与赵汝愚、留正实指为罪首。"③"赵汝愚既罢相，侂胄擅朝，遂目士大夫为伪学逆党，禁锢之"。④ 韩侂胄不仅严厉打击道学，而且变本加厉地将道学伪党上升为逆党，以引起最高统治者皇帝的警觉与反感，诏捕"坐伪党逆党得罪者五十有九人"，⑤天下士子无不寒心。曾被韩侂胄诬为伪学之首的朱熹曾如此评价朋党禁锢之害："一有刚毅正直、守道循理之士出乎其间，则群讥众排，指为'道学'，而加以矫激之罪。十数年来，以此

① (清)毕沅：《续资治通鉴》卷九十一《宋纪九十一》，中华书局 1957 年版，第 2337 页。

② (元)脱脱等：《宋史》卷四百五十九《隐逸列传》，中华书局 1985 年版，第 13463 页。

③ (元)脱脱等：《宋史》卷三百九十一《周必大列传》，中华书局 1985 年版，第 11971 页。

④ (元)脱脱等：《宋史》卷三百九十七《刘光祖列传》，中华书局 1985 年版，第 12100 页。

⑤ (元)脱脱等：《宋史》卷四百七十四《韩侂胄列传》，中华书局 1985 年版，第 13773 页。

二字禁锢天下之贤人君子,复如昔时所谓元祐者,排摈诋辱,必使无所容其身而后已,此岂治世之事哉?”①朱氏评价颇为中肯,欲将学术共同体视为朋党而诛贬禁锢,只能窒息政坛,导致小人得志而遮蔽皇帝视听,而决非经世之举。

迄及明季熹宗年间,宦官魏忠贤专权,激起了正直官员的极端不满,加上被称为“一支重整道德的十字军”②之东林党“以道德救世”,在士大夫中间有极大影响,与以魏忠贤为首的“阉党”展开了一场殊死较量。魏忠贤当然不会束手就范,而是将反对“阉党”专政的人一概斥为东林党,其亲信卢承钦编成《东林党人榜》,开列东林党309人,于天启五年(1625年)以奏疏呈报熹宗,其后向全国公布,重演了一次东汉末年的党锢之祸。有史记载如下:“当是时,忠贤愤甚,欲尽杀异己者。顾秉谦因阴籍其所忌姓名授忠贤,使以次斥逐。王体乾复昌言用廷杖,威胁廷臣。未几,工部郎中万爆上疏刺忠贤,立杖死。又以御史林汝翥事辱向高,向高遂致仕去,汝翥亦予杖。廷臣俱大詟。一时罢斥者,吏部尚书赵南星、左都御史高攀龙、吏部侍郎陈于廷及杨涟、左光斗、魏大中等先后数十人,已又逐韩炉及兵部侍郎李邦华。正人去国,纷纷若振槁。乃矫中旨召用例转科道。……呈秀乃造《天鉴》《同志》诸录,王绍徽亦造《点将录》,皆以邹元标、顾宪成、叶向高、刘一爆等为魁,尽罗人不附忠贤者,号曰东林党人,献于忠贤。忠贤喜,于是群小亦求媚忠贤,攘臂攻东林矣。”③

阉党专权,攻击无所不用其极,将一个以讲学为核心的东林书院

① (元)脱脱等:《宋史》卷四百二十九《朱熹列传》,中华书局1985年版,第12761页。

② [美]贺凯:《明末的东林运动》,转引自樊树志:《国史十六讲》,中华书局2006年版,第218页。

③ (清)张廷玉:《明史》卷三百五《宦官列传二》,中华书局1974年版,第7819页。

诬为“讲学东林，遥执朝政”，将主讲顾宪成、高攀龙等人谗为与朝中重臣叶向高、李三才结为朋党，欲为不轨。于是铸成“六君子之狱”和“七君子之狱”；将杨涟、左光斗、袁化中、魏大中、周朝瑞、顾大章六君子以追赃为名下狱折磨至死，又将周起元、周宗建、缪昌期、高攀龙、李应开、黄尊素、周顺昌七君子以“欺君蔑旨”之罪名拷打至死。其他东林党相关人士则或贬或锢，国人无不为之扼腕。诚如斯言：“凡救三才者，争辛亥京察者，卫国本者，发韩敬科场弊者，请行勘熊廷弼者，抗论张差梃击者，最后争移宫、红丸者，忤魏忠贤者，率指目为东林，抨击无虚日。借魏忠贤毒焰，一网尽去之。杀戮禁锢，善类为一空。崇祯立，始渐收用。而朋党势已成，小人卒大炽，祸中于国，迄明亡而后已”①！如此贬戮禁锢朋党，明朝焉有不亡之理？

时至清末，列强入侵，大清帝国风光不再。甲午一战，泱泱大国竟败于小邦岛国日本，国内主张立宪新政者日炽，适逢光绪帝实行新政，大力启用主张新政之人，以图自强。时任翰林院侍读学士徐致靖上疏推荐工部主事康有为、刑部主事张元济、湖南盐法长宝道黄遵宪、江苏知府谭嗣同、广东举人梁启超被光绪帝亲自召见，决定推行变法，此即“戊戌变法”。由于光绪帝根基不牢，加上变法推行速度过猛，导致“未已党祸起，慈禧皇太后训政，有为窜海外，其弟广仁及御史杨深秀、军机章京谭嗣同、林旭、杨锐、刘光第弃市，致靖以党附下狱禁锢，复追论原保诸臣罪。御史宋伯鲁、湖南巡抚陈宝箴、开缺户部尚书、协办大学士翁同龢，俱削官永不叙用。礼部尚书李端棻谪戍边，内阁大学士张百熙下部议处。其他言新政者，斥逐殆尽”。② 在这一场帝党与后党的较量中，以慈禧太后的胜利而告终。值得一提

---

① （清）张廷玉：《明史》卷二百三十一《顾宪成列传》，中华书局1974年版，第6033页。

② 赵尔巽等：《清史稿》卷一百九《选举志四》，中华书局1977年版，第3191页。

的是，慈禧除了对“戊戌六君子”予以诛杀外，对徐致靖、宋伯鲁、陈宝箴、翁同龢等却是以“党附”即“朋党”予以禁锢（永不叙用）之罚，目的是打击怂恿光绪进行维新变法之人，以维护后党的权威地位。慈禧维持爱新觉罗氏的专制统治的目的虽然暂时达到，但是两年之后的八国联军入京以及其本人仓皇逃往西安，却证明了其打击新政变法“党人”的政策之误。

综上所述，朋党之锢的“党”决非今天政治学上讲的政党，它并非基于严格纪律和明确纲领的团体，而是基于政治人物关系密切的复杂的个人关系网络。这不论是东汉的清议派与宦官派，还是唐末的牛党、李党之争，甚或明朝后期的东林党与“阉党”，均非现代意义的政治党派，而是古代意义的朋党斗争，即为了争权夺利或为了实现大众所认同的人道正义而形成派系之争。当然，这种朋党有时也可能危及政权，“中国的政治理论通常认为，如果准许在朝廷结成朋党，那么人们所期待的能实现长治久安的道德和社会秩序便要可悲地受到损害”，①是故历朝历代对言为“朋党“部党”“奸党”之类者颇为敏感，有时甚至只是捕风捉影，却不惜大加诛戮禁锢，如此古代禁锢刑的作用得以显现：一来可以阻断士人的升官通道，切断其甚至其子孙参与政治的途径；二来可以防止官吏士人结为朋党，从而形成威胁皇帝及权臣的政治团体。但是不加详究，一概斥为朋党，而予以禁锢且诛连三族五属甚至故吏门生，使国家失去了大批敢于直面当权宦官权臣的骨鲠之士，朝政往往日趋昏暗。客观而言，因朋党被禁锢之人很大程度上成了权力斗争的牺牲品，背离了禁锢刑确立的初衷。对此，欧阳修给出了深彻透骨的评价：“呜呼！始为朋党之论者谁欤？甚乎作

① 崔瑞德主编：《剑桥中国隋唐史》，转引自樊树志：《国史十六讲》，中华书局 2006 年版，第 132 页。

俑者也，真可谓不仁之人哉……汉唐之末，举其朝皆小人也，而其君子者何在哉！当汉之亡也，先以朋党禁锢天下贤人君子，而立其朝者，皆小人也，然后汉从而亡。及唐之亡也，又先以朋党尽杀朝廷之士，而其余存者，皆庸懦不肖倾险之人也，然后唐从而亡。夫欲空人之国而去其君人者，必进朋党之说；欲孤人主之势而蔽其耳目者，必进朋党之说；欲夺国而与人者，必进朋党之说。夫为君子者，故尝寡过，小人欲加之罪，则有可诬者，有不可诬者，不能遍及也。至欲举天下之善，求其类而尽去之，惟指以为朋党耳。故亲戚故旧，谓之朋党可也；交游执友，谓之朋党可也；宦学相同，谓之朋党可也；门生故吏，谓之朋党可也。是数者，皆其类也，皆善人也。故曰：欲空人国而去其君子者，惟以朋党罪之，则无免者矣。夫善善之相乐，以其类同，此自然之理也。故闻善者必相称誉，称誉则谓之朋党，得善者必相荐引，荐引则谓之朋党，使人闻善不敢称誉，人主之耳不闻有善于下矣，见善不敢荐，则人主之目不得见善人矣。善人日远，而小人日进，则为人主者，伥伥然谁与之图治安之计哉？故曰：欲孤人主之势而蔽其耳目者，必用朋党之说也。一君子存，群小人虽众，必有所忌，而有所不敢为，惟空国而无君子，然后小人得肆志于无所不为，则汉魏、唐梁之际是也。故曰：可夺国而予人者，由其国无君子，空国而无君子，由以朋党而去之也。呜呼！朋党之说，人主可不察哉！”①

斯言甚诚！一见人聚，诬为朋党，大肆诛戮禁锢，君子空而小人来，于国家善治富强有百害而无一利，不光古代皇帝要谨慎待之，即若今天亦可鉴可戒！

---

① （宋）欧阳修：《新五代史》卷三十五《唐六臣列传》，中华书局 1974 年版，第 381 ~ 383 页。

3. 妖言不敬之锢

(1)所谓妖言,是指以巫术活动去蛊惑百姓,所做的不利于皇帝人身及其统治的行为。妖言犯罪大约始自秦代,当时始皇崇尚法家思想,以法治国,儒生侯生,卢生私下聚众议论,秦始皇“乐以刑杀为威”,①便以“为妖言以乱黔首”②的罪名坑杀了卢生、侯生等460多名诸生方士,造成了历史上骇人听闻的“坑儒事件”。加上秦汉时期,尤其是汉代迷信盛行,特别相信谶纬,一旦有人利用妖言惑众,必将严重威胁政权的稳定,是故皇帝对犯妖言罪者处罚极其严厉,往往是诛杀,间或亦有禁锢其亲属及族人。例如,西汉哀帝时期,息夫躬被罢官后归家,为防盗行巫术,“人有上书言躬怀怨恨,非笑朝廷所进,候星宿,视天子吉凶,与巫祝共诅。上遣侍御史、廷尉监逮躬,系洛阳诏狱。欲掠问,躬仰天大謼,因僵仆。吏就问,云咽已绝,血从鼻耳出,食顷,死。党友谋议相连下狱百余人。躬母圣,坐祠灶祝诅上,大逆不道。圣弃市,妻充汉与家属徙合浦。躬同族亲属素所厚者,皆免,废锢”。③ 息夫躬因“与巫同祝诅”被逮,其母因“坐祠灶祝诅上”,均系妖言罪,尤其息夫躬之母竟敢“诅上”——用诅咒的方法危害皇帝身体健康,故被以大逆不道罪处死,被牵连的亲属朋友百余人或逮或锢,对妖言罪的打击略见一斑。可能是汉朝统治者亦认为妖言罪处罚重且牵连广,亦多次诏免妖言禁锢之人,如汉章帝曾下诏:“往者妖言大狱,所及广远,一人犯罪,禁至三属,莫得垂缨仕宦王朝。如有贤才而没齿无用,朕甚怜之,非所谓与之更始也。诸以前妖恶禁锢者,

---

① (西汉)司马迁:《史记》卷六《秦始皇本纪》,中华书局1959年版,第258页。

② 同上。

③ (东汉)班固:《汉书》卷四十五《息夫躬列传》,中华书局2005年版,第1681~1682页。

一皆蠲除之,以明弃咎之路"。[①] 又如汉殇帝初即位,邓太后监朝听政,"诏赦除建武以来诸犯妖恶,及马、窦家属被禁锢者,皆复之为平人"。[②] 再如汉桓帝亦曾下令,"其自永建元年迄乎今岁,凡诸妖恶,支亲从坐,及吏民减死徙边者,悉归本郡。唯没入者不入此令"。[③] 这些史料既能说明有汉一朝因妖言而被株连禁锢之人决非个别现象,也能说明皇帝抑或当权执政者为了维持专制统治,对妖言罪时重时轻,重者处死,轻则下狱且附加禁锢,体现了最高统治者既矛盾又合理的心态。

是故妖言罪在唐以后的律典中均有规定:"诸知谋反及大逆者,密告随近官司,不告者,绞。知谋大逆、谋叛不告者,流二千里。知指斥乘舆及妖言不告者,各减本罪五等。"疏议曰:"若知指斥乘舆,谓情理切害;及妖言者,谓妄说休咎之言:不告者各减本罪五等,本应死者,从死上减五等;妖言惑不满众者,流上减五等,是各各减五等。"[④]

《大明律》规定与此相同,但规定在《诉讼门》。[⑤] "凡造谶纬、妖书、妖言,及传用惑众者,皆斩(监侯,被惑人不坐;不及众者,流三千里,合依量情分坐。)若[他人造传]私有妖书,隐藏不送官者,杖一百、徒三年"。[⑥] "凡妄布邪言,书写张帖,煽惑人心,为首者,斩立决;为从者,皆斩监候。(若造谶律妖书妖言传用惑人不及众者,改发回城给大小伯克及力能管之回子为奴。)凡有狂妄之徒,因事造言,捏成歌曲,

---

① (南朝宋)范晔:《后汉书》卷三《章帝本纪》,中华书局 1965 年版,第 147 页。

② (南朝宋)范晔:《后汉书》卷十《皇后纪》,中华书局 1965 年版,第 422 页。

③ (南朝宋)范晔:《后汉书》卷七《桓帝纪》,中华书局 1965 年版,第 293 页。

④ 曹漫之主编:《唐律疏议译注》之《唐律疏议》第 340 条,吉林人民出版社 1989 年版,第 784 ~ 785 页。

⑤ (清)薛允升:《唐明律合编》,怀效锋、李鸣点校,法律出版社 1999 年版,第 631 页。

⑥ 《大清律例》卷二十三《刑律 · 贼盗上》律 256《造妖书妖言》,田涛、郑秦点校,法律出版社 1999 年版,第 368 页。

沿街唱和,及以鄙俚亵嫚之词,刊刻传播者,内外各地方官即时察明,审非妖言惑众者;坐以不应重罪。若系妖言惑众,仍照律科断。”①

由此看来,由唐至清均将妖言作为重罪处理,是否重处主要看是否达到“惑众”的标准,且清律处理妖言罪重于唐明律,可能因系少数民族入主中原,对士大夫及民间有损清朝统治者的言论更为敏感。当然由于史料所限,我们不能贸然地断定唐之前的律典未规定妖言罪,但却有关于妖言被禁锢的案例。如三国时期,“孙皓左夫人王氏卒。皓哀念过甚,朝夕哭临,数月不出,由是民间或谓皓死,讹言奋与上虞侯奉当有立者。奋母仲姬墓在豫章,豫章太守张俊疑其或然,扫除坟茔。皓闻之,车裂俊,夷三族,诛奋及其五子,国除。江表传曰:‘豫章吏十人乞代俊死,皓不听。奋以此见疑,本在章安,徙还吴城禁锢,使男女不得通婚,或年三十四十不得嫁娶。奋上表乞自比禽兽,使男女自相配偶。皓大怒,遣察战赍药赐奋,奋不受药,叩头千下,曰:‘老臣自将儿子治生求治,无豫国事,乞丐馀年’! 皓不听,父子皆饮药死。’”②此段史料中,末帝孙皓以擅信妖言处死豫章太守张俊,孙奋也因“讹言”将继君位先被禁锢,后被诛杀,可见皇帝对妖言的戒心及防范均强烈而严密。又如隋文帝禁锢其子蜀王杨秀的理由即是杨秀非子非臣,厌魅蠱毒诅咒皇帝,看似妖言实属忤逆不道,诏数其罪如下:“汝地居臣子,情兼家国,庸蜀险要,委以镇之,汝乃干纪乱常,怀恶乐祸,睥睨二宫,伫望灾衅,容纳不逞,结构异端。我有不和,汝便觇候,望我不起,便有异心。皇太子,汝兄也,次当建立,汝假托妖言,乃云不终其位。妄称鬼怪,又道不得入宫,自言骨相非人臣,德

---

① 《大清律例》卷二十三《刑律·贼盗上》律256《造妖书妖言》,田涛、郑秦点校,法律出版社1999年版,第368页。

② (晋)陈寿:《三国志·吴书》卷十四《吴主五子列传》,中华书局2006年版,第813~814页。

业堪承重器,妄道清城出圣,欲己当之,诈称益州龙见,托言吉兆。重述木易之姓,更修成都之宫。妄说禾乃之名,以当八千之运。横生京师妖异,以证父兄之灾;妄造蜀地徵祥,以符已身之箓……鸠集左道,符书厌镇,汉王与汝,亲则弟也,乃画其形像,题其姓名,缚手钉心,枷锁杻械。仍云请西岳华山慈父圣母神兵九亿万骑,收杨谅魂神,闭在华山下,勿令散荡。我之于汝,亲则父也,复云请西岳华山慈父圣母,赐为开化杨坚夫妻,回心欢喜。又画我形象,缚于撮头,仍云请西岳神兵收杨坚魂神。如此形状,我今不知杨谅、杨坚是汝何亲也!”[①]杨秀专事妖邪,巫蛊父兄,意欲谋逆,鉴于皇室至亲,先后被文帝、炀帝禁锢十余年,虽有咎由自取之处,但太子杨广诬陷亦功不可没。不过恰恰说明,无论是平民百姓还是同姓诸王,一旦触犯妖言大罪,必将严惩不贷。

客观而言,妖言可归于隋唐以后的“十恶”之一的“不道”罪中的“造畜蠱毒、厌魅,”[②]而不敬之锢可分为两类:言语不敬之锢和行为不敬之锢,前者常常称为诽谤被锢,尽管有时“诽谤”是被皇帝或最高统治者强加的。诽谤罪始于西周厉王时期,“厉王虐,国人谤王……王怒,得卫巫,使监谤者,以告,则杀之。国人莫敢言,道路以目”。[③]周厉王通过杀人“弥谤”实行残暴统治,落了个被“流于彘”的结果,但侧面说明,诽谤罪此时已经出现。可能有人会问,妖言与诽谤均为言论犯罪,其有何区别与联系?笔者认为,两者确有相似之处,均为对皇帝或主政者进行言语攻击或批评,非议当朝的政治举措,影响皇

---

① (唐)李延寿:《北史》卷七十一《隋宗室诸王列传》,中华书局1974年版,第2470页。

② (清)薛允升:《唐明律合编》,怀效锋、李鸣点校,法律出版社1999年版,第3页。

③ 徐元浩撰:《国语集解》之《国语·周语》,王树民、沈长云点校,中华书局2002年版,第10~11页。

帝及主政者的声誉及权威，从而达到动摇其统治秩序的目的。但两者区别之处在于：首先，诽谤多系个人之单独行为，即使涉及他人，范围亦不大；妖言则虽由个人捏造传播，但却能牵连多人，以致"众口相惑"。[①] 其次，妖言往往借助巫术，动辄"诈为鬼神之语……谓妄言国家有咎恶"，[②]而诽谤所及则为现实或历史中的真人真事。因此，不敬罪所涵盖的言语不敬与行为不敬多与隋唐以后"十恶"之中的"大不敬"内容相关，即"盗大祀神御之物、乘舆服御物；盗及伪造御宝……指斥乘舆，情理切害及封捍使，而无人臣之礼"。[③] 历朝历代对于不敬罪处理很重，重则处死甚至灭族，轻则流放徒刑，也可能宥于各种原因被处以禁锢刑。

(2)言语不敬之锢，主要是指对诽谤朝政或被认为是诽谤朝政者处以禁锢之罚。尤其是被皇帝或当政者认为系诽谤的大臣，往往是耿直之臣，因直言进谏而被处以禁锢。东汉尚书栾巴因苦谏汉冲帝刘炳陵墓宽广且侵占百姓坟冢，而被治以禁锢之罚，即"时梁太后临朝，诏诘巴曰：'大行皇帝晏驾有日，卜择陵园，务从省约，茔域所及，裁二十顷，而巴虚言主者坏人冢墓。事既非实，寝不报下，巴尤固遂其愚，复上诽谤。苟肆狂瞽，益不可长。'巴坐下狱，抵罪，禁锢还家"。[④] 此段史料中的栾巴因直言进谏皇陵过宽，实为维护百姓利益被梁太后以诽谤不敬罪处以禁锢之罚，实在有些过分。

唐朝中宗时，武氏专权，还有诬陷别人诽谤而被处以禁锢刑的例子，如"三思又疏韦后隐秽，榜于道，请废之。帝震怒，三思猥曰：'殆

---

① (唐)杜佑：《通典》卷一百六十二《兵十五》，中华书局1984年版，第860页。

② 曹漫之主编：《唐律疏议译注》之《唐律疏议》第268条，吉林人民出版社1989年版，第652页。

③ (清)薛允升：《唐明律合编》，怀效锋、李鸣点校，法律出版社1999年版，第3页。

④ (南朝宋)范晔：《后汉书》卷五十七《栾巴列传》，中华书局1965年版，第1841页。

彦范辈为。'命御史大夫李承嘉鞠状,物色其人。承嘉即奏:'彦范、晖、柬之、恕己、玄暐暴讪摇变,内托废后,而实危君。人臣无将,当伏诛。'诏有司议罪。大理丞李朝隐执奏:'彦范等未汛即诛,恐为仇家诬蔑,请遣御史核实。'卿裴谈请即诛斩,家籍没。帝业尝许以不死,遂流瀼州,禁锢终身,子弟年十六以上谪徙岭外"。① 此段史料中的桓彦范等5人就是被武三思为排挤反武势力而诬告其诽谤韦皇后,而最后被中宗皇帝下诏处以流刑,附加禁锢终身之罚。此案彰显的是禁锢甚至刑罚成了权力斗争的工具。

当然诽谤之锢亦有罚当其罪的,如宋太宗即位初年,国子监主簿"(郭)忠恕纵酒,肆言时政,颇有谤讟",被处以"决杖配隶登州禁锢"。② 又如宋太宗时的幸臣弭德超因谮毁大将曹彬,官至枢密副使,却不满意宣徽南院史王显和柴禹锡班在其上,一日诟显及禹锡曰:"我言国家大事,有安社稷功,止得线许大官。汝等何人,反在我上,更令我效汝辈所为,我实耻之。又大骂曰:'汝辈当断头,我度上无守执,为汝辈所眩惑'。显告之,太宗怒,命膳部郎中、知杂滕中正就第鞠德超,具伏,下诏夺官职,与其家配隶琼州禁锢,未几死。"③这两段史料中的郭忠恕和弥德超均因诽谤政事而被处以流放外地附加禁锢刑。

元文宗年间,为安抚百姓,下令"诸洞各设长官司及巡检司且命各还所掠生口。湖广参政彻里贴木儿与速速、班丹俱坐出怨言……有旨:'此辈怨望于朕,向非赦原,俱当置之极刑,可俱籍其家,速速禁

---

① (宋)欧阳修、宋祁:《新唐书》卷一百二十《桓彦范列传》,中华书局1975年版,第4312页。

② (清)毕沅:《续资治通鉴》卷九《宋纪九》,中华书局1957年版,第218页。

③ (元)脱脱等:《宋史》卷四百七十《佞幸列传》,中华书局1985年版,第13678页。

锢终身'"。[①] 此段史料中的速速因不满皇帝政令被以诽谤之罪禁锢终身。元顺宗年间,监察御史斡勒海寿劾奏同知枢密院使哈麻"恃以提调宁徽寺为名,出入脱忽思皇后宫闱无间,犯分之罪尤大……有倾,脱忽思皇后泣诉帝,谓御史所劾哈麻事为侵己,帝益怒,乃诏夺海寿官,屏归田里,禁锢之"。[②] 此段史料中的斡勒海寿被去官禁锢的原因虽未明说,但实即以"诽谤"之名——胆敢言及哈麻与脱忽思皇后关系不明不白而被处理的。

明世宗嘉靖年间,明太祖朱元璋二十五子朱鹭的后嗣典楧贪愎残暴,曾假传密诏戏弄臣吏锦衣卫,并霸占民女七百余人,被都御史张永明、御史林润,给事中丘岳相继弹劾,皇帝"再遣使往堪,革禄三之二,令坏所僭造宫城;归民间女,执群小付有司。典楧不奉诏。部碟促之,布政使持碟入见。典楧曰:'碟何为者,可用障棂耳'"。[③] 典楧竟敢口称皇帝下的诏令及碟牌为障棂,其言语不敬昭然若揭,最后被处以"禁锢高墙,削除世封"[④]之罚也算咎由自取。

值得一提的是,言语不敬之锢中亦包含一些谏官或忠耿之臣直言上书批评朝政或劾奏权臣而被禁锢的例子,这也恰恰体现了"言语不敬"的两面性,既包含真正的诽谤,也包含被认为是"诽谤"的直言,如东晋穆帝时期,封裕劝谏燕王慕容皝征农赋税过重时坦言:"……参军王宪、大夫刘明并以言事忤旨,主者处以大辟,殿下虽恕其死,犹免官禁锢。夫求谏诤而罪直言,是犹适越而北行,必不获其所志矣!"[⑤]尽管慕容皝接受封裕谏言,恢复了王宪、刘明的谏官之职,

① (明)宋濂等:《元史》卷三十五《文宗本纪》,中华书局 1976 年版,第 776 页。

② (明)宋濂等:《元史》卷二百五《奸臣列传》,中华书局 1976 年版,第 4582 页。

③ (清)张廷玉等:《明史》卷一百一十八《诸王三列传》,中华书局 1974 年版,第 3611 ~ 3612 页。

④ 同上书,第 3612 页。

⑤ (北宋)司马光:《资治通鉴》卷九十七《晋纪十九》,中华书局 1956 年版,第 3064 页。

但此段史料却能说明二人系因直言敢谏而被燕王认为“言事忤旨”，实质系因言语不敬而横遭禁锢。又如明朝嘉靖年间，明太祖朱元璋之第五子周王朱的四世孙镇国中尉勤熨父子因上书逆鳞，被嘉靖帝将勤熨父子双双禁锢，实乃可悲可叹。相关史料如下：“又勤熨者，镇国中尉也，嘉靖中，上书曰：‘陛下躬上圣之资，不法古帝王兢业万岁，择政任人，乃溺意长生，屡修斋醮，兴作频仍。数年来朝仪六旷，委任非人，遂至贿赂公行，刑罚倒置，奔竞成风，公私殚竭，脱有意外变，臣不知所终’。帝览疏怒，坐诽谤，降庶人，幽凤阳。子朝埍已赐名，以罪人子无敢为请封者，上书请释父罪，且陈中兴四事，诏并禁锢。”①此段史料中，嘉靖帝以“诽谤”之名禁锢勤熨，此处勤熨即是以直言被锢，因为嘉靖帝在位四十余年，沉溺于求长生不老修炼之术，确实经年累月难得上朝议事。值得注意的是，“幽凤阳”中的“幽”即禁锢之意，后文的“诏并禁锢”中的“并”即是对此的极好注释。

(3)与言语不敬之锢相对的是行为不敬之锢，意即臣吏的衣食住行僭越礼制，尤指侵犯皇帝的礼行为。行为不敬之罪依律多应诛杀，但亦由于各种原因亦可被轻处为禁锢刑。齐高帝(太祖)萧道成时，左民尚书褚澄因其兄褚渊亡故，“以钱万一千就招提寺赎太祖所赐渊白貂坐褥，坏作裘及缨；又赎渊介帻犀导及渊常所乘黄牛。永明元年，为御史中丞袁彖所奏，免官禁锢”。②此段史料中的褚澄因赎卖皇帝所赐大臣御物并且私加毁坏改作他物，实为大不敬之罪，对其免官禁锢实属罪有应得，但其性质应属行为不敬之锢。又如齐朝益州刺史刘悛“既藉旧恩，尤能悦附人至，承迎权贵”，③“倾赀以献世祖，

① (清)张廷玉等：《明史》卷一百一十六《诸王列传一》，中华书局1974年版，第3570页。

② (梁)萧子显：《南齐书》卷二十三《褚渊列传》，中华书局1972年版，第432页。

③ 同上书，第653页。

家无留储”，[①]“在蜀作金浴盆，余金物称是。罢任，以本号还都，欲献之，而世祖晏驾。郁林新立，悛奉献减少，郁林知之，讽有司收悛付廷尉，将加诛戮。高宗启救之，见原，禁锢终身”[②]此段史料中的刘悛固与齐世祖关系甚密而贡献颇丰，待世祖驾崩，新即位的郁林王见刘悛奉献减少，即认为其行为不敬皇帝，本欲诛杀而由于大将萧鸾说情而轻处为禁锢终身。再如梁武帝萧衍执政期间，“有司奏：吴令唐佣铸盘龙火炉、翔凤砚盖。诏禁锢终身”，[③]唐佣即是因为私造皇家专用之物而被处以禁锢终身的。

宋太宗年间，陈利用因懂变幻之术，深得太宗信任，后升任郑州团练使，“前后赐与甚渥，依附者颇获进用，遂横恣无复畏惮。其居处服玩皆僭乘舆，人畏之不敢言”，后为中书赵普所奏；“遂下诏除名，配商州禁锢”。[④] 又有宠幸赵赞与郑昌嗣“邀其党数人，携妓乐登宫中玉皇阁，饮宴至夜分；掌舍宦者不能止，以其事闻。太宗大怒，并摭诸事，下诏夺赞官，许携家配隶房州禁锢，即日驿遣之”。[⑤] 这两段史料中的陈利用与赵赞均是因行为不敬而遭免官禁锢的，只不过前者因“居处服玩皆僭乘舆”，[⑥]后者因“携妓乐登宫中玉皇阁饮宴”，即擅自到皇帝专用饮宴之处饮乐。对这种严重谮越礼制，藐视皇家尊严的行为即是对皇帝的大不敬行为，皇帝决不能坐视不问，故有上述惩处以儆百官。

---

① （北宋）司马光：《资治通鉴》卷一百三十八《齐纪四》，中华书局1956年版，第4342页。

② （梁）萧子显：《南齐书》卷三十七《刘悛列传》，中华书局1972年版，第653页。

③ （唐）李延寿：《南史》卷六《梁本纪上》，中华书局1975年版，第188页。

④ （元）脱脱等：《宋史》卷四百七十《佞幸列传》，中华书局1985年版，第13679页。

⑤ 同上书，第13680页。

⑥ 未经允许，擅自使用皇帝专用之物者，属不敬罪。

(二)因违礼犯罪被禁锢者

礼是儒家思想的核心主张,在汉武帝“罢黜百家,独尊儒术”之后,经过数百年的发展,礼欲法几与达到水乳交融的境界,即“德礼为政教之本,刑罚为政教之用,犹昏晓阳秋,相须而成者也”。[①] 这可以从唐律规定的“十恶”罪中得到进一步体现,“十恶”中除了前述直接打击危害皇权的谋反、谋大逆、谋叛和大不敬外,其次就是将打击的锋芒指向违背家庭伦常的行为,如恶逆、不孝、不睦、内乱即不义的一部分。[②] 而古代社会的礼规制的一类主要对象就是家庭伦理纲常,以实现家庭和睦、社会稳定的目的。本节的违礼之锢主要是指违背家庭伦常而被禁锢的情形。

1. 不孝之锢

“务本莫贵于孝”,[③]孝文化在中国历史上可谓源远流长。被称为二十四孝之首的舜即因“孝感动天”,最后帝尧将部落首领的职位禅让于舜;汉代更是大力推行“以孝治天下”,历代皇帝的称号前均加一“孝”字,如孝文帝、孝明帝等,不仅通过“举孝廉”选拔闻名乡里的孝子为官,而且对于违反孝行之官吏予以严厉处罚,因不孝被禁锢即是其中的一种处罚方式。这可以从汉顺帝时尚书令左雄的上书略见一斑:“臣愚以为守相长吏,惠和有显效者,可就增秩,勿使移徙,非父母丧不得去官。其不从法禁,不式王命,锢之终身,虽会赦令,不得齿列。”[④]左雄上疏顺帝尽管主要是为了选贤任能,但也客观地说明因家中丧事去官服丧者不少,故建议只有为父母服丧方可去官,否则,

① 曹漫之主编:《唐律疏议译注》之《唐律疏议·名例律》,吉林人民出版社1989年版,第15页。

② 曾代伟:《中国法制史》,法律出版社2006年版,第121页。

③ 《吕氏春秋全译》之《吕氏春秋·孝行》,廖明春、陈兴安译注,巴蜀书社2004年版,第470页。

④ (南朝宋)范晔:《后汉书》卷六十一《左雄列传》,中华书局1965年版,第2018页。

处以终身禁锢,即使遇到赦免亦不任用。左雄之建议虽未得到恩准实施,但也显示出汉代重视孝文化的信息。还有一例更能说明汉代对不孝官吏的禁锢之罚:"(甄)邵当迁为郡守,会母亡,邵且埋尸于马屋,先受封,然后发丧。邵还至洛阳,燮行遇之,使卒投车于沟中,笞捶乱下,大署帛于其背曰'谄贵卖友,贪官埋母'。乃具表其状。邵遂废锢终身。"①依古丧制,父母亡故要及时发丧,而甄邵为了自身仕途,却先埋尸而受封,之后再行发丧,实为严重的不孝行为。结果被河南尹李燮查出劾奏,甄邵被处以禁锢终身。

隋文帝时期,亦有因在父母丧期内成婚而导致被禁锢的案例。"有应州刺史唐君明,居母丧,娶雍州长史厍狄士文之从父妹。彧劾之曰:'君明忽劬劳之痛,惑嬿尔之亲,冒此苴缞,命被褕翟。不义不昵,《春秋》载其将亡;无礼无仪,诗人欲其遄死。士文赞务神州,名位通显,弃二姓之重匹,违六礼之轨仪。请禁锢终身,以惩风俗。二家竟坐得罪。"②"居父母丧,身自嫁娶"③是法律规定的"十恶"中的不孝行为,在《北齐律》及《开皇律》中亦有"重罪十条"及"十恶"之规定,后二者虽全文不见于当今,但唐君明在母亲丧期内纳妾成婚属严重违礼行为当确定无疑,故被柳彧劾奏处其终身禁锢,以明礼仪与风俗。而厍狄士文竟因禀性刚直,"在狱数日,愤恚而死"④以为结局。

南齐明帝萧鸾即位之初,"其宣德太仆刘朗之、游击将军刘璩之坐不赡给兄子,致使随母他嫁,免官禁锢"。⑤ 二位官员兄弟刘朗之、刘璩之身居高位,却对寡嫂幼侄置之不顾,致使嫂子带侄子改嫁,严

① (南朝宋)范晔:《后汉书》卷六十三《李固列传》,中华书局 1965 年版,第 2091 页。
② (唐)李延寿:《北史》卷七十七《柳彧列传》卷六,中华书局 1975 年版,第 2623 页。
③ (清)薛允升:《唐明律合编》,怀效锋、李鸣点校,法律出版社 1999 年版,第 3 页。
④ (唐)魏征等:《隋书》卷七十四《厍狄士文列传》,中华书局 1973 年版,第 1693 页。
⑤ (北齐)魏收:《魏书》卷九十八《萧鸾列传》,中华书局 1974 年版,第 2168 页。

重违背人伦,有违孝文化的弘扬,故处二人禁锢。当然其间亦有萧鸾刚篡帝位为稳定人心而弘扬孝风的原因所致。

明孝宗弘治二年(1489 年),“晋府宁化王钟鋲淫虐不孝,勘不得实,再遣珊等勘之,遂夺爵禁锢”。[①] 此段史料主要是表明右副都御史戴珊办案能力高超,但王钟鋲因不孝被处以禁锢亦为史实,尽管史书未载王钟鋲因何具体不孝行为被夺爵禁锢的,这也侧面说明禁锢是打击不孝官吏的一种常用处罚方式。

2. 骄奢淫轶之锢

(1)生活骄奢被锢。古语有云:“以俭得之,以奢失之”,[②]无论是贵为皇帝还是布衣百姓都须坚守此道,前者可达中兴治国,后者可致勤俭持家。对于皇帝官僚而言,身体力行恤民简约之道尤为重要,是故对一些骄奢淫轶的官吏予以惩治就在情理之中,禁锢即是其中一种重要的惩治方式。

南齐年间,沈怀文三子沈冲、沈淡、沈渊皆为言官司直,而“中丞案裁之职,被宪者多结怨。渊永明中弹吴兴太守袁象,建武中,象从弟昂为中丞,到官数日,奏弹渊子缋父在僦白幰车,免官禁锢”。[③] 此史料中袁昂在齐明帝年间奏弹沈渊之子沈缋违礼使用其父的专用车乘,意属奢华之举,沈渊终被免官且加禁锢之罚。尽管其间不乏袁昂为报复沈渊于齐武帝年间弹劾其从兄袁象之因素,但沈渊未管好其子沈缋,其违礼乘坐专用“幰车”之骄奢行为也是事实。

不唯如此,即使是贵为隋朝开国太子的杨勇也因生活骄奢而被隋文帝挥泪处以禁锢刑。史载大臣姬威尽言太子之非:“皇太子由来

① (清)张廷玉等:《明史》卷一百八十三《戴珊列传》,中华书局 1974 年版,第 4869 页。

② 《韩非子校注》之《韩非子·十过》,周勋初修订,凤凰出版社 2009 年版,第 74 页。

③ (梁)萧子显:《南齐书》卷三十四《沈冲列传》,中华书局 1972 年版,第 614 页。

共臣语，唯意在骄奢，欲得从樊川以至于散关，总规为苑……又宫内所须，尚书多执法不与，便怒曰：'仆射以下，吾会戮一二人，使知慢我之祸'。又于苑内筑一小城，春夏秋冬，作役不辍，营起亭殿，朝造夕改……尝令师姥卜吉凶，语臣曰：'至尊忌在十八年，此期促矣……于是勇及诸子皆被禁锢，部分收其党与。"①此段史料中姬威因政治上拥护晋王杨广，所言虽有夸大其词之处，但太子杨勇生活奢华在《隋书》及《北史》中均有记载，也是其最终太子被废的一个重要原因，其被禁锢亦是由其生活骄奢、不知节俭用度且出言张扬所致。

(2)生活淫轶被锢。如果说前两个案例中的被禁锢者主要系由生活骄奢所致的话，那么因为生活淫轶被锢的案例亦有记载，如东晋元帝时期，丞相行参军宋廷即因违礼纳主人之妾，而为丞相司直刘隗劾奏禁锢，"挺蔑其死主而专其室，悖在三之义，伤人伦之序，当投之四裔以御魑魅。请除挺名，禁锢终身"。② 当晋元帝准奏后，宋挺病死，但刘隗维持礼制的决心依然坚定，又奏"挺已丧亡，不复追贬……亦将作法垂于来世，当朝亡夕没便无善恶也。请曹如前追除挺名为民，录妾还本，显证恶人，班下远近。从之"。③ 由此看来，宋挺因为纳前主人扬州刺史刘陶的爱妾，有淫轶之恶风，不仅活着的时候被处禁锢刑，死后还被除名为民，且所纳小妾亦须回归刘氏之门，目的就是维护古代的礼制且以儆他官。

南朝宋孝武帝孝建三年(456年)，右卫将军檀和之"出为南兖州刺史，坐酣饮黩货，迎狱中女子入内，免官禁锢"。④ 此史料中的檀和

---

① (唐)魏征等：《隋书》卷四十五《文四子列传》，中华书局1973年版，第1234~1235页。

② (唐)房玄龄等：《晋书》卷六十九《刘隗列传》，中华书局1974年版，第1836页。

③ 同上。

④ (梁)沈约：《宋书》卷九十七《夷蛮列传》，中华书局1974年版，第2379页。

之曾为世祖孝武帝即位立下汗马功劳,[①]可能是对调于外任刺史不满,不仅贪货好饮,还敢与犯罪女囚淫乱,实乃严重违礼行为,故被处以免官禁锢之罚。

南朝齐武帝永明六年(488 年),“敕位未登黄门郎,不得畜女妓。诩与射声校尉阴玄智坐畜妓免官,禁锢十年。敕特原诩禁锢”。[②] 此案中,王诩与阴玄智因级别未到,当时王诩为少府卿,阴玄智为射声校尉,均未达黄门郎之职级,而私自蓄收歌舞伎人,沉于声色,故被处以禁锢 10 年之罚,以正礼制。只不过王诩旋即被武帝下敕赦免了禁锢,而阴玄智的禁锢刑则被执行,可能是射声校尉级别更低,故不予赦免禁锢吧。

3. 狂狷悖礼之锢

古代士大夫多饱读诗书,才华横溢者不乏其人,却往往因自己的独知卓见得罪皇帝或权贵;亦往往因不得志表现出某种清狂无行而悖礼失仪,从而为统治者所不容,重则诛死流徙,轻则免官禁锢,以维护社会礼制和皇帝权威,南北朝时期谢灵运之孙谢超宗即为一典型例子。超宗以文才显名当时,受到齐高帝萧道成的赏识,但其因恃才放旷,出言不逊为权臣所劾,被禁锢 10 年,即“(超宗)为人仗才使酒,多所陵忽。在直省常醉,上召见,语及北方事,超宗曰:‘虏动来二十年矣,佛出亦无如何!’以失仪出为南郡王中军司马。超宗怨望,谓人曰:‘我今日政应为司驴’。为省司所奏,以怨望免官,禁锢十年”。[③] 谢超宗对齐高祖出言尚如此狂狷,对待其他大臣则更是嘻笑怒骂皆成文章了,如“后司徒褚彦回送湘州刺史王僧虔,阁道坏,坠水;仆射王俭惊跣下车。超宗拊掌笑曰:‘落水三公,坠车仆射’。彦回出水,

① (梁)沈约:《宋书》卷九十七《夷蛮列传》,中华书局 1974 年版,第 2378 ~ 2379 页。

② (梁)萧子显:《南齐书》卷四十二《王晏列传》,中华书局 1997 年版,第 744 页。

③ (梁)萧子显:《南齐书》卷三十六《谢超宗列传》,中华书局 1997 年版,第 636 页。

沾湿狼藉。超宗先在僧虔舫,抗声曰:"有天道焉,天所不容,地所不受。投畀河伯,河伯不受。'彦回大怒曰:'寒士不逊。'超宗曰:'不能卖袁、刘得富贵,焉免寒士'。前后言诮,稍布朝野。"①谢超宗如此戏弄当朝重臣,而且当面揭露其卖友求荣的肮脏嘴脸,必然导致政敌的报复与打击,最后导致齐武帝"积怀超宗轻慢,使兼中丞袁彖奏超宗请付廷尉",②终补敕令命其自到于世。谢超宗狂狷违礼是其先被禁锢、后被赐死的根源所在。

齐高帝萧道成即位之初,解玺侍中谢朏出语清狂,装聋卖傻,拒不配合齐高帝受宋禅让之礼仪,被处以禁锢 5 年之罚。史载:"及齐受禅,朏当日在直,百僚陪位。侍中当解玺,朏佯不知,曰:'有何公事?'传诏云:'解玺授齐王'。朏曰:'齐自应有侍中'。乃引枕卧。传诏惧,乃使称疾,欲取兼人。朏曰:'我无疾,何所道'。遂朝服出东掖门,乃得车,仍还宅。是日,遂以王俭为侍中解玺。既而武帝清诛朏,高帝曰:'杀之则成其名,正应容之度外'。又以家贫乞郡,辞旨抑扬,诏免官禁锢五年。"③此段史料中的谢朏不仅放荡不羁,而且拒不解下玉玺朝拜高帝,还要辞官归乡,不是高帝宽宏大量,他可能非身首异处不可,免官禁锢之罚极可能是齐高帝刚即位的矜恤前朝士人之举。

南齐武帝年间,尚书令王俭得宠,武帝欲任命张绪为仆射,因王俭反对未成。张绪之子张充遂致书给王俭,却被御史以狂狷悖礼参劾而被免官禁锢。该书信语言优美,指斥痛快,兹录部分如下:"(张)充昆西百姓,岱表一人,蚕而衣,耕而食。不能事王侯,觅知己,造时人,骋游说。容与于屠博之间,其欢甚矣。然举世皆谓充为

① (唐)李延寿:《南史》卷十九《谢灵运列传》,中华书局 1975 年版,第 543 页。

② 同上。

③ (唐)李延寿:《南史》卷二十《谢宏微列传》,中华书局 1975 年版,第 558 页。

狂,充亦何能与诸君道之哉。是以披闻见,扫心胸,述平生,论语默。所可通梦交魂、推襟送抱者,唯丈人而已。阙廷负阻,书罣莫因,傥遇樵夫,妄尘执事。(王)俭以为脱略,弗之重,仍以书示绪,续杖之一百。又为御史中丞到撝所奏,免官禁锢。”①信中张充不仅称赞其父张绪生活俭朴且不攀附权贵,而且将“王俭”喻为“樵夫”阻拦其父升迁,轻狂悖礼导致不仅被父杖责,而且亦被政敌所劾处以免官禁锢之罚。

总之,官吏因违礼而被禁锢也决非只有前述三类,分类只是为了更清晰地阐明所研究的对象,有时实属无奈而为之。例如,南朝刘宋孝武帝太明初年,沈演之的两个儿子散奇常侍沈睦与其弟西阳王文学沈勃因政事处置导致关系紧张,沈勃被免官禁锢,即“(沈睦)坐要引上左右俞欣之访评殿省内事,又与弟忿阋不睦,坐徙始兴郡,勃免官禁锢”。② 沈睦、沈勃二兄弟因“忿阋不睦”,处理不好家庭关系,致一个被贬到外地为官,另一个被免官禁锢。此案例就很难归入前述三类中的任何一类,但其违背“兄友弟恭”之礼当属无疑,故沈勃之锢亦属于因违礼被锢的案例。这也说明礼的范围相当广泛,诚如斯言:“道德仁义,非礼不成;教训正俗,非礼不备;分争辩讼,非礼不决;君臣、上下、父子、兄弟,非礼不定;宦学事师,非礼不亲;班朝、治军,莅官、行法,非礼威严不行;祷词祭司、供给鬼神,非礼不诚不庄。”③由此可见,礼几乎无所不包,治国理家必依礼制,因违礼而被禁锢亦在情理之中矣!

(三)因职务犯罪被禁锢者

职务犯罪是官吏利用职务上的便利,贪污受贿、滥用职权、徇私

① (唐)李延寿:《南史》卷三十一《张裕列传》,中华书局1975年版,第812页。

② (梁)沈约:《宋书》卷六十三《沈演之列传》,中华书局1996年版,第686页。

③ 王文锦集解:《礼记译解》之《礼记·曲礼上第一》,中华书局2001年版,第3页。

舞弊或玩忽职守，致使政府和百姓利益遭受严重损失的行为。在中国古代社会中，官吏是职务犯罪的最主要的主体，在日常的公务活动中，官吏可能因贪赃枉法、擅权失职、栽赃陷害等行为被绳之以法，重则诛杀流配，轻则免官禁锢。

1. 坐赃之锢

班固曾言："吏不廉平，则治道衰。"①为官不廉不仅会受到社会万民的谴责，而且会受到清明统治者的严厉打击。是故察举孝廉之人为官自汉代始就成为一项重要的官吏选拔方式，这正是对孝和廉两种美德的弘扬。有廉必有贪，这就像一个硬币的两个方面，因此，历代统治者不仅要扬廉也要惩贪，惩治赃吏就成为维持吏治清明的一项举措，对赃官贪吏处以禁锢即为其中一种重要的处罚方式。

"坐赃"二字最早在秦简中即可查到，汉代亦继续沿用，但并非《唐律疏议》《大明律》中明确规定的一个罪名，意思大致为"因赃入罪"，如汉文帝年间即有如下规定："吏坐赃者，皆禁锢不得为吏"，②即凡坐赃的官吏将被处以禁锢刑。汉景帝时代也有类似规定："吏及诸有秩受其官属所监、所治、所行、所将，其与饮食，计偿费，勿论。它物，若买故贱，卖故贵，皆坐赃为士伍，免之"，③意即坐赃的官吏将被处以降职、免官等处罚。其后对赃（臧）吏处罚有加重的趋势，如东汉安帝时有"解赃吏三世禁锢"④的诏令，东汉桓帝亦有诏"臧吏子孙不得察举"。⑤ 此二段史料说明汉律曾有如下规定，如果官吏本人犯有赃罪，不仅其本人被禁锢，还要连及其儿子和孙子二辈的人也将被禁

① （东汉）班固：《汉书》卷八《宣帝本纪》，中华书局2005年版，第184页。
② （东汉）班固：《汉书》卷七十二《贡禹列传》，中华书局2005年版，第2306页。
③ （东汉）班固：《汉书》卷四《景帝本纪》，中华书局2005年版，第101页。
④ （南朝宋）范晔：《后汉书》卷四十六《陈宠列传》，中华书局1965年版，第1556页。
⑤ （南朝宋）范晔：《后汉书》卷七《桓帝本纪》，中华书局1965年版，第288页。

锢。一人犯罪,三代被锢,这在当时惩罚已经相当严厉了。“坐赃”之“坐”在古代汉语中有“牵连入罪”之意,“坐赃”之“赃”则比较复杂。西晋著名律学家张斐对“赃”字的解释是:“货财之利谓之赃”,[①]张氏解释精练,但货财之利含义广泛,对此学人高恒对“货财之利”给予了一个比较直观的解释:“凡是非法获取的财物,包括盗窃、抢劫、贪污、受贿等方式所得的一切财物,即为‘赃’。因‘货财之利’而犯的罪,称为“赃罪”。[②] 陈乃华老师则认为,“秦汉时代大部分关于赃罪的规定应该容纳在《盗律》之中,不在《盗律》的内容亦‘与盗同法’。”[③]这些观点都有一定的道理,毕竟在法律不太完善的秦汉时代,赃盗混杂是完全可能的,因为官吏犯赃亦是非法获取财物,只不过手段可能更隐蔽些罢了。此后,坐赃之罪进一步细化规定,多有专章规定,如《曹魏律》称《请赇律》,《泰始律》称《受赇律》,《北周律》称《请求律》,《唐律》则将其附于《职制律》中计 15 条,即“有所请求,受人财请求,有事以财请求,监主受财枉法,有事先不许财,受所监临财物,因使受送馈,贷所监临财物,役使所监临,监临受供馈,率敛监临财物,监临家人乞借,去官受旧官属,挟势乞索”,[④]此规定不可谓不细致。而明律则设专章《受赃篇》,计 11 条,即“官吏受财、坐赃致罪,事后受财、官吏听许财物、有事以财请求、在官求索借贷人财物、家人求索、风宪官吏犯赃、因公擅科政、私受公候财物、克留盗赃”。[⑤] 清律基本继承明律,惩治手段也越来越严。但本书所称“坐赃”依然采取广义的说法,即只要是官吏利用职务便利侵占、窃取、骗取、聚敛、受贿或其他

① (唐)房玄龄等:《晋书》卷三十《刑法志》,中华书局 1974 年版,第 928 页。

② 高恒:《张斐律注要略及其法律思想》,载《中国法学》1984 年第 3 期。

③ 陈乃华:《秦汉官吏赃罪考述》,载《山东师大学报》1991 年第 1 期。

④ (清)薛允升:《唐明律合编》,怀效锋、李鸣点校,法律出版社 1999 年版,第 234 ~ 238 页。

⑤ 同上书,第 239 ~ 264 页。

手段占有公私财物的行为,均视为赃罪,而坐赃之锢即指官吏因赃罪被处以禁锢之罚。

坐赃之锢史载案例很多,如东汉安帝初期,“清河相叔孙光坐臧抵罪,遂增禁锢二世。至是,居延都尉范邠复犯臧罪,朝廷欲依光比”。[①] 此段史料涉及两个案例:一是叔孙光因坐赃被处禁锢二世之罚,影响到叔孙光的子辈,一个“增”字说明禁锢本人是常规,禁锢本人及其子则很少;二是范邠又犯赃罪,三公中的司徒杨震、司空陈褒与廷尉张浩的意见是比照叔孙光的处罚进行处理——禁锢二世。但太尉刘恺认为,“《春秋》之义:‘善善及子孙,恶恶止其身’,所以进人于善也。《尚书》曰:‘上刑挟轻,下刑挟重’。如今使臧吏禁锢子孙,以轻从重,惧及善人,非先王详刑之意也。有诏‘太尉议是’”。[②] 刘恺的阐述大有现代刑法原则之罪责自负和罪责刑相适应的影子,并且其意见最后被安帝下诏认可,范邠只是遭到禁锢终身之罚。不唯如此,刘恺还因不同意解除因贪赃而遭禁锢的任尚,而受到朝廷称赞,“时征西校尉任尚以奸利被征抵罪,尚曾副大将军邓骘,骘尝护之,而太尉马英、司空李郃承望骘旨,不复先请,即独解尚臧锢,恺不肯与议。后尚书按其事,二府并受谴咎,朝廷以此称之”。[③] 任尚因赃被锢,事下三公合议,马英、李郃攀附当时权臣大将军邓骘,不请示皇帝同意即解除任尚禁锢,当时任司徒的刘恺拒不同意。此事后为尚书所劾,前二者受到追责,独夸刘恺持法有正。当然这也说明任尚因贪赃曾被禁锢是没什么问题的。这还不是最轻的处理,汉灵帝时亦有因贪臧而被奏禁锢却未被处理的案例,如汉灵帝时期,“太中大

---

① (北宋)司马光:《资治通鉴》卷五十《汉纪四十二》之《孝安皇帝中》,中华书局1956年版,第1617页。

② (南朝宋)范晔:《后汉书》卷三十九《刘恺列传》,中华书局1965年版,第1309页。

③ 同上。

夫盖升与帝有旧恩,前为南阳太守,臧数亿以上,玄奏免升禁锢,没入财贿。帝不从,而迁升侍中”。[①] 盖升因做太守期间贪赃数额巨大,尚书令桥玄上奏要求禁锢盖升且没收其贿财,昏庸的汉灵帝却以旧恩而原罪,且升其官职为侍中,充分体现了皇权专制的本质。

南北朝时期,北魏朝太监苻承祖为文明太后所宠,官至辅国将军,后任吏部尚书,且被封略阳候,“后承祖坐赃应死,高祖原之,削职禁锢在家,授悖义将军、佞浊子,月余遂死”。[②] 此案中,苻承祖正是因坐赃被处禁锢的,其罪应当诛死,但由于“(文明太后)以承祖居腹心之任,许以不死之诏”,[③]故孝文帝从轻处其禁锢刑。此段史料还透露出这样一个信息,古人尤其是官僚士大夫很注重自身名节,故魏高祖给苻承祖的封号也带有惩罚意义,“悖义将军”“佞浊子”表示对苻承祖所作所为的否定评价,以警戒在朝官吏切勿贪赃违制,否则,将影响自身的利益及名誉。又如东晋末年,褚叔度因有战功,被封为广州刺史且兼任平越中郎将,叔度“在任四年,广营贿货,家财丰积,坐免官,禁锢终身”。[④] 褚叔度因贪货受贿而被处以终身禁锢,尽管由于刘宋王朝的建立被解除禁锢,但其被禁锢的原因系“广营贿货”——坐赃倒是确定无疑。

元明清时期,亦有因坐赃被锢的官员,有的甚至是当朝大员,如元文宗时期,“御史中丞和尚坐受妇人为赂,遇赦原罪。监察御史言:‘和尚所为贪纵,有污台纲,罪虽见原,理宜追夺所受制命,禁锢元籍终其身’。台臣以闻,制可”。[⑤] 和尚贵为御史中丞,风宪各司,却自

---

① (南朝宋)范晔:《后汉书》卷五十一《桥玄列传》,中华书局1965年版,第1696页。
② (北齐)魏收:《魏书》卷九十四《阉官列传》,中华书局1974年版,第2025页。
③ (唐)李延寿:《北史》卷九十二《恩幸列传》,中华书局1974年版,第3036页。
④ (梁)沈约:《宋书》卷五十二《褚叔度列传》,中华书局1974年版,第1505页。
⑤ (明)宋濂等:《元史》卷三十四《文宗本纪三》,中华书局1976年版,第771页。

受贿赂,实当从重处罚,但由于运气好遇到赦免本可复职,却为监察御史劾奏免官禁锢终身。由此可见,元朝政府对贪赃官员打击亦是很重的。明朝景泰帝即位初年,宦官“(金)英犯赃罪,下狱论死。帝令禁锢之”。[①] 金英因犯赃罪本应处死,但因明宣宗曾于“宣德七年赐英及范弘免死诏”,[②]故景泰帝下令处其以禁锢刑,也算是对其父亲宣宗的诏令予以遵守吧!清朝雍正六年(1728 年),“允祉索苏克济贿,事发,在上前诘王大臣,上责其无臣礼,议夺爵,锢私第……命降郡王,而归其罪于弘晟,交宗人府禁锢。”[③]允祉作为雍正皇帝的兄长,因贪赃受贿被议夺爵禁锢,雍正念及亲情只将允祉降职郡王,而禁锢允祉之子弘晟,然而允祉依然不思悔改,奔怡亲王之丧时无多少丧思,为庄亲王允禄劾奏:“允祉乖张不孝,昵近陈梦雷、周昌言,祈禳镇魇;与阿其那、塞思黑、允禵交相党附。其子弘晟凶顽狂纵,助父为恶,仅予禁锢,而允祉衔恨怨怼。怡亲王忠孝性成,允祉心怀嫉忌,并不恳请持服,王府齐集,迟至早散,背理蔑伦,当削爵。与其子弘晟皆论死。上命夺爵,禁景山永安亭,听家属与偕,弘晟仍禁宗人府”。[④]此次允祉由降职郡王转为禁锢处罚,其子弘晟仍被禁锢,前提依然是减死轻罚,只不过原因就不止贪赃一项了,违礼不孝、党附交通、凶顽狂纵几乎条条皆可处死,禁锢允祉父子只能看做对皇亲国戚犯罪的变通处罚而已。

2. 擅为之锢

擅为,近似于现代法意义上的滥用职权,即在日常的行政管理活动中超越自身的职责权限而擅自施行的行为。擅为是官僚政治的通

① (清)张廷玉等:《明史》卷三百四《宦官列传》,中华书局 1974 年版,第 7770 页。

② 同上书,第 7769 页。

③ 赵尔巽:《清史稿》卷二百二十《诸王列传》,中华书局 1977 年版,第 9068 页。

④ 同上书,第 9068 ~ 9069 页。

病之一，几乎存在于古代政治生活的各个方面，且形式多样，由于其严重侵犯皇权之威严并影响统治秩序的稳定，历代统治者尤其是皇帝对官吏的擅为行为打击颇重，轻者免官禁锢，重者流放诛杀。例如，东汉顺帝时期，尚书令左雄就曾上疏建议对非父母亡故擅自离官奔丧之官吏处以禁锢终身之罚，即“非父母丧不得去官，其不从法禁，不式王命，锢之终身，虽会赦令，不得齿列”。[①] 而此前汉和帝去世后，邓太后临朝称制，与兄弟邓骘共同把持朝政，时任东观典校秘书的马融因上书求文武并治而得罪邓氏，“滞于东观，十年不得调。因兄子丧自劾归。太后闻之怒，谓融羞薄诏除，欲仕州郡，遂令禁锢之”。[②] 由此可见，汉律规定仅仅是因父母丧事方可离官奔丧，而马融因侄子去世而擅自弃官奔丧属违背礼制之为，即系一种当时律令所不允许的擅为行为，故马融遭到禁锢之罚。汉明帝时期还有一件较为典型的擅为被锢案例，“（韩棱）初为郡功曹，太守葛兴中风，病不能听政，棱阴代兴视事，出入二年，令无违者。兴子尝发教欲署吏，棱拒执不从，因令怨者章之。事下案验，吏以棱掩蔽兴病，专典郡职，遂致禁锢”。[③] 韩棱被禁锢的原因即是因为其擅自代替郡守葛兴行使郡守职权，而未经朝廷任命，这是一种典型的擅为行为，尽管其起因系葛兴之子与韩棱的争权夺利而人白于朝廷后方遭禁锢，但也说明韩棱这种越权行为受到了严惩。

魏晋南北朝时期，政权更迭频繁，擅为被锢之例颇多，如北魏孝文帝时期，南安王拓拔桢任雍州刺史，不能遵奉孝文帝之告诫，“后乃聚敛肆情。孝文以桢孝养闻名内外，特加原恕，削除封爵，以庶人归

① （南朝宋）范晔：《后汉书》卷六十一《左雄列传》，中华书局 1965 年版，第 2018 页。
② （南朝宋）范晔：《后汉书》卷六十上《马融列传》，中华书局 1965 年版，第 1970 页。
③ （南朝宋）范晔：《后汉书》卷四十五《韩棱列传》，中华书局 1965 年版，第 1534 页。

第,禁锢终身"。[①] "聚敛"系一种擅为行为,因国家规定的税赋征收是非常明确的,拓拔桢肆情聚敛是一种盘剥百姓以供享乐的擅为行为,本应重处,只因其以孝闻名且系皇亲国戚而被轻处为免官禁锢。北魏后期,政权日衰,导致官场失序,故节闵帝下诏:"王度创开,彝伦方始,所班官秩,不改旧章。而无识之徒,因兹侥幸,谬增军级,虚名显位,皆言前朝所授,理难推抑。自非严为条制,无以防其伪窃。诸有虚增官号,为人发纠,罪从军法。若入格检核无名者,退为平民,终身禁锢。"[②]此道诏令即是打击那些"虚增官号"和"检核无名"的欺骗作假行为,这种欺骗作假行为实际上也属于一种擅为行为,其手段是通过作假以欺蒙上级。无独有偶,南朝刘宋文帝年间,王弘的小儿子王僧达任太子洗马,因"爱念军人朱灵宝,及出为宣城,灵宝已长。僧达诈列死亡,寄宣城左永之籍,注以为子,改名元序,启文帝以为武陵国典卫令,又以补竟陵国典书令,建平国中军将军。孝建元年,事发,又加禁锢"。[③] 太子洗马王僧达诈称朱灵宝已死亡而收为养子的行为,是一种欺骗君主的行为,而又不断为灵宝乞求封官,则骗之更甚,这本质上也是一种擅为行为,故王僧达被禁锢也是罪有应得。又如南朝刘宋武帝即位后,张畅之侄子张淹为黄门郎兼东阳太守,"逼郡吏烧臂照佛,民有罪使礼佛,动至数千拜。免官禁锢"。[④] 东阳太守张淹擅自残酷地对待臣吏和百姓,因擅为被人劾奏而免官禁锢。再如刘宋文帝年间,尚书左丞谢元为讨好太尉江夏王义恭,因"义恭素奢侈,用常不充,二十一年,逆就尚书换明年资费。而旧制出钱二十万,布五百匹以上,并应奏闻,元辄命议以钱二百万给太尉。事发觉,

---

① (北齐)魏收:《魏书》卷十九下《南安王列传》,中华书局 1974 年版,第 494 页。

② (北齐)魏收:《魏书》卷十一《后废帝纪》,中华书局 1974 年版,第 279 页。

③ (唐)李延寿:《南史》卷二十一《王弘列传》,中华书局 1975 年版,第 574 页。

④ (梁)沈约:《宋书》卷五十九《张畅列传》,中华书局 1996 年版,第 1607 页。

元乃使令史取仆射孟顗命。元时新除太尉咨议参军,未拜,为承天所纠。上大怒,遣元长归田里,禁锢终身”。[①] 谢元因不待奏明皇帝而擅自动用国库予太尉议恭以巨资200万,是一种典型的擅为行为,事发后还派人取仆射性命以消灭罪证,终被何承天抓住机会猛力弹劾而终身禁锢。陈朝废帝时期,高宗辅政,“(王)固以废帝外戚,妳媪恒往来禁中,颇宣密旨,事泄,比将伏诛,高宗以固本无兵权,且居处清洁,止免所居官,禁锢”。[②] 侍中王固利用出入禁中之便,了解不少皇家机密及隐私,而他又管不了自身嘴巴,差点掉了脑袋。只因高宗认为王固有德行才从轻处以禁锢之罚,这也是王固擅自泄密而招致的处罚。最有趣的是刘宋明帝年间的广陵太守沈怀文,因“明帝坐朝正事毕,被遣还北,以女病求申,临辞又乞停三日,讫尤不去,为有司所纠,免官,禁锢十年”。[③] 沈怀文在朝见过皇帝后,本应立即回官所处理政事,却屡次申请延期,终致被劾禁锢,但怀文却不以此为悲,而是“既被免,卖宅欲还东。上大怒,收付廷尉赐死”。[④] 沈怀文为自己的擅为行为付出了惨重代价。

辽金元时期,虽是少数民族所建政权,但由于多仿汉制,因擅为而被禁锢的罪吏亦有几例,如辽穆宗时期,工部侍郎李澣因在北宋任翰林学士的兄长李涛写信召回以全家相聚,李澣遂假称到燕京求医,欲逃回汴梁,结果被边士所获下狱。李澣不仅不认罪,还几欲自杀,但终被解赴上京。“及抵上京,帝欲杀之。时高勋已为枢密史,救止之。屡言于上曰:‘本非负恩,以母年八十,急欲省亲致罪。且澣富于

---

① (梁)沈约:《宋书》《宋书》卷六十四《何承天列传》,中华书局1974年版,第1710~1711页。

② (唐)姚思廉:《陈书》卷二十一《王固列传》,中华书局1997年版,第282页。

③ (梁)沈约:《宋书》卷八十二《沈怀文列传》,中华书局1996年版,第2105页。

④ (唐)李延寿:《南史》卷三十四《沈怀文列传》,中华书局1975年版,第891页。

文学,方今少有伦比,若留掌词命,可以增光国体。'帝怒稍解,仍令禁锢于奉国寺,凡六年,艰苦万状。"①李澣擅自离职归汴,严格来讲是降敌行为,故穆宗欲将其诛杀,只因枢密史高勋以李澣之孝心及文才求情,李澣才被轻处为禁锢,这符合对官吏的擅为之罚。又如金熙宗皇统年间,因皇宫遭遇火灾,皇帝下诏以求上天宽宥,翰林学士张钧所写诏文中有"惟德弗类,上干天威"及"顾兹寡昧目少予小子"等语,遂为有宠于熙宗的参知政事萧肄陷害:"弗类是大无道,寡者孤独无亲,昧则于人事拂晓,日少则目无所见,小子婴孩之称,此汉人托文字以詈主上也"。② 熙宗大怒,醢杀学士张钧,萧肄因功倨视同列,与海陵王有恶。海陵即位后,"数日,召肄诘之曰:'学士张钧何罪被诛,尔何功受赏?'肄不能对。海陵曰:'朕杀汝无难事,人或以我报私怨也。'于是诏除名,放归田里,禁锢不得出百里外。"③此段史料中萧肄正是因为滥用权力陷害张钧而终被海陵王处以禁锢的,尽管也与萧肄与海陵王同朝为臣时的交恶有关,但萧肄的陷害行为属于擅为行为当不会有太大问题。元朝中期,帝位更迭频繁,尤其是元武宗执政的 3 年,在塞外修建城中都,劳民伤财,故元仁宗即位后,立即中止了这一工程,并处理了主张修建城中都的大臣司徒萧珍,即"司徒萧珍以城中都徼功毒民,命追夺其符印,令百司禁锢之,还中都所占民田"。④ 司徒萧珍被禁锢的原因就是毒民邀功,支持并主管修建城中都,尽管多位大臣劝阻武宗停建,但至武宗驾崩工程尚未建成。皇帝无法惩罚武宗并且已故,只有惩罚建立城中都的主管者司徒萧珍擅

---

① (元)脱脱等:《辽史》卷一百零三《文学列传》,中华书局 1974 年版,第 1450 ~ 1451 页。

② (元)脱脱等:《金史》卷一百二十九《酷吏列传》,中华书局 1975 年版,第 2780 页。

③ 同上。

④ (明)宋濂等:《元史》卷二十四《仁宗本纪一》,中华书局 1976 年版,第 538 页。

为之罪方能儆戒百官。元文宗时期，曾下诏："晋邸及辽王所辖路、府州、县达鲁花赤并罢免禁锢，选流官代之。"[①]这些达鲁花赤在地方上凌驾于地方官之上，往往不守法度，为非作歹，导致百姓怨声载道，故文宗即位之初即将晋邸、辽王路两地的达鲁花赤罢免禁锢，以获人心。同样是在元文宗时期，四川平章钦察台被监察御史张益弹奏："'今云南未平，与蜀接境，其人反覆，不可信任，宜削官远窜，仍没入其家产'。台臣以闻，诏夺其制命、金符，同妻孥禁锢于广东，毋籍其家。"[②]钦察台曾与咬住诬告脱欢察尔致其流放海南；又因有反叛情形被倒剌沙擒归京都，任中书时因擅取被夺官籍产，所以被御史称为反复多变，终被夺官禁锢。可以说，钦察台系多次擅为后方被禁锢的。

明朝嘉靖年间，亦有两例因擅为被禁锢的案例。一是御史王仪巡视河南省时，发现"赵府辅国将军祐椋招亡命杀人劫夺，积十余年莫敢发。仪偕巡抚吴山奏之；夺爵禁锢"。[③] 祐椋擅自招人劫夺财物，十多年无人敢告，在王仪与吴山的共同劾奏下，终被夺爵禁锢。这说明，即使劳苦功高的辅国将军的越权擅为行为也要受到惩治。二是礼科给事中辛自修奏弹"诚意伯刘世延不法，自修极论其奸。诏革任禁锢"。[④] 刘世延凭借受宠于皇帝，多行怙恶且主使杀人，已多次被劾，但不是留任就是不了了之，此次在辛自修的强烈弹劾下，方被免官禁锢，但本性难移，又为南京御史孙居相所奏："诚意伯刘世延屡犯重辟，废为庶人，锢原籍。不奉诏，久居南京，益不法，妄言星变，

① （明）宋濂等：《元史》卷三十二《文宗本纪一》，中华书局1976年版，第716页。

② （明）宋濂等：《元史》卷三十五《文宗本纪四》，中华书局1976年版，第787～788页。

③ （清）张廷玉等：《明史》卷二百三《王仪列传》，中华书局1974年版，第5374页。

④ （清）张廷玉等：《明史》卷二百二十《辛自修列传》，中华书局1974年版，第5798页。

将勒兵赴阙。居相疏发其奸,并及南京勋臣子弟暴横状。得旨下世延吏……”[①]因禁锢已不能限制刘世延的不法擅行,只有将其下狱问罪了。在帝制世袭等级森严的古代社会中,还有甚于刘世延者,如万历三十年(1602 年),因对朱元璋第六子楚王朱桢的嗣子朱华奎有疑,当“华奎输贿入都,宗人遮夺之。巡抚赵可怀属有司捕治。宗人蕴鈐等方恨可怀治楚狱不平,遂大哄,殴可怀死。巡按吴楷以楚叛告。一贯拟发兵会缫。命未下,诸宗人悉就缚。于是斩二人,勒四人自尽,锢高墙及禁闲宅者复四十五人”。[②] 朱氏王室宗亲几乎擅为到了无法无天的地步,居然殴杀朝廷命官,最后被杀被锢亦是咎由自取,亦是对自身擅为行为的应负之责。

3. 失职之锢

失职与擅为是官员职务类犯罪的两个重要类型,均可归属于现代刑法中的渎职罪。只不过擅为类似于现今刑法规定中的滥用职权罪,主观方面系故意,客观方面表现为越权,即“不该为而为”;而失职类似于现今刑法规定中的玩忽职守罪,主观方面出于过失,客观方面表现为失职,即“该为而不为”抑或“为而不到位”。官吏失职侵害了皇帝的权威或损害了国家利益,是故对官吏的失职行为亦要进行打击,禁锢即是其中的一种惩治方式。

西晋惠帝时期,尚书令王衍之女为愍怀太子妃,当太子遭到贾皇后诬陷时,王衍不仅不予辩解,反而为了避祸上表其女与太子离婚。贾后被废后为“有司奏‘尚书令王衍备位大臣,太子被诬,志在苟免,

---

① (清)张廷玉等:《明史》卷二百五十四《孙居相列传》,中华书局 1974 年版,第 6558 页。

② (清)张廷玉等:《明史》卷一百一十六《诸王列传》,中华书局 1974 年版,第 3572 ~ 3573 页。

请禁锢终身’。从之”。[1] 王衍与太子即是君臣又是亲戚，且身为尚书令，当太子被诬之时，本应据理力争，但却“志在苟免，无忠蹇之操”，[2]是严重的失职行为，故被处终身禁锢之刑。东晋元帝时期，大将王敦拥兵叛乱，陆玩被“王敦请为长史，逼以军期，不得已，乃从命。敦平，尚书令郗鉴议敦佐吏不能匡正奸恶，宜皆免官禁锢”。[3] 王敦的佐吏正是因为失职，不能阻止王敦叛乱而被尚书令郗鉴提议免去官职予以禁锢的。尽管陆玩实际并未被禁锢，那是由于“会温峤上表中理，得不坐”，[4]但此段史料依然透露出官员因失职被禁锢的信息。南朝齐武帝年间，谢超宗素来轻慢，因对皇帝诛杀亲家公张敬儿不满，“谓丹阳尹李安人曰：‘往年杀韩信，今年杀彭越，君欲何计？’安人具启之。上积怀超宗轻慢，使兼中丞袁彖奏：……虽可其奏，以彖言辞依违，使左丞王俊之奏：……‘请免彖所居官’。诏‘彖匿情欺国，爱朋罔主，免官，禁锢十年”。[5] 此段史料体现了皇帝翻手为云，覆手为雨的专制特权，但袁彖因“依违”“匿情”“爱朋”等失职行为被免官禁锢却是事实，至少是其弹奏没有满足皇帝的要求。在齐武帝看来，禁锢对御史中丞袁彖已属从轻处罚，即诏曰：“超宗衅同大逆，罪不容诛。彖匿情欺国，爱朋罔主，事合极法，特原收治，免官如案，禁锢十年。”[6]

清朝亦有因失职被锢的案例。由于清嘉庆帝之后，国内矛盾激化，盗寇起义不断，不少官吏因失职放纵匪寇被处以禁锢刑，如嘉庆即位初年，“帝召见惠龄，论其恇怯纵寇及淅川冒功事，逮京谳，拟大

---

① （北宋）司马光：《资治通鉴》卷八十三《晋纪五》之《孝皇帝上之下》，中华书局1956年版，第2642页。

② （唐）房玄龄等：《晋书》卷四十三《王衍列传》，中华书局1974年版，第1237页。

③ （唐）房玄龄等：《晋书》卷七十七《陆玩列传》，中华书局1974年版，第2025页。

④ 同上。

⑤ （唐）李延寿：《南史》卷十九《谢灵运列传》，中华书局1975年版，第543页。

⑥ （梁）萧子显：《南齐书》卷三十六《谢超宗列传》，中华书局1997年版，第639页。

辟,缓刑,禁锢”。[①] 景安作为剿匪将军,因“怯纵寇”无功而返显系失职行为,还以天将大雨以自解,加上在河南淅川剿寇时,属下曾戮难民以冒功,故差点丢了性命,被处以缓刑加禁锢之罚,其原因则主要是剿匪不力而失职。光绪年间,慈禧太后从西安回京后,“再论纵匪肇乱首祸诸臣罪,夺载澜爵职,与载漪并谪新疆禁锢”。[②] 载漪、载澜均为道光帝第五子奕脤的第二、三子,尤其是载漪因与慈禧太后之侄女联姻,深受太后信任,二人均因庇护义和团从而导致拳匪攻击各国使馆,致使八国联军侵入北京,故而被定以失职纵匪祸乱之罪,夺爵发配新疆禁锢。此外,古代官吏必须管好自己的属下,否则,下属犯罪,自身往往会因失职而被追责。嘉庆年间,“禄康、裕瑞失察属人从逆,发盛京禁锢”。[③] 大学士禄康的车夫在京城聚众赌博、宗室裕瑞的下属亦飞扬跋扈欺压百姓,为人所劾二人均因失职被处以禁锢之罚。

(四)因军事犯罪被禁锢者

军事类犯罪严格来讲亦属职务类犯罪,只不过因其犯罪主体为军人或犯罪客观方面为军事斗争而较为特殊而已。加之现行刑法典最后一章专辟军人违反职责罪,尽管以今析古有不尽如人意之处,但以现今为参照物去阐释古代的事物可能会更为清晰,再说处于当今的现代人对古代的解析往往很难避免受当代的影响,在某种意义上来讲实属无奈之举。严格来讲,古代军事类犯罪诛杀监禁者居多,禁锢刑只适用一些较为特殊的情形。

东晋中期后,朝政日荒,散骑常侍阮裕“俄而复以为金紫光禄大

① 赵尔巽等:《清史稿》卷三百四十五《景安列传》,中华书局 1977 年版,第 11176 页。

② 赵尔巽等:《清史稿》卷二十四《德宗本纪二》,中华书局 1977 年版,第 937 页。

③ 赵尔巽等:《清史稿》卷十六《仁宗本纪》,中华书局 1977 年版,第 604 页。

夫,领琅邪王师。经年敦逼,并无所就。御史中丞周闵奏裕及谢安违召累载,并应有罪,禁锢终身,诏书贳之"。[①] 阮裕作为军队主帅,领兵数年多经朝廷催促进军而不受命,终与谢安一起为御史中丞周闵劾以终身禁锢之刑,只因为皇帝下诏宽宥方才得免。但此段史料亦说明违抗军令或毫无战功的军官,是可以处以禁锢刑的。南朝刘宋文帝初年,荆州刺史谢晦兴兵作乱,即"(谢)晦拒王帅,欲登之留守,登之不许。晦败,登之以无任免官禁锢还家"。[②] 庾登之因未答应谢晦留守荆州之重任,只是一属吏——长史,又未出谋划策,故谢晦兵败被擒后,仅被处以免官禁锢之罚,否则,率兵抵抗王师极可能身首异处且连及家族。南朝齐明帝年间,建安内史江蒨以孝闻名朝野,未过几年,"梁武帝起兵,遣宁朔将军刘諓之为郡,蒨拒之。及建邺平,蒨坐禁锢,俄被原"。[③] 江蒨身为南齐官吏,在"出为建安内史,视事期月,义师下次江州"[④]之时,率领官民据守抵抗亦是常理,至少符合儒家宣扬的忠孝思想,这是其禁锢不久即被解除的内因,但江蒨因率兵抵抗梁师被处以禁锢也是事实,其遭禁锢的理由即为军事犯罪。

清朝乾隆二十一年(1756 年)春,"以额驸科尔沁亲王色布腾巴勒珠尔贻误军机,褫爵禁锢"。[⑤] 西征参赞大臣色布腾巴勒珠尔因在平叛新疆准噶尔部版乱中指挥协调不力,尽管平准后先受封赏,但后来为人所劾被处以夺去爵位并禁锢之罚。道光二十三年(1843 年),鸦片战争战败签约的诸臣琦善、奕经等人复被起用,御史陈庆庸愤而

---

① (唐)房玄龄等:《晋书》卷四十九《阮裕列传》,中华书局 1974 年版,第 1368 页。
② (唐)李延寿:《南史》卷三十五《庾悦列传》,中华书局 1975 年版,第 911 页。
③ (唐)李延寿:《南史》卷三十六《江蒨列传》,中华书局 1975 年版,第 943 ~ 944 页。
④ (唐)姚思廉:《梁书》卷二十一《江蒨列传》,中华书局 1973 年版,第 334 页。
⑤ 赵尔巽:《清史稿》卷十二《高宗本纪》,中华书局 1977 年版,第 433 页。

上书要求禁锢琦善、奕经等人："'琦善于战事方始，首先示弱，以惰军心，海内糜烂，至於此极。既罢斥终身'不齿'，犹恐不足餍民心而作士气。奕经之罪，虽较琦善稍减……顿兵半载，曾未身历行间，骋其虚娇之气，自诡一鼓而复三城，卒之机事不密，贻笑敌人，覆军杀将，一败不支。此不待别科骚扰供亿，招权纳贿之罪，而已不可胜诛。臣亦知奕经为高宗纯皇帝之裔……皇上亲亲睦族，不忍据加显戮，然即幸邀宽典，亦当禁锢终身，无为天皇宗室羞，岂图收禁未及三月，辄复弃瑕录用？……'复革琦善等职，令闭门思过。"[①]依《大清律例》，琦善、奕经丧师割土，均当斩立决。但由于权臣穆章阿对琦善的保谏，奕经又系皇室近亲，均从轻免职收禁，类同于禁锢之罚。然不到3个月，皇上又要起用此辈，故御史陈庆镛才掷地有声地上书要求禁锢琦善、奕经等人，由于朝野舆论迫使道光帝革去二人新任官职，"令闭门思过"实同禁锢之罚。此段史料亦说明琦善、奕经系因军事战争败北而被处理为禁锢的，当然里面包含从轻处罚的意味。

三、被株连者

株连，中国古代又称连坐，是指因一人犯罪而连及他人的一种制度。连坐自战国商鞅变法时就很流行，为了富国强兵，将百姓和士兵处于王权的严密监管之下，商鞅发明了邻里连坐、军伍连坐、亲属连坐等严酷的律法，如张维迎教授所言，在信息闭塞的古代社会，连坐是一个成本低、效率高的达到行政管理目的统治方法。[②] 禁锢亦为如此，当统治者感到禁锢本人已经不能满足其专制需要时，株连禁锢罪吏的亲属、门生、故吏也就登上了历史舞台。皇帝及当权者采用株连

---

① 赵尔巽：《清史稿》卷三百七十八《陈庆镛列传》，中华书局1977年版，第11592～11593页。

② 张维迎：《信息、信任与法律》，生活·读书·新知三联书店2003年版，第183～194页。

之锢的惩治方式，目的无非有二：一是严格维护皇权的至上权威；二是警戒官僚及士大夫循规蹈矩。

（一）株连亲属之锢

亲属，顾名思义，是指具有血缘关系或以血缘关系连接而成的人群。中国古代是一个以家族本位为核心的伦理社会，而亲属正是构成家族的零部件。孟子宏论："人人亲其亲、长其长、而天下平。"① "修身、齐家、治国、平天下"②以"修身"为本，更是明确了家族伦理系实现王道治平的基石。因此，我们不难理解为何隋唐以后皆将"不孝"视为"十恶"重罪，"亲亲相隐""存留养亲""子报父仇"轻处视为常态之解，这些无不体现了家族伦理的重要性，在此意义上，无怪乎有学者将我国古代法定性为伦理法，而家族伦理主义定位为儒家伦理法的价值之一。③ 皇帝抑或当权的最高统治者对此亦是心知肚明，因为家族中一人为官乃是全家的光荣；反之，家族中出现罪吏则是家族的耻辱。是故禁锢罪人亲属为官不仅可以促使罪人整个家族反省，而且亦可震慑朝中不稳分子以免重蹈覆辙。

株连亲属之锢最严重的时期莫过于汉朝。笔者查到的、最早的一例记载为西汉哀帝时期，左曹光禄大夫宜陵侯息夫躬被免官归乡，"人有上书言躬怀怨恨，非笑朝廷所进，候星宿，视天子吉凶，与巫同祝诅"，④息夫躬下狱猝死，其母圣气愤至极，"坐祠灶祝诅上，大逆不道。圣弃市，妻充汉与家属徙合浦。躬同族亲属素所厚者，皆免，废锢"。⑤ 息夫躬母亲因诅咒皇帝被以大逆处死，导致息夫躬同族亲属

① 《孟子译注》之《孟子·离娄上》，杨伯峻译注，中华书局2005年版，第173页。
② 《礼记译解》之《礼记·大学》，王文锦译解，中华书局2001年版，第895~896页。
③ 俞荣根：《儒家法思想通论》，广西人民出版社1998年版，第144页。
④ （东汉）班固：《汉书》卷四十五《息夫躬传》，中华书局2005年版，第1681页。
⑤ 同上书，第1682页。

受到株连,均被处以免官禁锢,此案例被株连的范围是一族亲属。东汉时期,还有株连禁锢犯罪人的三族亲属和五服亲属的记载,则株连范围更广,如汉章帝元和元年(84 年)曾下诏:“往者妖言大狱,所及广远。一人犯罪,禁至三属,莫得垂缨仕宦王朝,如有贤才而没齿无用,朕甚怜之,非谓与之更始也,诸以前妖恶禁锢者,一皆蠲除之,以明弃咎之路,但不得在宿卫而已。”①此处的三属即指犯罪人的父族、母族及妻族,意即因妖言犯罪者的三族亲属将被禁锢不得为官,此诏书虽意在解除株连亲属之禁锢,但可侧证株连妖言禁锢犯罪者的三族亲属当不会有太大问题,极可能为汉律之规定。更有甚者,东汉灵帝熹平五年(176 年),“永昌太守曹鸾上书大讼党人,言甚方切。帝省奏大怒,即诏司隶、益州槛车收鸾,送槐里狱掠杀之。于是又诏州郡更考党人门生故吏父子兄弟,其在位者,免官禁锢,爰及五属”。②“五属”即犯罪人五服以内的亲属。其中党人的父子兄弟即使本人并未犯法,只是因系罪人的亲属而被株连禁锢的。汉灵帝处理党人株连范围之广,于禁锢之历史记载未有及者。不仅是妖言与朋党之罪株连亲属禁锢,贪赃之罪在汉代亦有株连子孙禁锢的。汉律规定,赃吏三世禁锢,法令过严,尚书令陈忠上书安帝“解臧吏三世禁锢……事皆实行”。③ 还有一例,“安帝初,清河相叔孙光坐臧抵罪,遂增锢二世,衅及其子”。④ 此处史料中的叔孙光犯贪赃之罪,株连父子二代俱被禁锢。这说明至少在汉安帝之前,官吏因贪赃犯罪会株连自己的子辈或孙辈遭受禁锢,由此可见,汉代打击赃吏之重。东汉后期的党锢之祸中,当被诬为党人的“士大夫”在与宦官的斗争中失败后,

---

① (南朝宋)范晔:《后汉书》卷三《章帝本纪》,中华书局 1965 年版,第 147 ~ 148 页。
② (南朝宋)范晔:《后汉书》卷六十七《党锢列传》,中华书局 1965 年版,第 2189 页。
③ (南朝宋)范晔:《后汉书》卷四十六《陈宠列传》,中华书局 1965 年版,第 1556 页。
④ (南朝宋)范晔:《后汉书》卷三十九《刘恺列传》,中华书局 1965 年版,第 1309 页。

往往本人赴死，亲属被锢，如太尉陈蕃被害后，“徙其家属于比景，宗族、门生、故吏皆斥免禁锢”；[①]司隶校尉李膺被拷掠至死，“妻子徙边，门生、故吏及其父兄，并被禁锢”。[②] 这两段史料均牵涉因本人犯罪而株连自己的亲属被锢，只不过是陈蕃的整个宗族均被株连禁锢，而李膺只是父兄被株连禁锢，后者范围稍小而已。

不唯汉朝，北魏宣武帝年间，钜鹿太守崔敞“弟朏之逆，敞为黄樺主韩文殊所藏。其家悉见籍没，唯敞妻李氏，以公主之甥，自随奴婢田宅二百余口得免。正光中，普释禁锢，敞复爵齐郡候，拜龙骧将军，中尉大夫”。[③] 此段史料虽未明言崔敞受株连禁锢，但从整段史料上下文来看，崔敞系因其弟犯反逆之罪而被牵连禁锢的，“普释禁锢，敞复爵……”即为明证，这是兄弟关系受株连的实例，而因父子关系株连而禁锢的案例则更多，如隋炀帝杨广即位，其弟杨谅起兵反叛，最后失败投降杨广，“百僚奏谅罪当死，帝曰：‘终鲜兄弟，情不忍言，欲屈法恕谅一死’。于是除名为民，绝其属籍，竟以幽死。子颢，因而禁锢”。[④] 杨谅之子杨颢即因其父反叛被宥死除名而被株连禁锢的。隋末唐初，独孤师仁“父武都谋归唐，王世充杀之。师仁始三岁，免死禁锢，兰英请髡钳得保养，许之”。[⑤] 师仁因父亲欲投降唐军，被杀，株连自己儿子遭禁锢。由此看来，本人犯罪往往导致其儿子一代乃至孙子一代被株连禁锢，如唐太宗贞观七年(633 年)，下诏：“宇文化及及弟智及、司马德戡、裴虔通、孟景、元礼、杨览、唐奉义、牛方裕、元敏、薛良、马举、元武达、李孝本、李孝质、张恺、许弘仁、令

① (南朝宋)范晔：《后汉书》卷六十六《陈蕃列传》，中华书局 1965 年版，第 2170 页。

② (南朝宋)范晔：《后汉书》卷六十七《党锢列传》，中华书局 1965 年版，第 2197 页。

③ (北齐)魏收：《魏书》卷二十四《崔玄伯列传》，中华书局 1974 年版，第 626 页。

④ (唐)魏征等：《隋书》卷四十五《文四子列传》，中华书局 1973 年版，第 1246 页。

⑤ (宋)欧阳修、宋祁：《新唐书》卷二百五《列女传》，中华书局 1975 年版，第 5817 页。

狐行达、席德方、李覆等，大业季年，咸居列职，或恩结一代，任重一时；乃包藏凶慝，罔思忠义，爰在江都，遂行弑逆，罪百阎、赵，衅深枭境。虽事是前代，岁月已久，而天下之恶，古今同弃，宜置重典，以励臣节。其子孙并宜禁锢，勿令齿叙。"①宇文化及等人弑君谮位，罪不容诛，李世民为了打击叛臣贼子，以励大臣忠心拥唐，尽管宇文化及等人多已伏法，但子孙则因其父辈之罪而株连禁锢，以儆效尤。唐朝还有因父为酷吏而子孙遭株连禁锢的案例，如唐玄宗执政初年，御史大夫程行湛上奏，"周朝酷吏来俊臣等二十三人，情状尤重，子孙请皆禁锢……从之"。② 又有左金吾卫大将军丘神勣"尝受诏鞫狱，与周兴、来俊臣等俱号为酷吏。寻以罪伏诛。神龙初，禁锢其子孙"。③ 还有唐中宗宠臣张知蹇之弟"(张)知默尝与来俊臣、周兴等同掌诏狱，陷于酷吏，子孙禁锢"。④ 这三段史料中的周兴、来俊臣、丘神勣、张知默均因在武周政权时得宠，执掌诏狱，数陷大臣，而中宗复出或玄宗即位后被清算，本人处死，株连子孙禁锢，只能后悔早知今日，何必当初！

宋金元时期，亦有亲属被株连禁锢的记载，如宋太宗端拱五年(992 年)，"诏释殿前司逃军亲属之禁锢者"。⑤ 这说明宋代军官或士兵临阵脱逃者，其亲属将被株连禁锢，尽管此诏令的目的是解除逃兵亲属的禁锢，但却侧证了逃兵将株连亲属被锢的存在。金哀宗天

---

① (后晋)刘昫等:《旧唐书》卷三《太宗本纪下》，中华书局 1976 年版，第 42 页。

② (北宋)司马光:《资治通鉴》卷二十八《唐纪二十八》之《玄宗下》，中华书局 1956 年版，第 6763 ~6764 页。

③ (后晋)刘昫等:《旧唐书》卷五十九《丘和列传》，中华书局 1976 年版，第 2327 页。

④ (后晋)刘昫等:《旧唐书》卷一百八十五下《良吏列传下》，中华书局 1976 年版，第 4810 页。

⑤ (元)脱脱等:《宋史》卷五《太宗本纪》，中华书局 1985 年版，第 96 页。

兴年间,“释镐厉王、卫绍王二族禁锢,听自便”。[①] 镐厉王完颜永中因争权夺利为金章宗所杀,卫绍王因当了 5 年皇帝被胡沙虎弑逆,二王家族被皇帝禁锢,即“卫绍历年不永,诸子凡禁锢二十余年,镐厉王诸子禁锢四十余年,长女鳏男皆不得婚嫁。天兴初,方弛其禁”,[②]与前述史料前后呼应,卫绍王、镐厉王因自身行为株连子辈禁锢当属事实,且禁锢时间之长实乃史所罕见。元成宗大德八年(1304 年),“禁锢硃清、张瑄族属”。[③] 硃清、张瑄在元世祖时即为海运官,贪赃无数以中饱私囊,且贿赂朝中尚书伯颜等多名重臣,最后为人所纠,“流子孙于远方,仍给行费”,[④]家族其他亲属也被株连禁锢。

综上所述,官吏因犯重罪导致亲属被锢,除汉代党锢之祸曾连及三族、五服亲属外,各朝所连及禁锢的“子孙”“族”“家族”等,多以本人直系宗亲三代之内,多为子孙辈,株连范围有所缩小,但亲属株连被锢却是皇帝驾驭人臣最常用的手段之一。

(二)株连故吏之锢

故吏,用现代话来讲就是部下属官。在几千年的古代政治斗争中,无论是皇权与相权,还是大臣的争权夺利中,往往会因各种关系形成某种程度的利益集团,在斗争中若某集团失败则其首领被诛近乎掌态。而皇帝或对立方为了穷根追治以防该集团东山再起,常常会对与该集团具有密切关系的人予以惩治,不仅该集团首领的亲属会被连及,其下属佐吏尤其是关系密切的佐吏亦会被株连禁锢。这在东汉的政坛上表现得比较明显。

---

① (元)脱脱等:《金史》卷一十七《哀宗本纪上》,中华书局 1975 年版,第 386 ~ 387 页。

② (元)脱脱等:《金史》卷九十三《诸王子列传》,中华书局 1975 年版,第 2060 页。

③ (明)宋濂等:《元史》卷二十一《成宗本纪四》,中华书局 1976 年版,第 457 页。

④ 同上书,第 450 页。

东汉章帝年间,“楚王英谋反,阴疏天下善士。及楚事觉,显宗得其录,有尹兴名,乃征兴诣廷尉狱。续与主簿梁宏、功曹史驷勋及掾史五百余人诣洛阳诏狱就考,诸吏不堪痛楚,死者大半。唯续、宏、勋掠考五毒,肌肉消烂,终无异辞……帝即赦兴等事,还乡里,禁锢终身”。① 陆续因系吴郡太守尹兴之门下掾,而楚王刘英谋反时曾拉拢尹兴等人,故尹兴被下狱,其故吏下属五百多人均被株连入狱,而陆续等3人始终坚持未参与谋反之事,且以其母不远千里探儿而不得相见,陆续却以母亲做一餐而知母来,即“母尝截肉,未尝不方,断葱以寸为度,故知之”,②其孝心感动了使者及明帝,被赦死而终身禁锢。这是一起典型的因主子犯罪而株连故吏禁锢的案例。东汉顺帝年间,太尉李固因反对立汉桓帝刘志为帝,被当时把持朝政的大将军梁冀诬告而被杀,而“(羊)陟少清直有学行,举孝廉,辟太尉李固府,举高第,拜侍御史。会固被诛,陟以故吏禁锢历年”。③ 羊陟本人并无过错,只因李固涉罪被诛,而羊陟曾为李固的佐吏,即被株连禁锢,当然这也是梁冀打压李固潜在势力的必不可少的举措。历史总是惊人的相似,东汉桓帝延熹二年(159年),桓帝利用宦官势力,诛杀权臣大将军梁冀,“梁冀被诛,奂以故吏免官禁锢”。④ 张奂曾为大将军梁冀之属官,只因梁冀被杀,其被以故吏之名株连禁锢。张奂被禁锢后,“凡诸交旧,莫敢为言;唯规荐举,前后七上,由是拜武威太守”。⑤ 但这已是张

① (南朝宋)范晔:《后汉书》卷八十一《独行列传》,中华书局1965年版,第2682~2683页。

② (北宋)司马光:《资治通鉴》卷三十五《汉纪三十七》之《肃宗孝明皇帝下》,中华书局1956年版,第1455页。

③ (南朝宋)范晔:《后汉书》卷六十七《党锢列传》,中华书局1965年版,第2209页。

④ (南朝宋)范晔:《后汉书》卷六十五《张奂列传》,中华书局1965年版,第2139页。

⑤ (北宋)司马光:《资治通鉴》汉纪四十六《孝桓皇帝上之下》,中华书局1956年版,第1766页。

奂被禁锢4年后的事情了。不仅张奂,周景、崔寔也因梁冀被诛而以故吏被株连禁锢,即“及梁冀诛,景以故吏免官禁锢”;[①]“会梁冀诛,寔以故吏,禁锢数年”。[②] 无独有偶,东汉灵帝建宁二年(169年),第二次党锢之祸爆发,窦武、陈蕃被杀,“(羊)续以忠臣子孙拜陈郎中,去官后,辟大将军窦武府。及武败,坐党事,禁锢十余年”。[③] 此处虽言羊续“坐党事”被锢,有点像朋党之锢,但分析史料必须联系上下文仔细斟酌,“辟大将军窦武府”正说明羊续在窦武大将府任佐吏,其亦可说是因故吏被株连禁锢的又一实例。处理更严厉的是士大夫首领陈蕃和李膺,即“天下楷模李元礼,不畏强御陈仲举”,[④]就是称赞李膺之品德为天下楷模,陈蕃之正直面折权贵,宦官集团当然对此亦是了然于心。当窦武被杀后,被处以灭族之刑,而太尉陈蕃被害后则“徙其家属于比景、宗族、门生、故吏皆斥免禁锢”,[⑤]李膺则被拷死狱中,“妻子徙边,门生、故吏及其父兄,并被禁锢”。[⑥] 陈蕃、李膺的故吏被株连禁锢虽系宦官集团打击士大夫而斩草除根之举,但事主犯罪导致故吏大量被株连禁锢却系史实。然而这还不是最严重的,汉灵帝熹平五年(176年),由于永昌太守曹鸾上书为党人窦武、陈蕃等鸣不平,惹怒灵帝,曹鸾本人被收狱掠杀,“于是又诏州郡更考党人门生故吏父子兄弟,其在位者,免官禁锢,爰及五属”。[⑦] 汉灵帝居然下诏不仅将党人之故吏免官禁锢,而且还要株连故吏的五服之内的亲属被锢,禁锢的株连已经无以复加了。

---

① (南朝宋)范晔:《后汉书》卷四十五《周景列传》,中华书局1965年版,第1538页。
② (南朝宋)范晔:《后汉书》卷五十二《崔寔列传》,中华书局1965年版,第1730页。
③ (南朝宋)范晔:《后汉书》卷三十一《羊续列传》,中华书局1965年版,第1109页。
④ (南朝宋)范晔:《后汉书》卷六十七《党锢列传》,中华书局1965年版,第2186页。
⑤ (南朝宋)范晔:《后汉书》卷六十六《陈蕃列传》,中华书局1965年版,第2170页。
⑥ (南朝宋)范晔:《后汉书》卷六十七《党锢列传》,中华书局1965年版,第2197页。
⑦ 同上书,第2189页。

(三)株连门生之锢

门生,一般指求学问者,与现在学生意思相近,古代多指士人群体,为官僚队伍的后备军。士人在征召或及第前,也常常主动寻求入仕的机会,一则会求学于当代名师之门;二则也会趋身于权臣之门予以磨炼。是故师生关系或主门关系亦是朝廷官员中的一种重要力量,尤其在许多门生入朝为官之后。因而老师或事主犯罪,也会株连门生遭禁锢之罚。这一点也以汉代为典型,其他朝代亦株连不少门生或死或徙,但株连禁锢极少。

西汉末年,平陵人云敞,“师事同县吴章,章治《尚书经》为博士。平帝以中山王即帝位,年幼,莽秉政,自号安汉公。以平帝为成帝后,不得顾私亲,帝母及外家卫氏皆留中山,不得至京师。莽长子宇,非莽隔绝卫氏,恐帝长大后见怨。宇与吴章谋,夜以血涂莽门,若鬼神诫,冀以惧莽。章欲因对其咎。事发觉,莽杀宇,诛灭卫氏,谋所联及,死者百馀人。章坐要斩,磔尸东市门。初,章为当世名儒,教授尤盛,弟子千馀人,莽以为恶人党,皆当禁锢,不得仕宦。门人尽更名他师。敞时为大司徒掾,自劾吴章弟子,收抱章尸归,棺敛葬之,京师称焉”。[①] 吴章为当时名儒且为当朝博士,因与王莽长子王宇以厌魅之法恐吓王莽,属不道之罪,故二人皆被诛杀,吴章弟子即门生千余人被株连禁锢,这即业师犯罪株连门生禁锢的典型例子。值得吴章在九泉之下欣慰的是,在多数门生急欲更换老师以免被锢的情况下,时任大司徒掾的云敞却自己上疏为吴章门生,并收尸礼葬之,难怪为京师上下称道。东汉灵帝时期还有值得称道的门生,第二次党锢之祸致使大将军窦武被杀,“当时,凶竖得志,士大夫皆丧其气矣。武府掾

① (东汉)班固:《汉书》卷六十七《云敞列传》,中华书局2005年版,第2205页。

桂阳胡腾,少师事武,独殡敛行丧,坐以禁锢”。[①] 一介小官胡腾在阉宦势力鼎盛之时,竟敢逆流而上,为老师窦武收尸发丧,其被株连禁锢亦在所难免,因为当政宦官岂能放过胆敢与己如此作对者?但此案同时说明胡腾系因师从窦武而被株连禁锢,倒无多大问题。当然这两个案例也侧证了学生对业师的尊重,体现了儒家士大夫尊师重道的真精神。

概而总之,以现代法律的眼光来看,被株连者遭受禁锢是很不公平的,因其本人并无过错,但在古代皇帝以及当权者看来,禁锢与罪吏有密切关系的人却是维护其专制统治的一条简便且有效的路径,尽管其内心也明知这些人无过错。由前述可知,与罪吏具有密切关系的人主要有以下两类:一是与罪吏有血缘或姻缘的近亲属,对于此种情形,不仅对罪吏本人禁锢终身,而且可能株连禁锢其子辈和孙辈,亦即株连二世、三世禁锢;最重的株连到罪吏的五服亲属,即“诸附从者锢及五属”。[②] 二是与罪吏有密切关系的门生故吏。这种罪吏往往为某集团的领袖人物或是当世名儒,动辄门生故吏遍天下,这类罪臣与故吏门生之间,往往荣则俱荣,损则皆损。随着集团领袖人物的失势或被杀,其门生故吏经常被株连禁锢。当然,这种株连禁锢常常是不同利益集团争权夺利斗争的副产品,这严重背离了朝廷对禁锢立法的初衷,本意在于澄清吏治,却无意间成为打压异己的政治工具。掩卷沉思,无不令人扼腕叹息!

---

① （南朝宋）范晔:《后汉书》卷六十九《窦武列传》,中华书局 1965 年版,第 2244 页。

② （南朝宋）范晔:《后汉书》卷八《孝灵帝本纪》,中华书局 1965 年版,第 330 页。

第四章　禁锢的刑期与效力

阐明了禁锢的适用对象后，该是了解禁锢作为一种刑罚的威慑力如何的时候了。刑罚的威慑力无非主要包括3个方面：一是刑罚的时间效力，主要指对被锢者适用刑期的长短；二是刑罚的空间效力，主要指对被锢者适用的地域范围；三是对人的效力，这在前述已详细论述，此处只是补充说明被锢者还有哪些权利被限制。最后论述禁锢的终结，无论是被赦免还是被重新起用甚或被锢者死亡，都会产生禁锢终结的法律后果。

一、禁锢的适用刑期

禁锢作为古代一种资格刑，不仅如前述有确定的适用对象，也有一定的适用刑期。禁锢刑期的长短决定于官员犯罪的轻重程度。

（一）有期禁锢

一是禁锢3年，这是禁锢刑最轻的处罚规定，如："晋令曰：'犯免官，禁锢三年'"，①意即依照晋代律令规定，只要官员因犯错被免官，则附加3年禁锢刑。换言之，被免官的官员3年之后才能被起用，当然这只是理论上的应然规定，如东晋王敦叛乱失败后，参与叛乱的乱

① （北宋）李昉等：《太平御览》卷六五一《刑法部十七·禁锢》，中华书局影印本2000年版，第2911页。

军将领周抚逃亡，在得到东晋统治者的宽宥后被处以禁锢，时在公元325年，次年成帝即位，周抚复被起用为从事中郎，实际上对周抚的禁锢只执行了大约一年的时间。又如南朝宋武帝裕初年，“时新制，长吏以父母疾去官，禁锢三年”，[①]意为对于那些因父母生病而擅自离官归家的官吏，应处3年禁锢刑。适逢“山阴令沈叔任父疾去职，鲜之因此上议曰：‘今省父母之疾而加以罪名，悖义疾理，莫此为大。谓宜从旧，于义为允’。从之。于是自二品以上，父母及为祖父母后者，坟墓崩毁及疾病，族属辄去，并不禁锢”。[②] 对因父母有疾而归乡探望的官吏处以3年禁锢有悖儒家伦理，故郑鲜之上疏要求修改此项规定并最终得到皇帝的批准，这也恰恰说明，官吏因父母患病擅自归乡将被处以禁锢3年的规定曾适用过一段时间。

二是禁锢5年。史载二例，一为南朝宋文帝元嘉二十三年（446年），御史何承天劾奏太学博士顾雅、国子助教周野王和国子监博士王罗云，“率急妄作，自造礼章……雅、野王初立议乘舛，中执悍愆失，未违十日之限，虽起一事，合成三愆，罗云掌押捍失，三人加禁锢五年”。[③] 按前分析，顾雅、周野王、王罗云系因违礼而被处以免官并禁锢5年的，因其或为国子助教、或为太学博士，皆饱读经书，却知礼而违，终被免官禁锢。二为南朝齐高帝受禅之初，侍中谢朏拒不解玺且装疯卖傻，“又以家贫乞郡，辞旨抑扬，诏免官禁锢五年”。[④] 谢朏因与新齐政权不合作差点掉了脑袋，后又以用度不足还理直气壮地向政府伸手，严重违背了当时的礼制，终高帝世而被禁锢，直至齐武帝

① （唐）李延寿：《南史》卷三十三《郑鲜之列传》，中华书局1975年版，第861页。

② （梁）沈约：《宋书》卷六十四《郑鲜之列传》，中华书局1974年版，第1695～1696页。

③ （梁）沈约：《宋书》卷十五《礼志二》，中华书局1996年版，第401页。

④ （唐）李延寿：《南史》卷二十《谢弘微列传》，中华书局1975年版，第558页。

永明中期方被起用。谢朏5年禁锢刑期若从齐高帝萧道成即位的公元479年算起，至484年禁锢应当执行完毕，但其起用为官则在永明中期即487～488年，这说明禁锢刑执行完毕也不一定立即被任用。

三是禁锢10年。这是有期禁锢中在应然角度被判处最长期限的禁锢刑，但实际执行情况却有差异，如南朝孝武帝大明五年（461年），京官沈怀文被任命为晋安王子勋征虏长史兼广陵太守，怀文心有不快，当“被遣还北，以女病求申，临辞又乞停三日，讫犹不去，为有司所纠，免官，禁锢十年”。[①] 沈怀文因多次延期赴任遭人弹劾，属因职务犯罪被锢的类型，被处以免官附加10年禁锢之罚。但沈怀文因被免禁锢，“卖宅，欲还东（建康东之籍贯吴兴）。上大怒，收付廷尉赐死”。[②] 沈怀文的10年禁锢之罚实际执行不到一年，旋即因被皇帝赐死而告终结。南朝萧齐高帝年间，黄门郎谢超宗：“为人仗才使酒，多所陵忽……以失仪出为南郡王中军司马。超宗怨望……为省司所奏，以怨望免官，禁锢十年。”[③]谢超宗因恃才放旷，对贬为外官怨望有加，严重违礼，被处以10年禁锢刑。齐武帝即位，谢超宗依然我行我素，“上积怀超宗轻慢，使兼中丞袁彖奏超宗请赴廷尉。武帝虽可其奏，以彖言辞依违……诏‘彖匿情欺国，爱朋罔主，免官，禁锢十年’”。[④] 谢超宗在禁锢期间依然牢骚满腹，终被齐武帝以不敬违礼下狱，后被赐死于豫章。[⑤] 最冤的要算御史袁彖，因弹奏模棱两可，被以保护谢超宗欺瞒皇帝之名处以免官并10年禁锢。由此可见，齐武帝专横到何种程度！还有一件被齐武帝萧赜处以禁锢10年的案例，即永

① （梁）沈约：《宋书》卷八十二《沈怀文列传》，中华书局1996年版，第2105页。

② （唐）李延寿：《南史》卷三十四《沈怀文列传》，中华书局1975年版，第891页。

③ （梁）萧子显：《南齐书》卷三十六《谢超宗列传》，中华书局1972年版，第636页。

④ （唐）李延寿：《南史》卷十九《袁彖列传》，中华书局1975年版，第543页。

⑤ 今江西南昌市。

明六年(488 年),“敕位未登黄门郎,不得畜女妓。(晏)诩与射声校尉阴玄智畜妓免官,禁锢十年。敕特原诩禁锢”。[①] 晏诩与阴玄智因违背礼制,擅自蓄养女妓而被处以免官,阴玄智并附加禁锢 10 年,而晏诩的禁锢刑被皇帝赦免。由此亦可知晓,皇帝掌控着禁锢的生杀大柄。

(二)无期禁锢

无期禁锢是指对罪吏处以无时间限制的终身禁锢之罚,这也是以应然角度而言,意指最初裁决时作出的是禁锢终身。与有期禁锢中的禁锢 3 年、禁锢 5 年与禁锢 10 年相比,在禁锢刑的实际运行中,作出禁锢终身的处理系常态。例如,西汉成帝时,大司马将军王商欲拜访当时著名侠士楼护,受到其主薄劝阻,“商不听,遂往至护家。家狭小,官属立车下,久住移时,天欲雨,主薄谓西曹诸掾曰:‘不肯强谏,反雨立闾巷’! 商还,或白主簿语,商恨,以他职事去主簿,终身废锢”。[②] 东汉明帝时,楚王刘英谋反,“上得其录,有吴郡太守尹兴名,乃征兴及掾史五百馀人诣廷尉就考”。[③] 后因陆续孝心感动治狱使者,使者上报明帝“上乃赦兴等,禁锢终身”。[④] 东汉桓帝时,第一次党锢之祸致使李膺等数百人下狱,后因窦武和尚书霍胥上表申情,桓帝乃大赦天下,诏“党人二百余人皆归田里,书名三府,禁锢终身”。[⑤] 东汉灵帝时,第二次党锢之祸斗争中,荀昱、荀昙“兄弟皆正身疾恶,志除阉宦。其支党宾客有在二郡者,纤罪必诛。昱后共大将军窦武

---

① (梁)萧子显:《南齐书》卷四十二《王晏列传》,中华书局 1997 年版,第 744 页。

② (东汉)班固:《汉书》卷九十二《游侠列传》之《楼护传》,中华书局 2005 年版,第 2744 页。

③ (北宋)司马光:《资治通鉴》卷四十五《汉纪三十七》之《显宗孝明皇帝下》,中华书局 1956 年版,第 1455 页。

④ 同上。

⑤ (北宋)司马光:《资治通鉴》卷五十六《汉纪四十八》之《考桓皇帝下》,中华书局 1956 年版,第 1799 页。

谋诛中官,与李膺俱死。昙亦禁锢终身”。①

东晋元帝时,参军宋挺娶前主人扬州刺史刘陶的遗孀为小妾,又贪污官布为御史刘隗劾奏:“挺蔑其死主而专其室,悖在三之义,伤人伦之序,当投之四裔以御魑魅。请除挺名,禁锢终身。”②东晋后期名臣谢安在年轻时屡辞征召,与当时名士王曦之、许等游山玩水,为人所劾:“有司奏安被召,历年不至,禁锢终身,遂栖迟东士。”③

北魏孝文帝时,怀朔镇将汝阴灵王拓拔天赐和长安镇都大将南安王拓拔桢,均因坐赃当死,被孝文帝从轻处罚,诏称:“二王所犯难恕,而太皇太后追惟高宗孔怀之恩,且南安王事母孝谨,闻于中外,并特免死,削官夺爵,禁锢终身。”④北魏后废帝虽仅执政1年,但由于政局混乱,百官中多有虚言前朝所授官位者,故下诏严惩:“若入格检核无名者,退为平民,终身禁锢。”⑤

南朝刘宋武帝时,褚叔度力战有功,加封广州刺史,领平越中郎将,“在任四年,广营贿货,家财丰积,坐免官,禁锢终身”。⑥ 刘宋文帝时,尚书左丞谢元违制不奏即给太尉刘义恭200万钱,“为丞天所纠。上大怒,遣元长归田里,禁锢终身”。⑦ 南齐废帝执政时,益州刺史刘悛“奉献减少,郁林知之,讽有司收悛付廷尉,将加诛戮。高宗启救之,见原,禁锢终身”。⑧ 南朝梁武帝时,“有司奏,吴令唐佣铸盘龙

① (南朝宋)范晔:《后汉书》卷六十二《荀淑列传》,中华书局1965年版,第2050页。

② (唐)房玄龄等:《晋书》卷六十九《刘隗列传》,中华书局1974年版,第1836页。

③ (唐)房玄龄等:《晋书》卷七十九《谢安列传》,中华书局1974年版,第2072页。

④ (北宋)司马光:《资治通鉴》齐纪二《世祖武皇帝上之下》,中华书局1956年版,第4289~4290页。

⑤ (北齐)魏收:《魏书》卷十一《后废帝纪》,中华书局1974年版,第279页。

⑥ (梁)沈约:《宋书》卷五十二《褚叔度列传》,中华书局1974年版,第1505页。

⑦ (梁)沈约:《宋书》卷六十四《何承天列传》,中华书局1974年版,第1711页。

⑧ (梁)萧子显:《南齐书》卷三十七《刘悛列传》,中华书局1972年版,第653页。

火炉、翔凤砚盖。诏禁锢终身”。①

隋文帝时，有“应州刺史唐君明，居母丧，娶雍州长史厍狄士父之从父妹”，②为时任屯田侍郎的柳彧以不孝所亲，违背人伦，“弃二姓之重匹，违六礼之轨仪。请禁锢终身，以惩风俗。二人竟坐得罪”。③唐中宗时，武三思诬告彦范等人传播韦皇后淫秽宫廷，中宗大怒，“乃长流彦范于瀼州，敬晖于崖州，张柬之于泷州，袁恕己于环州，崔玄暐于古州，并终身禁锢，子弟年十六已上者亦配流岭外”。④

宋太宗时，佣书翟颖肆言时政，与左谏议大夫赵昌言等狼狈为奸，为陈王逮捕下狱，“昌言坐贬崇信节度行军司马，颖仗脊黥面，流海岛，禁锢终身”。⑤ 元文宗时，御史中丞和尚因受贿遇赦原罪，但仍为监察御史劾弹：“‘和尚所为贪纵，有污台纲，罪虽见原，理宜追夺所受制命，禁锢元籍终其身’。台臣以闻，制可”。⑥ 明世宗嘉靖初年（1522 年），余珊应诏陈十渐中有：“正德朝，衣冠蒙祸，家国几空，幸陛下起而收录之。乃未几而狂瞽之言，一鸣辄斥。昔犹谪迁外任，今或编配遐荒。昔犹禁锢终身，今至箠死殿陛。”⑦此段虽是谏言，但可以侧证武宗年间对于大臣出言不逊者予以禁锢终身之罪倒不会有太大问题。清朝光绪年间，戊戌变法失败，六君子被诛，“（徐）致靖以党附下狱禁锢，复追论原保诸臣罪。御史宋伯鲁、湖南巡抚陈宝箴，

---

① （唐）李延寿：《南史》卷六《梁本纪上》，中华书局 1975 年版，第 188 页。

② （唐）魏征等：《隋书》卷六十二《柳彧列传》，中华书局 1973 年版，第 482 页。

③ 同上。

④ （后晋）刘昫等：《旧唐书》卷九十一《桓彦范列传》，中华书局 1975 年版，第 2931 页。

⑤ （元）脱脱等：《宋史》卷二百六十七《赵昌言列传》，中华书局 1985 年版，第 9195 页。

⑥ （明）宋濂等：《元史》卷三十四《文宗本纪三》，中华书局 1976 年版，第 771 页。

⑦ （清）张廷玉等：《明史》卷二百八《余珊列传》，中华书局 1974 年版，第 5497 页。

开缺户部尚书、协办大学士翁同龢,俱削官永不叙用”。①

由上列举可知,无论是“终身废锢”“终身禁锢”“禁锢终身”“禁锢元籍终其身”和“永不叙用”,均为“禁锢终身”的同义语,实质皆为无期禁锢。总的来看,禁锢终身的原因多种多样:有因贪赃被禁锢终身的,如北魏的二王拓拔天赐和拓拔桢、南朝宋代的大将褚叔度和元朝的御史中丞和尚等人;有因不孝及违礼被处以禁锢终身的,如东晋的宋挺和隋朝的唐君明、厍狄士文等;有因危害皇权而被处以禁锢终身的,如东汉的尹兴、陆续及两次党锢之祸的李膺、荀昙等人,宋朝的佣书翟颍和清朝的陈宝箴、翁同龢等;也有因违制不敬被处以禁锢终身的,如西汉王商的主簿、东晋的谢安、南朝刘宋的谢元和南朝萧梁的唐佣等人,还有被诬告处以禁锢终身者,如唐朝的桓彦范、张柬之等 5 人。这均能说明从汉至清,禁锢终身一直绵延地被多次适用。

值得一提的是,许多仅仅以“禁锢”表达而未强调禁锢时间的“禁锢”亦多为禁锢终身之意,如西汉成帝时,案后将军朱博、臣鹿太守孙闳、故光禄大夫陈咸与红光侯刘立交通友善,为丞相翟方进所奏,“……‘臣幸得备宰相,不敢不尽死。请免博、闳、咸归故郡,以销奸雄之党,绝群邪之望’。奏可。咸既废锢,复徙故郡,以忧发疾而死”。② 东汉桓帝时,原京兆尹延笃“遭党事禁锢。永康元年,卒于家”。③ 此二例中的陈咸被废锢与延笃遭禁锢中的“废锢”与“禁锢”即为禁锢终身,由禁锢的时间直至其死亡亦可略见一斑。

南朝刘宋世祖孝建三年(456 年),散骑常侍檀和之“出为南兖州

① 赵尔巽:《清史稿》卷一百九《选举志四》,中华书局 1977 年版,第 3191 页。
② (东汉)班固:《汉书》卷八十四《翟方进列传》,中华书局 2005 年版,第 2543 页。
③ (南朝宋)范晔:《后汉书》卷六十四《延笃列传》,中华书局 1965 年版,第 2108 页。

刺史,坐酣饮黩货,迎狱中女子入内,免官禁锢。其年卒,追赠左将军”。[①] 南朝萧齐武帝年间,苍梧世正员郎张克“险行见宠,坐废锢”。[②] 此两处的“禁锢”和“废锢”亦为终身禁锢,只不过檀和之因死亡而结束禁锢,而张克被“废锢”后史书无记载,实为终身被锢。

南宋度宗年间,“台臣劾朱善孙督纲运受赃四万五千,诏特贷死,配三千里,禁锢不赦。”[③]金朝海陵王在任期间,对于金熙宗时的酷吏萧肄,“诏除名,放归田里,禁锢不得出百里外”。[④] 元顺帝时期,监察御史斡勒海寿劾奏丞相哈麻时事涉脱忽思皇后,“脱忽思皇后泣诉帝,谓御史所劾哈麻事为侵已,帝益怒,乃诏夺海寿官,屏归田里,禁锢之”。[⑤] 明朝景泰帝即位初年,太监金英“犯赃罪,下狱论死。帝令禁锢之,终景帝世废不用”。[⑥] 清朝康熙八年(1669 年),“上以鳌拜结党专擅,勿思悔改,下诏数其罪,命议政王等逮治……论大辟,并籍其家,纳穆福亦论死……诏谓:‘效力年久,不忍加诛,但褫职籍没。(鳌拜子)纳穆福亦免死,俱予禁锢。鳌拜死禁所,乃释纳穆福’。”[⑦] 这几段史料中的禁锢由现存资料来看,均为禁锢终身之意,即或禁锢至死或禁锢后史料不载,表示免官为民后未再起用。

由此可见,禁锢刑最常见的惩治即禁锢终身,尽管有时亦用禁锢来表达。尽管史载亦有禁锢数年而非具体年限的情况,那极可能遇到赦令或重被起用所计算的年数,这实际上属禁锢的执行问题,从立法理论上言依然可以看做禁锢终身的,如东汉党锢之祸中,羊续因曾

① (梁)沈约:《宋书》卷九十七《夷蛮列传》,中华书局 1974 年版,第 2379 页。
② (梁)萧子显:《南齐书》卷三十三《张绪列传》,中华书局 1972 年版,第 602 页。
③ (元)脱脱等:《宋史》卷四十六《度宗本纪》,中华书局 1985 年版,第 907 页。
④ (元)脱脱等:《金史》卷一百二十九《酷吏列传》,中华书局 1975 年版,第 2780 页。
⑤ (明)宋濂等:《元史》卷二百五《奸臣列传》,中华书局 1976 年版,第 4582 页。
⑥ (清)张廷玉等:《明史》卷三百四《宦官列传》,中华书局 1974 年版,第 7770 页。
⑦ 赵尔巽等:《清史稿》卷二百四十九《鳌拜列传》,中华书局 1977 年版,第 9683 页。

为窦武属吏,“及武败,坐党事,禁锢十余年,幽居守静。及党禁解,复辟太尉府,四迁为庐江太守”,①东汉著名经学家郑玄在戒子书中自嘲:“遇阉尹擅执,坐党禁锢,十有四年,而蒙赦令,举贤良方正有道,辟大将军三司府。”②梁冀故吏崔寔“会梁冀诛,寔以故吏免官,禁锢数年。时鲜卑数犯边,诏三公举威武谋略之士,司空黄琼荐寔,拜辽东太守”。③ 侍御史羊陟:“会固被诛,陟以故吏禁锢历年。复举高第,再迁冀州刺史”。④ 这几段史料中的“禁锢十余年”“禁锢十四年”“禁锢数年”及“禁锢历年”均系从被禁锢开始至再被举荐为止计算的实际执行年限,若无赦令及后被举为官职,禁锢终身是极可能被执行的。宋金亦有类似情形。宋宁宗年间,太学生徐范等欲上书为丞相赵汝愚鸣不平,“书奏,侂胄果大怒,谓其扇摇国是,各送五百里编管。范谪临海,与兄归同往,禁锢十余年。登嘉定元年进士第。授清江县尉,辟江、淮制置司准备差遣”。⑤ 徐范被“禁锢十余年”盖亦从被编管算起至党禁解除其可参加科举考试为止。若非“逮镗死,侂胄亦稍厌其事……伪党之禁浸解”,⑥徐范恐怕是要一直被禁锢的。金章宗时杀其叔鄗厉王完颜永中,“永中子孙禁锢,自明昌至于正大末,几四十年。天兴初,诏驰禁锢。未几,南京亦不守云”。⑦ 金帝对鄗厉王的禁锢系禁锢终身当无多大疑问,因为只是到金哀宗年间,金朝国祚亦不保时才释其禁锢,只不过是政治上的笼络人心以抗蒙元的

---

① (南朝宋)范晔:《后汉书》卷三十一《羊续列传》,中华书局 1965 年版,第 1109 页。
② (南朝宋)范晔:《后汉书》卷三十五《郑玄列传》,中华书局 1965 年版,第 1209 页。
③ (南朝宋)范晔:《后汉书》卷五十二《崔寔列传》,中华书局 1965 年版,第 1730 页。
④ (南朝宋)范晔:《后汉书》卷六十七《党锢列传》,中华书局 1965 年版,第 2209 页。
⑤ (元)脱脱等:《宋史》卷四百二十三《徐范列传》,中华书局 1985 年版,第 12627 页。
⑥ (元)脱脱等:《宋史》卷四百七十四《韩侂胄列传》,中华书局 1985 年版,第 13774 页。
⑦ (元)脱脱等:《金史》卷八十五《世宗诸子列传》,中华书局 1975 年版,第 1900 页。

一个举措而已！

（三）跨世禁锢

跨世禁锢是指不仅本人被锢，而且本人子孙亦被禁锢的禁锢处罚，这是最严厉的一种禁锢。通常是禁锢二世或三世，所针对的禁锢对象均为犯重罪的官吏抑或身份极其低贱之人，当然主要是前者，如商人在古代社会尤其是汉武帝之前地位很低，汉初统治者就曾多次下诏："天下已平，高祖乃令贾人不得衣丝乘车，重租税以困辱之。孝惠、高后时，为天下初定，复弛商贾之律，然市井之子孙亦不得仕宦为吏"，①此即规定商贾及其子辈、孙辈三世不得为官，实质即为禁锢三世。这种针对商贾的禁锢因汉武帝时实行的捐纳为官政策后已无太大实际功效，商贾出身的官僚已不乏其人，尤其是汉灵帝在位时为镇压黄巾起义筹集军费大量卖官鬻爵，禁锢商人为官几同虚设，所以笔者下面主要讨论犯重罪的官吏被跨世禁锢的情形。

首先是因犯赃罪被锢的官吏，要被禁锢二世或三世。汉安帝时，"清河相叔孙光坐臧抵罪，遂增禁锢二世。至是，居延都尉范邠复犯臧罪，朝廷欲依光比"。② 此段史料牵涉两件事情：一是叔孙光因犯赃罪被处禁锢二世之罚，连及叔孙光的子辈；二是之后范邠亦犯赃罪，司徒杨震、司空陈褒和延尉张皓认为应比照叔孙光处禁锢二世，而太尉刘恺却持异议，并说服安帝只禁锢范邠本人而未株连其子。同为安帝期间，尚书陈忠上奏"除蚕室刑，解赃吏三世禁锢……事皆实行"。③ 由于这两条史料均出自汉安帝年间，且时间相距较近，故

① （西汉）司马迁：《史记》卷三十《平准书》，中华书局1959年版，第1418页。

② （北宋）司马光：《资治通鉴》汉纪四十二《孝安皇帝中》，中华书局1956年版，第1617页。

③ （唐）房玄龄等：《晋书》卷三十《刑法志》，中华书局1974年版，第920页。

有学者认为“三世”当是“二世之误”，[①]笔者以为不能排除对臧吏有禁锢三世的可能。因为中国古代帝制社会是一专制社会，皇帝的话为金口玉言，其一言可改法亦一言可立法，所以禁锢三世至罪吏的孙辈不能被排除。况且后世唐朝又有几例禁锢三世的案例，想必也决非空穴来风。亦同唐太宗贞观七年(633 年)，当政局稳定之时，对在江都诛弑隋炀帝的宇文化及等人予以禁锢三世之罚，即“诏曰：‘宇文化及弟智及、司马德戡、裴虔通、孟景、元礼、杨览、唐奉义、牛方裕、元繁、薛良、马举、元武达、李孝本、李孝质、张恺、许弘仁、令狐行达、席德方、李覆等，大业季年，咸居列职，或恩结一代，任重一时；乃包藏凶慝，罔思忠义，爰在江都，遂行弑逆，罪百阎、赵，衅深枭獍。虽事是前代，岁月已久，而天下之恶，古今同弃，宜置重典，以励臣节。其子孙并宜禁锢，勿令齿叙”。[②] 宇文化及等人身为大隋旧臣，胆敢弑君自立，实属大逆不道，禁锢三世累及子孙宜是罪有应得。当然太宗此举亦是维护皇权，以免重蹈覆辙。不光谋反行为要跨世禁锢，唐朝对酷吏亦采禁锢三世之罚，如唐玄宗年间，对武则天执政时期的酷吏予以禁锢三世之刑，即“御史大夫程行湛奏：‘周朝酷吏来俊臣等二十三人，情状尤重，子孙请皆禁锢，’……从之”；[③]“(张)知默尝与来俊臣：周兴等同掌诏狱，陷于酷吏，子孙禁锢”，[④]左金吾卫大将军丘神勣，“尝受诏鞫狱，与周兴、来俊臣等俱号为酷吏。寻以罪伏诛。神龙初，禁锢其子孙”。[⑤] 傅游艺之兄傅神童“希则天旨，诬族皇枝。神龙初，

---

① 廖伯源：《秦汉史论丛》，中华书局 2008 年版，第 210 页注⑧。

② (后晋)刘煦等：《旧唐书》卷三《太宗本纪下》，中华书局 1976 年版，第 42 页。

③ (北宋)司马光：《资治通鉴》唐纪二十八《玄宗皇帝上之下》，中华书局 1956 年版，第 6763～6764 页。

④ (后晋)刘煦等：《旧唐书》卷一百八十五下《良吏列传下》，中华书局 1976 年版，第 4810 页。

⑤ (后晋)刘煦等：《旧唐书》卷五十九《丘和列传》，中华书局 1976 年版，第 2327 页。

禁锢其子孙”。[1] 这几段史料中的周兴、来俊臣、张知默、丘神勣和傅神童均因武周政权时为虎作伥，大兴冤狱残害忠良到中宗复政及玄宗亲政之时被秋后算账，禁锢三世连及子孙，想必这些酷吏九泉之下恐亦难以瞑目了！

总而言之，禁锢的刑期一般为终身，情节较轻的可为有期禁锢的3年、5年及10年，而对那些贪赃之罪、谋反篡逆之罪及严重曲法之酷吏则处以禁锢三世之刑，影响到罪吏的子辈及孙辈。客观地讲，跨世禁锢系前述株连禁锢在刑期上的表现，也是皇帝或最高统治者对严重侵犯皇权行为及统治秩序的重要惩治手段。

二、禁锢的适用主体

禁锢的主要对象是罪吏，即犯罪的官吏，故适用禁锢的前提是对官吏的有罪认定，因为官吏所犯罪行的轻重会影响到禁锢的时间长短及株连子孙后代的有无及范围大小。是故禁锢的发布实有严格的程序，最后必须经过最高统治者——皇帝或实际代行皇权者的批准。对此，西晋刘颂对此有过精辟概括：“除名流徙退免大事，台乃奏处，其余外官皆专断之”。[2] 禁锢的适用主体指禁锢发布的主体，意即由谁来具体作出禁锢刑之处罚决定。

（一）皇帝

皇帝作为中国古代帝制社会权力“金字塔”的顶端，掌握着国家的最高行政权、立法权、司法权和军事权，而禁锢牵涉现代所讲的组织人事权之重大问题，故由皇帝定夺系常态，又由于国家之事纷繁复杂，非皇帝一人处理所能及，故常由大臣提议或弹奏而皇帝批准为发布禁锢之常规程序，如东汉灵帝熹平年间，“灵帝用中常侍曹节等谗

① （后晋）刘煦等：《旧唐书》卷一百八十六《酷吏列传上》，中华书局1976年版，第4842页。

② （唐）房玄龄等：《晋书》卷四十六《刘颂列传》，中华书局1974年版，第1303页。

言,禁锢海内清英之士,谓之党人”。[①] 尽管此次党锢之祸由宦官谗言所起,但禁锢令由灵帝发布当属无疑,党锢之祸亦由此始。北魏世祖太武帝拓拔焘曾将坐赃应处死的宦官苻承祖处以禁锢,即“太后殂,后承祖坐赃应死,魏主原之,命削职禁锢于家”,[②]皇帝一句话,苻承祖被从死刑减为禁锢刑。宋朝亦有类似例子,“台臣朱善孙督纲受赃四万五千,诏特贷死,配三千里,禁锢不赦”。[③] 朱善孙亦是由宋度宗下诏将其死刑减为流刑附加禁锢的。明朝嘉靖年间,“诚意伯刘世延不法,自修极论其奸。诏革任禁锢”。[④] 清朝雍正年间,“谕曰:‘隆科多罪不容诛,但皇考升遐,大臣承旨者惟隆科多一人。今以罪诛,朕心有所不忍,可免其正法,于畅春院外筑屋三楹,永远禁锢’”。[⑤] 以上几例,无论是大臣劾奏,还是皇帝从轻处罚,苻承祖、朱善孙、刘世延、隆科多的禁锢均是由当朝皇帝下诏或谕予以发布的。

不唯如此,皇帝亦可否决大臣劾奏要求禁锢的官吏,如汉灵帝时的太中大夫盖升“与帝有旧恩,前为南阳太守,臧数亿以上。玄奏免升禁锢,没入财贿。帝不从,而迁升侍中”。[⑥] 尚书令桥玄劾奏盖升犯赃当锢,灵帝不仅不准,反而将其从外官升为京官侍中,充分说明皇帝掌握着禁锢适用的权柄。类似的例子还有东晋成帝年间,“御史中丞周闵奏裕及谢安违诏累载,并应有罪,禁锢终身,诏书贯之”。[⑦] 阮裕与谢安被奏禁锢终身,皇帝却下诏宽宥了二人。南朝齐武帝年

---

① (南朝宋)范晔:《后汉书》志第十六《五行志四》,中华书局1965年版,第3336页。

② (唐)李延寿:《北史》卷九十二《恩幸列传》,中华书局1974年版,第3036页。

③ (元)脱脱等:《宋史》卷四十六《度宗本纪》,中华书局1985年版,第907页。

④ (清)张廷玉等:《明史》卷二百二十《辛自修列传》,中华书局1974年版,第5798页。

⑤ 赵尔巽:《清史稿》卷二百九十五《隆科多列传》,中华书局1977年版,第10355页。

⑥ (南朝宋)范晔:《后汉书》卷五十一《桥玄列传》,中华书局1965年版,第1308页。

⑦ (唐)房玄龄等:《晋书》卷四十九《阮裕列传》,中华书局1974年版,第1368页。

间的褚澄因赎买皇帝赠予其兄褚渊之御物，被劾解禁锢之，皇帝未予采纳，即“永明元年，为御史中丞袁彖所奏，免官禁锢，见原”。[①] 这两例亦说明皇帝对禁锢处理的最终决定权。

（二）当权摄政者

当权摄政指因皇帝年幼而由太后或权臣代为行使最高权力的情形。由于此时的太后或权臣掌握着最高权力，当然享有禁锢适用的权力。西汉平帝即位时年幼，大将军王莽秉政，因其长子王宇与当时名儒吴章以厌魅之事惧莽，结果“章坐要斩，磔尸东市门。初，章为当世名儒，教授尤盛，弟子千馀人，莽以为恶党，皆当禁锢，不得仕宦”。[②] 此段史料中禁锢吴章弟子的刑罚即系由安汉公王莽作出的。东汉安帝即位之初，梁太后临朝时期，栾巴因多次因上书苦谏和帝陵园占地过广，而被梁太后斥为“固遂其愚，复上诽谤。苟肆狂瞽，益不可长。巴坐下狱，抵罪，禁锢还家”。[③] 东汉顺帝即位时年幼，邓太后执政时期，东观马融“因兄子丧自劾归。太后闻之怒，谓融羞薄诏除，欲仕州郡，遂令禁锢之”。[④] 栾巴与马融被禁锢均系由当时临朝听政的太后作出的。清朝慈禧太后于百日维新后追惩党人亦为一例，即“未几党祸起，慈禧太后训政，有为窜海外，其弟广仁及御史杨深秀，军机章京谭嗣同、林旭、杨锐、刘光第弃市，致靖以党附下狱禁锢，复追论原保诸臣罪。御史宋伯鲁、湖南巡抚陈宝箴，开缺户部尚书、协办大学士翁同龢；俱削官永不叙用”。[⑤] 徐致靖被处禁锢，宋伯鲁、陈宝箴、翁同龢之永不叙用均由慈禧太后下诏施行。

---

① （唐）李延寿：《南史》卷二十八《褚裕之列传》，中华书局 1975 年版，第 756 页。
② （东汉）班固：《汉书》卷六十七《云敞列传》，中华书局 2005 年版，第 2205 页。
③ （南朝宋）范晔：《后汉书》卷五十七《栾巴列传》，中华书局 1965 年版，第 1841 页。
④ （南朝宋）范晔：《后汉书》卷六十《马融列传》，中华书局 1965 年版，第 1970 页。
⑤ 赵尔巽：《清史稿》卷一百九《选举四》，中华书局 1977 年版，第 3191 页。

对于当权执政者作为发布禁锢的主体，可能有人会提出质问，这些太后或权臣难道不是以皇帝的名义下诏发布禁锢的吗？答案是肯定的，但笔者注重的是禁锢的实际运行，让那些婴幼皇帝或者被幽禁的皇帝对禁锢与否作出判断是不可能的抑或不现实的，故笔者将这两类主体分开，以便读者能更清晰地了解禁锢具体适用的主体亦不为过！

三、禁锢的效力范围

禁锢，作为一种刑罚，必然有其时间效力、空间效力和对人——被禁锢者的效力。禁锢的时间效力主要是指禁锢在哪些时间里具有剥夺被禁锢者为官资格的效力，这实际上是禁锢的执行刑期问题，前文已述，此处不赘，是故本节主要分析后两个问题。

（一）禁锢的空间效力

禁锢的空间效力是指被禁锢者被限定的地理范围，亦即被禁锢者在哪些地域服刑的问题。就现有史料来看，被禁锢者服刑的地点主要有两类：一是原籍；二是指定地点。

对于前者，即将被禁锢者发回原籍禁锢较易理解，一则中国人"思乡病"极重，既然官已被免，归乡持家亦可安享天年；二则可以显示皇帝或最高统治者的宽仁之一面，亦为将来起用之留下一条后路。例如，东汉章帝时，因楚王刘英谋反而牵连的吴郡太守尹兴等人，因陆续之孝行感动治狱使者，"上书说续行状。帝即赦兴等事，还乡里，禁锢终身"。[①] 东汉梁太后临朝时，曾以诽谤之名将屡次谏书和帝陵园侵毁民冢的尚书栾巴处以"禁锢还家"。[②] 东汉桓帝时的太常张奂因得罪出身宦官的司隶校尉王寓，"寓怒，因此遂陷以党罪，禁锢归田

---

① （南朝宋）范晔：《后汉书》卷八十一《独行列传》，中华书局1965年版，第2683页。

② （南朝宋）范晔：《后汉书》卷五十七《栾巴列传》，中华书局1965年版，第1841页。

里”。[①] 南朝宋文帝年间，尚书左丞谢元因违制拨付太尉王义恭经费，被御史何承天劾奏，“上大怒，遣元长归田里，禁锢终身”。[②] 南齐明帝时，宣德太仆刘朗之，因不赡养侄子，致其随母他嫁，被“免官，禁锢终身，付之乡论”。[③] 金熙宗时宠臣萧肄凭侍恩幸，与海陵王有隙，待海陵王即位后，被“诏除名，放归田里，禁锢不得出百里外”。[④] 元顺帝时，监察御史斡勒海寿劾奏丞相哈麻时事涉脱忽思皇后，“脱忽思皇后泣诉帝，谓御史所劾哈麻事为侵己，帝益怒，乃诏夺海寿官，屏归田里，禁锢之”。[⑤]

上述史料中的“禁锢还家”“禁锢归田里”“禁锢付之乡论”“屏归田里禁锢”等表述，均表示将犯罪的官吏免去官职后，发回原籍（当然一般指为官前与父母亲人常居之地）禁锢，如前述张奂被处以禁锢归田里后，因“奂前为度辽将军，与段颎争击羌，不相平。及段颎为司隶校尉，欲逐奂归敦煌……颎虽刚猛，省书哀之，卒不忍也”。[⑥] 张奂原籍确为敦煌，但因军功已举家迁至弘农华阴，张奂归田里应归弘农华阴而非敦煌，段颎为司隶校尉欲以此报私仇，以张奂写信求情乃罢。这应不是禁锢归家的常态。细观此种处罚的起因多为违礼之罪，目的是将其发回老家反省，并不严密监控，因为前述也只有金朝萧肄被明确处以“不得出百里外”之禁锢范围，其余则未明确强调，说明此种禁锢的空间范围不甚严格。

然而对于指定地点的禁锢，则往往针对谋反、朋党等重罪，不仅

---

① （南朝宋）范晔：《后汉书》卷六十五《张奂列传》，中华书局1965年版，第2141页。
② （梁）沈约：《宋书》卷六十四《何承天列传》，中华书局1974年版，第1711页。
③ （唐）李延寿：《南史》卷五《齐本纪下》，中华书局1975年版，第142页。
④ （元）脱脱等：《金史》卷一百二十九《酷吏列传》，中华书局1975年版，第2780页。
⑤ （明）宋濂等：《元史》卷二百五《奸臣列传》，中华书局1976年版，第4582页。
⑥ （南朝宋）范晔：《后汉书》卷六十五《段颎列传》，中华书局1965年版，第2141～2142页。

仅是让其闭门思过，更重要的是严格监控其行动，以免其再做有害皇权之事。三国时期，吴国末帝孙皓因怀疑孙奋有谋逆之心，尤其在听到豫章太守张俊为孙奋之母扫墓后，“奋以此见疑，本在章安，徙还吴城禁锢，使男女不得通婚，或年三十四十不得嫁娶”。[①] 孙皓将孙奋禁锢于吴城，一来避免其与章安旧部联系，二来在都城便于监督其行动，直至最后赐死孙奋父子。宋太宗时期，几位宠幸宦官因违礼被贬外禁锢，如弭德超被“下诏夺官职，与其家配隶琼州禁锢”，陈利用被“下诏除名，配商州禁锢”，赵赞被“下诏夺赞官，许携家配隶房州禁锢”。[②] 这几位宦官均是被免官后，贬离京城很远的琼州、商州、房州禁锢，有流刑的味道却非流刑，目的是以示严惩。当然此处亦可将禁锢视为夺官除名的附加刑，只不过禁锢刑执行的地点被明确指定。元文宗年间，钦察台因心异图被监察御史张益所奏，文宗下令“诏夺其制命，金符，同妻孥禁锢于广东，毋籍其家”。[③] 因钦察台时为四川平章，而云南正在征战，皇帝担心钦察台图谋叛乱，故将其举家禁锢于千里之外的广东，以绝云南边患之扰。清朝雍正年间，雍正十四弟允禵为大臣所劾，皇帝谕令：“允禵不能悔悟，奸民蔡怀玺又造为大逆之言，摇惑众听，宜加禁锢，即与其子白起并锢于寿皇殿左右，宽以岁月，待其悔改”。[④] 允禵由于与雍正争夺皇位失败，心有怨望，故父子均禁锢在皇宫之内的寿皇殿，虽衣食无忧，但行动自由受到严格限制，实同囚犯。无独有偶，雍正宠臣隆科多自以为劳苦功高，多有不法，被劾犯四十一款大罪，当被诛杀，雍正从轻处以禁锢终身，即谕：

---

① (晋)陈寿:《三国志》卷五十九《吴书》十四《吴主五子列传》，中华书局 1976 年版，第 814 页。

② (元)脱脱等:《宋史》卷四百七十《佞幸列传》，中华书局 1985 年版，第 13678、13679、13680 页。

③ (明)宋濂等:《元史》卷三十五《文宗本纪四》，中华书局 1976 年版，第 788 页。

④ 赵尔巽:《清史稿》卷二百二十《诸王列传六》，中华书局 1977 年版，第 9082 页。

"隆科多罪不容诛……朕心有所不忍,可免其正法,於畅春园外筑屋三楹,永远禁锢"。[①] 隆科多虽被免死,但禁锢的地点却在皇宫之内,以示严加监管之意,直至隆科多死于禁所。因此,对于王公重臣的禁锢多系都城某一固定地点,并派人严格监视其一举一动,之所以与普通禁锢归乡有别,即是担心此辈交通属吏再次为非作歹而威胁皇权统治,故在笔者看来,这种指定地点的禁锢已与监狱囚禁相近,只不过"衣食住行"的条件更优而已。

(二)禁锢对人的效力

对于被禁锢之人的效力,首要的就是不得仕宦为吏,即剥夺被禁锢者为官的资格。不得仕宦为吏,不仅包括不得为朝廷命官,而且亦不得为中央公卿和地方郡县长官的属吏。若有官员违规使用被禁锢者为吏,则将受到相应的处罚,如汉顺帝时期,身为太傅且掌录尚书事的桓焉可谓位高权重,但却因"视事三年,坐辟召禁锢者为吏免"。[②] 这说明被禁锢者在被解锢之前是不能被在朝公卿任用为属吏的,桓焉因违背此规定而被免官即为一证。又如东汉梁太后临政之时,马融"因兄子丧自劾归。太后闻之怒,谓融羞薄诏除,欲仕州郡,遂令禁锢之"。[③] 这可以作为被禁锢者不得为州郡长官之属吏的佐证,马融被禁锢也就断了其归乡为州郡属吏的仕途。因此,对被禁锢者不得为官为吏是对其最核心权利的剥夺。最常见的莫过于对事主本人的惩罚,即有官职者先行免官再行禁锢,特殊情况下会株连事主的亲属、门生、故吏。如因妖言犯罪被锢,会连及罪吏的三族亲属被锢,即"往者妖言大狱,所及广远,一人犯罪,禁至三属,莫得垂缨仕

---

① 赵尔巽:《清史稿》卷二百九十五《隆科多列传》,中华书局 1977 年版,第 10355 页。

② (南朝宋)范晔:《后汉书》卷三十七《桓荣列传》,中华书局 1965 年版,第 1257 页。

③ (南朝宋)范晔:《后汉书》卷六十《马融列传》,中华书局 1965 年版,第 1970 页。

宦王朝”。[①] 尽管此是汉章帝下诏解除三族株连之锢，但仍然保留妖言之锢者“不得在宿卫”为官，以免危及皇帝安全。又如汉灵帝年间，因永昌太守曹鸾上书为党人鸣冤辩解，其本人被下狱掠杀，更又诏“州郡更考党人门生故吏父子兄弟，其在位者，免官禁锢，爰及五属”。[②] 此次朋党之锢就不仅是党人自身被杀被锢，就是其门生、故吏、亲属的五服以内的亲属均要被连及被锢，其株连打击的范围已经登峰造极了。无怪乎沈家本给出如下评价：“汉亡于桓、灵，而灵之昏更甚于桓，古今党锢无烈于此时者矣。锢及五属，惨甚惨矣，而门生、故吏亦在其中，则更不止五属。”[③]汉之亡祚几可知矣！

还有对被禁锢者实施禁止通婚的记载，盖为法外之罚，如三国时期吴国末帝孙皓听信讹言其弟孙奋当继大统，“奋以此见疑，本在章安，徙还吴城禁锢，使男女不得通婚，或年三十四十不得嫁娶。奋上表乞自比禽兽，使男女自相配偶。皓大怒，遣察战赍药赐奋……父子皆饮药死”。[④] 又如金朝卫绍王被弑后，其子孙与镐厉王的子孙被后继皇帝长期禁锢，即“卫绍历年不永，诸子凡禁锢二十余年，镐厉王诸子禁锢四十余年，长女鳏男皆不得婚嫁”。[⑤] 这两例中的禁锢刑，被禁锢者及其子孙的通婚权被剥夺，有史记载不多，极可能是皇帝想对其彻底斩草除根以绝后患，但又怕落一个杀戮宗亲的骂名，故长期禁锢之，令其生不如死的苟且偷生。由此可见政治斗争的残酷以及皇帝的心狠手辣。

值得一提的是，还有一郡之人被禁锢的例子。西晋五胡十六国

---

① (南朝宋)范晔：《后汉书》卷三《章帝本纪》，中华书局 1965 年版，第 147 页。

② (南朝宋)范晔：《后汉书》卷六十七《党锢列传》，中华书局 1965 年版，第 2189 页。

③ 沈家本：《历代刑法考》，邓经元、骈宇骞点校，中华书局 1985 年版，第 494 页。

④ (晋)陈寿：《三国志・吴书》卷五十九《吴主五子列传》之《江表传》，中华书局 2006 年版，第 1375 页。

⑤ (元)脱脱等：《金史》卷九十三《诸王列传》，中华书局 1975 年版，第 2060 页。

其间,“石季龙末,清河崔悦为新平相,为郡人所杀。悦子液后仕坚,为尚书郎,自表父仇不同天地,请还冀州。坚愍之,禁锢新平人,缺其城角以耻之,新平酋望深以为惭,故相率距苌,以立忠义”。[①] 新平郡因曾为贼人姚苌攻陷,崔悦被杀,崔悦之子崔液欲到冀州任职严察其父之事,前秦皇帝苻坚为笼络崔悦,将新平一郡之人予以禁锢,而且也昭示不能随便降贼。尽管此禁锢随着苻坚政权的瓦解不复存在,但也说明皇帝施行禁锢的随意性。

此外,也有对被禁锢者的人际交往进行限制的例子。一般而言,之所以将被禁锢之人放归故里或指定地点,皇帝抑或最高统治者的目的是让其闭门思过,对于禁锢于指定地点之人尤为如此。但由于多数被禁锢者享有一定人身自由,“禁锢者多不能守静”,[②]热衷于继续交结权臣贵族,争取尽快获得解锢出仕之机会,如汉章帝时的外戚窦宪就受到许多禁锢者攀附,受到时任司空的第五轮上书批评:“伏见虎贲中郎将窦宪,椒房之亲,典司禁兵,出入省闼,年盛志美,卑谦乐善,此诚其好士交结之方。然诸出入贵戚者,类多瑕衅禁锢之人,尤少守约安贫之节,士大夫无志之徒更相贩卖,云集其门。众煦飘山,聚蚊成雷,盖骄佚所从生也。三辅论议者,至云以贵戚废锢,当复以贵戚浣濯之,犹解酲当以酒也。彼险趣执之徒,诚不可亲近。臣愚愿陛下中宫严敕宪等闭门自守,无妄交通士大夫,防其未萌,虑于无形,令宪永保福禄,君臣交欢,无纤介之隙”。[③] 第五轮虽是上书章帝防范窦宪以防外戚势力扩大,说明第五轮有先见之明,但能侧证被禁

---

① (唐)房玄龄等:《晋书》卷一百一十四《苻坚载记下》,中华书局 1974 年版,第 2926 ~ 2927 页。

② (南朝宋)范晔:《后汉书》卷六十五《张奂列传》,中华书局 1965 年版,第 2142 页。

③ (南朝宋)范晔:《后汉书》卷四十一《第五伦列传》,中华书局 1965 年版,第 1400 ~ 1401 页。

锢者是不应出入权宦之门的。

当然,被禁锢者虽不能为官,但仍享有学术自由,其中不乏闭门著书立说和传授门生者,最终成为当世大儒,如东汉的郑玄与何休遭党锢后,致力于研究经学,最终大有所成,即"(玄)及党事起,乃与同郡孙嵩等四十余人俱被禁锢,遂隐修经业,杜门不出。时任城何休好《公羊》学,遂著《公羊墨守》、《左氏膏肓》、《谷梁废疾》;玄乃发《墨守》,针《膏肓》,起《废疾》。休见而叹曰:'康成入吾室,操吾戈,以伐我乎'!初,中兴之后,范升、陈元、李育、贾逵之徒争论古今学,后马融答北地太守刘瑰及玄答何休,义据通深,由是古学遂明"。[①] 郑玄被禁锢 14 年,何休被禁锢 17 年,禁锢期间以书为乐,相互诘难切磋,不但振兴了古代经学,而且对汉代律学也贡献甚巨。这充分说明被禁锢者虽然被剥夺了为官的资格,但仍享有充分的学术自由。又如东汉末年的荀爽"后遭党锢,隐于海上,又南循汉滨,积十余年,以著述为事,遂称为硕儒……著《礼》、《易传》、《诗传》、《尚书正经》、《春秋条例》,又集汉事成败可为鉴戒者,谓之《汉语》。又作《公羊问》及《辩谶》,并它所论叙,题为《新书》"。[②] 陈寔因党锢连及其子陈纪,陈纪却闭门静居"发愤著书数万言,号曰《陈子》。党禁解,四府并命,无所屈就"。[③] 荀爽、陈纪因党锢而致力于治学,后虽屡辞征辟,终被任用。一则说明被禁锢者享有学术研究的自由;二则亦可看为君子修身立言的典范,当然也有"君子藏器于身,待时而动"[④]之意。不唯如此,还有被禁锢的人教授弟子、传授学术的,如东汉曾被两次遭禁

① (南朝宋)范晔:《后汉书》卷三十五《郑玄列传》,中华书局 1965 年版,第 1207 ~ 1208 页。

② (南朝宋)范晔:《后汉书》卷六十二《荀爽列传》,中华书局 1965 年版,第 2056 ~ 2057 页。

③ 同上书,第 2067 页。

④ 《周易译注》之《周易·系辞下》,周振甫译注,中华书局 1991 年版,第 262 页。

锢的张奂以党锢归田里之后，“奂闭门不出，养徒千人，著《尚书记难》三十余万言……所著铭、颂、书、教、诫述、志、对策、章表二十四篇”。[①] 西汉的朱云与陈咸相交甚密，因得罪权臣石显，“咸、云遂废锢，终元帝世”，“陈咸复徙故郡，以忧死”，[②]而朱云“自是之后不复仕，常居鄠田，时出乘牛车从诸生，所过皆敬事焉……其教授，择诸生，然后为弟子。九江严望及望兄子元，字仲，能传云学；皆为博士。”望至泰山太守。[③] 朱云与张奂被锢后，对当时朝政颇感失望，遂以教授门徒为乐，且门徒亦负有盛名，如严望后为泰山太守，自身也名重一时，亦可侧证被禁锢者享有学术自由，可教授可著书自得其乐。

不唯汉代，宋朝和明朝亦有被禁锢者享有学术自由的实例。南宋宁宗时，韩侂胄当权，“时台谏迎合侂胄意，以攻伪学为言，然惮清议，不欲显斥熹。侂胄意未快，以陈贾尝攻熹，诏除贾兵部侍郎。未至，亟除沈继祖台察。继祖诬熹十罪，落职罢祠。三年，刘三杰入对，言前日伪党，今变而为逆党。侂胄大喜，即日除三杰为右正言，而坐伪学逆党得罪者五十有九人”。[④] 朱熹多次上书宁宗罢黜韩侂胄，故其与丞相赵汝愚被诬为“伪党”之首，赵汝愚被诬罢官，朱熹等多人去职被锢。“熹登第五十年，仕于外者仅九考，立朝才四十日”，[⑤]因而朱熹被免官或禁锢期间达40年，其间其主要精力就是在白鹿洞书院著书讲学，一生成果甚丰，所著书有：“《易本义》、《启蒙》、《著卦考

---

① （南朝宋）范晔：《后汉书》卷六十五《张奂列传》，中华书局1965年版，第2142～2144页。

② （东汉）班固：《汉书》卷八十四《翟方进列传》，中华书局2005年版，第2543页。

③ （东汉）班固：《汉书》卷六十七《朱云列传》，中华书局2005年版，第2197页。

④ （元）脱脱等：《宋史》卷四百七十四《韩侂胄列传》，中华书局1985年版，第13773页。

⑤ （元）脱脱等：《宋史》卷四百二十九《道学列传》，中华书局1985年版，第12767页。

误》、《诗集传》、《大学中庸章句》、《或问》,《论语》、《孟子集注》、《太极图》、《通书》、《西铭解》、《楚辞集注》、《辨证》、《韩文考异》;所编次有:《论孟集议》、《孟子指要》,《中庸辑略》,《孝经刊误》、《小学书》、《通鉴纲目》、《宋名臣言行录》、《家礼》、《近思录》、《河南程氏遗书》、《伊洛渊源录》,皆行于世。熹没,朝廷以其《大学》、《语》、《孟》、《中庸》训说立于学官。又有《仪礼经传通解》未脱稿,亦在学官。平生为文凡一百卷,生徒问答凡八十卷,别录十卷"。[①] 朱熹不愧为经世大儒,居然在罢官禁锢期间有如此鸿篇巨制,在令世人慨叹的同时,其在被禁锢期间享有学术研究与教授门徒的自由自不待言。明朝万历年间,被革职的顾宪成与脱离官场的高攀龙等人创立东林书院,以讲学为依归,试图重整士子的学术道德。但由于支持李三才入内阁之事与阉党集团发生矛盾,导致明熹宗在魏忠贤的怂恿下颁布禁令,拆毁包括东林书院在内的天下一切书院,实乃禁锢学术达到了顶峰,即"凡救三才者,争辛亥京察者,卫国本者,发韩敬科场弊者,请刑堪熊廷弼者,抗论张差梃击者,最后争移官、红丸者,忤魏忠贤者,率指目为东林,抨击无虚日。借魏忠贤毒焰,一网尽去之。杀戮禁锢,善类为一空"。[②] 明明是一个被禁锢者,无意为官自发组成的一个学术机构,偏偏被无中生有地扣上了一个东林党的帽子,以作为排斥官场异己的根据,实乃可悲可叹!尽管崇祯即位后以迅雷不及掩耳之势诛杀阉党领袖魏忠贤,讲学之风重新恢复,但东林之事仍让士人心有余悸!

---

① (元)脱脱等:《宋史》卷四百二十九《道学列传》,中华书局 1985 年版,第 12769 页。

② (清)张廷玉等:《明史》卷二百三十一《顾宪成列传》,中华书局 1974 年版,第 6033 页。

四、禁锢的终结

(一)禁锢终结的方式

禁锢的终结,亦称禁锢被解除,指被禁锢者恢复了平民的身份而可以获得重新入仕的机会。禁锢终结的原因有皇帝或最高权力掌控者的赦令、被锢者被征召、被锢者死亡及赎买等,下面分类详述之。

1. 因赦免而解锢

由前述可知,禁锢的发布由皇帝颁布诏令而施行,而解除禁锢亦当有皇帝的诏令赦免,这是解除禁锢最主要、最常见的方式,如在中国古代社会王朝更替之际,抑或同一王朝期间皇帝即位之初,为了稳定政局尤其是获取民心,皇帝或当权的最高统治者往往颁布诏令赦免或解除禁锢。例如,西汉景帝中元年(前 149 年)4 月乙巳,"赦天下,赐爵一级。除禁锢"。[①] 东汉殇帝即位,邓太后临朝下诏:"皇帝幼冲,承统鸿业,朕且权佐助听政,兢兢寅畏,不知所济。深惟至治之本,道化在前,刑罚在后。将稽中和,广施庆惠,与吏民更始。其大赦天下。自建武以来诸犯禁锢,诏书虽解,有司持重,多不奉行,其皆复为平民"。[②] 东汉顺帝即位后,"其赦天下。从甲寅赦令已来复秩属籍,三年正月已来还赎。其阎显、江京等知识婚姻禁锢,一原除之"。[③] 这3 段史料中,解除禁锢的方式均系诏令赦免,发布赦令者要么为皇帝,要么为临朝听政的太后,只不过景帝系平定七王之乱后为稳定政局而赦免禁锢;邓太后诏书解锢的力度最大,将光武帝至殇帝百年来的禁锢一律赦免;汉顺帝则主要是将安帝末年把持朝政的阎

---

① (西汉)司马迁:《史记》卷一十一《孝景本纪》,中华书局 1959 年版,第 444 页。

② (南朝宋)范晔:《后汉书》卷四《孝和孝殇帝本纪》,中华书局 1965 年版,第 197 页。

③ (南朝宋)范晔:《后汉书》卷六《孝顺孝冲孝质帝纪第六》,中华书局 1965 年版,第 256 页。

显、江京等人诛杀后而将其好友及姻亲的禁锢予以解除，以此算来，阎显、江京的亲属至交也不过被禁锢不到三年而已，即从汉顺帝即位的126年末至129年春。因而禁锢的实际执行与禁锢的处刑往往差别较大。

魏晋南北朝时期，因战争频发，政权更迭较快，皇帝诏令赦除禁锢的记载较多，如晋武帝夺魏建晋后，即"除旧嫌，解禁锢，亡官失爵者皆复之……除魏氏宗室禁锢……除汉宗室禁锢"。[①] 司马炎不仅下诏赦免一般官吏之禁锢，就连曹氏、刘氏的整个宗室的禁锢亦被解除，还真是个有肚量的君主，当然亦可能是西晋短命的一个原因。北魏世祖拓拔焘即位，"大赦天下……于是除禁锢，释嫌疑，开仓库，振穷乏"。[②] 北魏肃宗拓拔诩年幼登基，"皇太后诏曰：'清议禁锢，亦悉蠲除'"。[③] 南齐梁武帝之诏令："清议禁锢，并皆宥释"，[④]梁元帝即位后亦亦诏："禁锢夺劳，一皆旷荡"。[⑤] 这四段史料均为以最高统治者的诏书对不特定对象的禁锢予以解除，主要目的是体现仁政，尽快稳定局势，将士大夫尽可能地笼络到朝廷一方。

宋太宗继承大统后，亦曾两度下诏解除禁锢，即淳化四年（993年）9月丙申，"诏诸杂除禁锢人，州县有缺、得次补以责效，能自新勤干者具闻再叙。"淳化五年（994年）冬10月庚辰，"诏释殿前司逃军亲属之禁锢者"。[⑥] 金哀宗天兴元年（1232年），"释镐厉王、卫绍王

① （唐）房玄龄等：《晋书》卷三《武帝本纪》，中华书局1974年版，第51、53页。
② （唐）李延寿：《北史》卷二《魏书本纪二》，中华书局1974年版，第41页。
③ （北齐）魏收：《魏书》卷九《肃宗本纪》，中华书局1974年版，第249页。
④ （唐）姚思廉：《梁书》卷三《武帝本纪下》，中华书局1973年版，第91页。
⑤ （唐）姚思廉：《梁书》卷五《元帝本纪》，中华书局1973年版，第131页。
⑥ （元）脱脱等：《宋史》卷五《太宗本纪二》，中华书局1985年版，第92、96页。

二族禁锢，听自便”。[①] 明神宗万历十三年（1585 年），“以旱诏中外理冤抑，释凤阳轻犯及禁锢年久罪宗。”[②]清朝乾隆皇帝平定西域后，曾做德胜舞乐一章中有：“回首在囚，解其禁锢”。[③] 实际上，无论是宋太宗因显示德政解锢，还是明神宗因天灾解锢，抑或金哀宗为延续金国之寿命解锢，以及乾隆帝因西域战争胜利解锢，无不需要最高统治者的赦除诏书或赦令而施行，这一方面体现了皇权的独大；另一方面也说明了禁锢影响之烈。

东汉还有一例可反证解锢必须经过皇帝的诏令，否则，即是违制，如时征西校尉任尚以奸利被征抵罪。尚曾副大将军邓骘，“骘尝护之，而太尉马英、司空李郃承望骘旨，不复先请，即独解尚臧锢，恺不肯与议。后尚书案其事，二府并受谴咎，朝廷以此称之”。[④] 此段史料所叙之事发生在东汉安帝之时，任尚因坐赃下三公议，太空马英与司空李郃为巴结当时权贵邓骘，“不复先请”即不先向皇帝请示，即将任尚之禁锢予以解除，司徒刘恺不肯参与此议。后此案受到纠察，马英、李郃被追责。这说明皇帝下诏解锢才是正常的程序。

如果前述主要是阐述通过诏敕赦免不特定对象的禁锢的话，政治意味较强，那么下面笔者将列举一些法律意味较强的具体解锢案例，表明解锢亦须通过皇帝或当权最高统治者的诏令方能终结。例如，东汉光开武帝时，侍中戴凭认为皇帝因言论禁锢蒋遵过严，帝初

---

① （元）脱脱等：《金史》卷一十七《哀宗本纪上》，中华书局 1975 年版，第 386 ~ 387 页。

② （清）张廷玉等：《明史》卷二十《神宗本纪》，中华书局 1974 年版，第 270 页。

③ 赵尔巽：《清史稿》卷九十九《志七十四》，中华书局 1977 年版，第 2932 页。

④ （南朝宋）范晔：《后汉书》卷三十九《刘恺列传》），中华书局 1965 年版，第 1308 页。

不予理会,后“帝即敕尚书解遵禁锢,拜凭虎贲中郎将,以侍中兼领之”。[①] 蒋遵的解锢即是通过光武帝的敕令予以终结的,只不过戴凭的求情起了关键作用。东汉明帝时,韩棱因太守葛兴中风,而私代行太守职权达二年之久,后为人举发遭致禁锢,但“显宗知其忠,后诏特原之。由是征辟,五迁为尚书令,与仆射郅寿、尚书陈宠,同时俱以才能称”。[②] 韩棱之所以再被征辟,前提就是明帝下诏解除了对其的禁锢。东汉末年,著名经学家郑玄曾告诫其子自己的坎坷经历:“……遇阉尹擅执,坐党禁锢,十有四年,而蒙赦令,举贤良方正有道,辟大将军三司府”。[③] 郑玄再被何进征辟的前提也是皇帝赦免禁锢的诏令。

北魏肃宗时期,崔敞因其弟反逆被株连禁锢,至孝明帝“正光中,普释禁锢,敞复爵齐郡候,拜龙骧将军,中散大夫”。[④] 宋太祖建隆二年(961 年),定州刺史孙行友因欲反叛遭禁锢,但“四年秋,诏免行友禁锢。未几,以效祀恩,起为右能武将军”。[⑤] 此 2 段史料中,崔敞与孙行友均为先被诏令解锢后再行为官的,稍见不同的是崔敞系被皇帝下达的普释禁锢令而终结禁锢,孙行友却是被宋太祖专门下诏予以解锢的。宋徽宗大观四年(1110 年),被划归元祐党人的家愿已遭10 年禁锢,才因“孛星出,降赦,党禁解,始改秩,调知双流县,通判文州”。[⑥] 家愿即是遇到宋徽宗的赦免禁锢令后方才被起用任官的。

---

① (南朝宋)范晔:《后汉书》卷七十九上《儒林列传上》,中华书局 1965 年版,第 2553 页。

② (南朝宋)范晔:《后汉书》卷四十五《韩棱列传》,中华书局 1965 年版,第 1535 页。

③ (南朝宋)范晔:《后汉书》卷三十五《郑玄列传》,中华书局 1965 年版,第 1209 页。

④ (北齐)魏收:《魏书》卷二十四《崔玄伯列传》,中华书局 1974 年版,第 626 页。

⑤ (元)脱脱等:《宋史》卷二百五十三《孙行友列传》,中华书局 1985 年版,第 8873 页。

⑥ (元)脱脱等:《宋史》卷三百九十《家愿列传》,中华书局 1985 年版,第 11950 页。

综上所述,通过皇帝抑或当权最高统治者的下诏赦免禁锢乃是禁锢终结的最常见之路径,只不过有下诏普释禁锢和专释禁锢两种,前者主要是改朝换代或偶遇灾异时采用,且是大面积赦免禁锢,政治意味较强,主要是为了获取人心。当然也不是所有禁锢均可被赦免的,如犯“十恶”重罪的当然不能通过赦令解除禁锢,如汉灵帝时,“大赦天下,诸党人禁锢小功以下皆除之”。[①] 此条赦令即只赦免了党锢之人的四服以外亲属,而对党锢之人三服以内的亲属则不予赦免。又如“非父母丧不得去官。其不从法禁,不式王命,锢之终身,虽会赦令,不得齿列”。[②] 此言尽管只是尚书令左雄的上疏,但要求对不服从法禁与王命者禁锢终身且遇赦不得解锢的做法很可能亦施行过。而专释禁锢则指针对某人之禁锢皇帝专门下达诏令予以解锢,此举主要是皇帝认为或大臣举荐认为其系人才,故而赦免其禁锢后起用为官。专释禁锢法律意味较强,应作为禁锢刑重点研究的对象。

2. 因征辟而解锢

征辟是中国古代尤其是科举制度形成之前官吏选拔的一项重要制度。征,是皇帝直接征聘当朝知名人士来朝中任官;辟,是中央在朝的高级官吏或地方政府的主要官吏任用享有声名的士大夫为属吏。当然,属吏亦可由事主向朝廷推荐为官。一些被禁锢的官员通过征辟再次出仕,对其的禁锢自然被予以解除,因为这是皇帝以实际行动否定了之前的禁锢处罚。之所以出现因征辟而终结禁锢之情形,多因中央或地方遇到难以预料的突发情况,如战争、灾害等,需要那些富有经验且有能力的官员去及时处理。此时朝中若无合适人选,或者有人举荐那些在某方面曾作出过显著政绩却因禁锢而在家

---

① (南朝宋)范晔:《后汉书》卷八《孝灵帝纪》,中华书局 1965 年版,第 343 页。

② (南朝宋)范晔:《后汉书》卷六十一《左雄列传》,中华书局 1965 年版,第 2018 页。

赋闲的人士，皇帝就会速下诏令对之直接起用，从而致其禁锢得以终结。严格来讲，因征辟而解锢可分为两种情况：一种是皇帝或当权最高统治者先以诏令赦免罪吏的禁锢，再予以任命新职。这种情况笔者将其归入因赦令被锢的情况，也是最常见的重新征辟程序，已于前面详述，此处不赘。另一种是皇帝用诏令直接起用禁锢罪吏，或者直接敕令批准大臣对被禁锢者的举荐，从而重新起用被锢之人。此种因征辟而解锢的程序虽无第一种严格，但亦是以实际行动对罪吏予以解锢，史载案例亦有不少，如“初，张奂坐梁冀故吏，免官禁锢，凡诸交旧莫敢为言；唯规荐举，前后七上，由是拜武威太守”。[①]“会梁冀诛，寔以故吏免官，禁锢数年……时鲜卑数犯边，诏三公举威武谋略之士，司空黄琼荐寔，拜辽东太守”。[②]“及梁冀诛，景以故吏免官禁锢。朝廷以景素著忠正，顷之，复引拜尚书令”。[③] 这3段史料中的张奂、崔寔、周景均因系大将军梁冀故吏而遭株连禁锢，亦均因重新征辟而解除禁锢，至少从现有史料来看，皇帝并未专门下达解除此3人禁锢的赦免诏令，是故再被征辟即为3人的解锢方式。不同的是，周景系因忠正耿直而很快就被桓帝直接启用为尚书令；而张奂和崔寔则是因大臣举荐而得以重新启用，均为应对边患之急，尤其张奂被皇甫规先后7次上疏举荐，历经4年风雨，方被拜为武威太守。由此看来，因征辟而解锢亦不容易。类似的情形还有东汉党锢之祸中的羊陟和孔昱，羊陟“少清直，有学行，举孝廉，辟太尉李固府，举高第，拜侍御史。会固被诛，陟以故吏禁锢历年。复举高第，再迁冀州刺史”；[④]孔昱“后

---

① （北宋）司马光：《资治通鉴》卷四十六《汉纪四十六》之《桓帝上之下》，中华书局1956年版，第1766页。

② （南朝宋）范晔：《后汉书》卷五十二《崔寔列传》，中华书局1965年版，第1730页。

③ （南朝宋）范晔：《后汉书》卷四十五《周景列传》，中华书局1965年版，第1538页。

④ （南朝宋）范晔：《后汉书》卷六十七《党锢列传》，中华书局1965年版，第2209页。

遭党事禁锢。灵帝即位,公车征拜议郎,补洛阳令”。① 羊陟和孔昱也是因先被禁锢后为皇帝再次征召而解锢的。

三国时期魏明帝禁浮华,“而人白胜堂有四窗八达,各有主名。用是被收,以其所连引者多,故得原,禁锢数岁。帝崩,曹爽辅政,胜为洛阳令”。② 李胜因浮华被明帝禁锢,因与曹爽友善,明帝驾崩后被重新起用为洛阳令,对李胜的禁锢自然就不复存在。东晋明帝时期,下诏“原敦党,岳、抚诣阙请罪,有诏禁锢之。咸和初,司徒王导以抚为从事中郎,出为宁远将军、江夏相”。③ 周抚因参与叛乱被处以禁锢刑,但仅过一年时间,就被司徒王导先辟为吏、后举荐为将军。这说明周抚的解锢系因王导辟用为吏所致。

南北朝时期政权更迭甚速,以征辟解锢之例亦有不少,如北魏孝文帝时期,南安王拓拔桢因黩货聚敛被处以禁锢终身,但未久即“以桢议定迁都,复封南安王,食邑一千户。出为镇北大将军、相州刺史”。④ 拓拔贞随着王位的复封,对其禁锢终身也仅仅执行四年左右就烟消云散了。东晋末年,褚叔度因贪赃被锢,却被时任太尉后为宋高祖的刘裕“寻除太尉咨议参军、相国右司马。高祖受命,为右卫将军”。⑤ 褚叔度虽被处以禁锢,但由于处于刘宋代晋之季,实际未被执行,“寻除”官职,即为征召解锢之明证。陈朝废帝年间的王固因泄密被免官禁锢,宣帝(高宗)即位后,即在陈宣帝太建二年(570 年)“随例为招远将军、宣惠豫章王谘议参军”⑥,对王固的禁锢也即被征

① (南朝宋)范晔:《后汉书》卷六十七《党锢列传》,中华书局 1965 年版,第 2213 页。

② (晋)陈寿:《三国志·魏书》卷九《诸夏侯曹列传》,中华书局 1982 年版,第 290 页。

③ (唐)房玄龄等:《晋书》卷五十八《周抚列传》,中华书局 1974 年版,第 1582 页。

④ (北齐)魏收:《魏书》卷十九下《南安王列传》,中华书局 1974 年版,第 494 页。

⑤ (梁)沈约:《宋书》卷五十二《褚叔度列传》,中华书局 1996 年版,第 1505 页。

⑥ (唐)姚思廉:《陈书》卷二十一《王固列传》,中华书局 1972 年版,第 282 页。

辟终结。

清朝亦有因征辟而解除禁锢的例子。清嘉庆年间，景安因"恇怯纵寇及淅川冒功事，逮京奏谳，拟大辟，缓刑，禁锢……逾年宥还，以六部笔帖式用，效力河南河工"。[①] 景安因军事犯罪被锢，而后起为六部笔帖，禁锢即被此任命所解除。

3. 因死亡而解锢

被锢者死亡，即指在禁锢期间发生了被锢官吏死亡或被杀的客观事实，对其禁锢已无实际意义，其禁锢刑也自然被终结。此类案例史书亦多有所载，如东汉桓灵二帝时期的党锢之祸，士大夫被锢者多人。其中延笃"后遭党事禁锢。永康元年，卒于家"，[②]羊陟"会党事起，免官禁锢，卒于家"；[③]贾彪"以党禁锢，卒于家"。[④] 这 3 段史料中的延笃、羊陟、贾彪被处以禁锢刑后，既未等到皇帝赦免，又未被重新征辟，最后卒于故乡，当然其死亡后禁锢也自然终结。

魏晋南北朝时期，亦有不少因死亡而终结禁锢的例子，如东晋元帝时期，参军宋挺因娶前主人扬州刺史刘陶的爱妾为小妾，被御史刘隗劾奏处以禁锢终身，但"奏可，而挺病死"。[⑤] 宋挺虽被处禁锢终身，但因其病死，禁锢刑亦终结无须执行了。北魏孝文帝时期，阉人苻承祖因坐赃被处以禁锢，但其在家"月余遂死"。[⑥] 对苻承祖的禁锢也随其死亡而作结，实际执行一个多月。刘宋文帝年间，南兖州刺史檀和之因迎狱中女子归家淫乱严重违背礼制，被"免官禁锢，其年

---

① 赵尔巽：《清史稿》卷三百四十五《景安列传》，中华书局 1977 年版，第 11176 页。
② （南朝宋）范晔：《后汉书》卷六十四《延笃列传》，中华书局 1965 年版，第 2108 页。
③ （南朝宋）范晔：《后汉书》卷六十七《党锢列传》，中华书局 1965 年版，第 2209 页。
④ 同上书，第 2217 页。
⑤ （唐）房玄龄等：《晋书》卷六十九《刘隗列传》，中华书局 1974 年版，第 1836 页。
⑥ （北齐）魏收：《魏书》卷九十四《阉官列传》，中华书局 1974 年版，第 494 页。

卒”,[1]檀和之的禁锢实际执行不到一年,就因其病死而终了。由此可见,禁锢的实际执行与禁锢刑的处断会有较大的出入,无论是因前述的重新起用、赦免还是此处的死亡均可能影响到禁锢刑的实际执行。

宋朝和清朝也有因死亡而禁锢被终结的情形,如宋太宗时期的宠臣弥德超因怨恨被“下诏夺官职,与其家配隶琼州禁锢,未几死”;[2]同是宋太宗时期的国子监主簿郭忠恕因肆言时政被“决杖配隶登州禁锢……忠恕行至临邑卒”。[3] 弥德超和郭忠恕均因死亡终结了自身的禁锢,实际禁锢时间很短。清朝康熙年间,鳌拜因结党专擅被处以免死禁锢,其子“纳穆福亦免死,但予禁锢。鳌拜死禁所,乃释纳穆福”。[4] 鳌拜的禁锢终身被实际执行,其死亡方被解锢;而其子纳穆福的禁锢却是因赦免而终结的。清朝雍正时期,隆科多因结党被处以免死“永远禁锢……六年六月,隆科多死於禁所”。[5] 隆科多亦因死亡禁锢才被终结。当然清朝的这两个例子权利之争的意味很浓,只不过从法律程序而言系禁锢终身得到了实际执行。

值得一提的是,还有一类案例比较特殊,即一些官员先被处以禁锢刑,后由于种种原因被赐死或诛杀。这既可以看做皇帝对该案进行了重新处理,亦可看做被锢者因被杀而终结了禁锢刑。笔者比较倾向于后者,因为毕竟皇帝的随后处理与之前处的禁锢密切相关,故亦将其归类于此予以阐述,如南朝刘宋世祖年间,沈怀文因朝觐之后未及时归职被处以免官禁锢 10 年,而怀文不仅不省思己过,却“卖

---

① (梁)沈约:《宋书》卷九十七《夷蛮列传》,中华书局 1996 年版,第 2379 页。

② (元)脱脱等:《宋史》卷四百七十《佞幸列传》,中华书局 1985 年版,第 13678 页。

③ (清)毕沅:《续资治通鉴》卷九《宋纪九》,中华书局 1957 年版,第 218 页。

④ 赵尔巽:《清史稿》卷二百四十九《鳌拜列传》,中华书局 1977 年版,第 9683 页。

⑤ 赵尔巽:《清史稿》卷二百九十五《隆科多列传》,中华书局 1977 年版,第 10355 页。

宅,欲还东,上闻之,大怒,收付廷尉,丁未,赐怀文死”。[①] 沈怀文卖宅归乡在皇帝看来是不愿再与皇帝合作的不敬行为,也是其被赐死的根本原因,既被赐死,禁锢也就不存在执行的问题了。唐中宗再度执政时期,韦皇后与武三思沆瀣一气、专横跋扈,为报复彦范等人废掉武则天并诛杀其党人之仇,武三思诬告恒彦范、敬晖、袁恕己等5人诽谤韦后,致使中宗将3人流放并终身禁锢,而“三思犹虑彦范等重新被进用,又纳中书舍人崔湜之计,特令湜姨兄嘉州司马周利贞摄右台侍御史,就岭外矫制杀之”。[②] 彦范、敬晖、袁恕己相继为周利贞矫诏所杀,3人被杀后对其禁锢即已终结。北宋太宗年间,宠臣赵赞、郑昌嗣等擅自携妓在玉皇阁饮宴至深夜,为人所纠,“太宗大怒,并摭诸事,下诏夺赞官,许携家配隶房州禁锢,即日驿遣之……既数日,并赐死于路”。[③] 赵赞、郑昌嗣既然已被宋太宗赐死,则禁锢刑自然因犯罪主体的消灭而终结。

4. 因其他原因而解锢

禁锢的终结除了常见的皇帝赦免、再被征辟、被锢者死亡外,还有因赎买和军功而终结禁锢之例,如汉武帝时北击匈奴,军费供需不足,即“大农陈藏钱经耗,赋税既竭,犹不足以奉战士。有司言:‘天子曰:朕闻五帝之教不相复而治,禹汤之法不同道而王,所由殊路,而建德一也。北边未安,朕甚悼之。日者,大将军攻匈奴,斩首虏万九千级,留滞无所食。议令民得买爵及赎禁锢免减罪”。[④] 此诏令即是为了解决北征匈奴之军费问题,允许平民出钱买官位及爵位,被锢者亦

---

① (北宋)司马光:《资治通鉴》卷一百二十九《宋纪十一》之《世祖孝武皇帝下》,中华书局1956年版,第4060页。

② (后晋)刘昫等:《旧唐书》卷九十一《彦范敬晖袁恕己列传》,中华书局1975年版,第2931页。

③ (元)脱脱等:《宋史》卷四百七十《佞幸列传》,中华书局1985年版,第13680页。

④ (西汉)司马迁:《史记》卷三十《平准书》,中华书局1959年版,第1422页。

可通过赎买而解除禁锢,从而获得重新入仕的资格。这虽是武帝解决军费的权宜之计,但亦说明赎买亦是终结禁锢的一种方式。不唯如此,汉武帝还为了鼓舞将兵作战,下诏曰:"……今中国一统而北边未安,朕甚悼之。日者大将军巡朔方,征匈奴,斩首万八千级,诸禁锢及有过者,咸蒙厚赏,得免减罪。今大将军仍复克获,斩首虏万九千级,受爵赏而欲移卖者,无所流貤。其议为令"。[①] 此诏令即允许获军功者可以免除禁锢,即立军功也成为解除禁锢的一种方式。由此看来,武帝为了征服匈奴几乎无所不用其极了!

(二)禁锢终结的效果

第一,禁锢的终结意味着被锢者重新获得出仕机会,有机会入朝为官或被辟为属吏。但是否被锢者在解锢后与未受过禁锢处罚的人在出仕时享有相同的权利呢?答案是否定的。因为中国古代受"学而优则仕"[②]儒家思想的影响颇深,面对众多作为候选人的士人,政府享有从容的选择权。而被禁锢者虽然解锢,但毕竟是自身从政经历上的瑕疵,为避免不必要的麻烦,朝廷主管选拔的官吏在不受其他外界因素的影响下,一般不会选拔或举荐被解锢者,如汉殇帝延平元年(106 年)五月辛卯,当时主政的邓太后就曾下诏:"……其大赦天下。自建武以来诸犯禁锢,诏书虽解,有司持重,多不奉行,其皆复为平民"。[③] 此处所言有司多不奉行赦免禁锢的诏书,意指有司多不征辟被锢者为官。这说明被锢者禁锢虽被解除,但由于履历较一般士人复杂,再次出仕往往比一般士人要难。究其深层次原因,无非是选拔人或举荐官担心承担举荐失职的责任。

第二,被锢者终结禁锢后重新出仕,其在被禁锢前的官职爵位在

① (东汉)班固:《汉书》卷六《武帝纪》,中华书局 2005 年版,第 123 页。

② 杨伯峻译注:《论语译注》之《论语·子张》,中华书局 1980 年版,第 202 页。

③ (南朝宋)范晔:《后汉书》卷四《孝和孝殇帝纪》,中华书局 1965 年版,第 197 页。

再次叙用时可以作为参考,但所起作用十分有限。一般而言,“再仕官与故官在品级上并无一定的对应关系,所以免官禁锢后原则上要降品叙用”,[①]如《唐律》明文规定:“诸除名者,官爵悉除,课役从本色,六载之后听叙,依出身法……免官者,三载之后,降先品二等叙。免所居官及官当时,期年之后,降先品一等叙”。[②] 而禁锢的前提重则流配,轻则免官。换言之,被禁锢者往往是先要被免去官职的,若依唐以后的历代律典规定,一般要3年之后才能重新叙用。从理论上讲,免官禁锢比止处以免官的官员重新起用,时间更长且降先品更为严厉。

第三,对于一些被禁锢者解锢之后再次为官的部门也有一定限制,如汉代曾对妖言罪处以禁锢三族之刑,至东汉章帝时以为过重,为获取人心,下诏:“诸以前妖恶禁锢者,一皆蠲除之,以明弃咎之路,但不得在宿卫而已”。[③] 章帝将以前的妖言之锢一盖予以赦免,着实令士民振奋,但对妖恶之锢者再次入仕也有一定的限制,即不得担任“宿卫”之官职。“宿卫”一般指负责皇帝、大臣或京城所警卫工作之人,因为事关皇帝及京城安全,所选之人均为中央官员与皇帝的近臣,故排斥曾犯妖言之锢者担任宿卫之职。

---

① 顾江龙:《两晋南北朝与隋唐官僚特权之比较——从赃罪、除免官当的视角》,载《史学月刊》2007年第12期。

② (清)薛允升撰:《唐明律合编》之《唐律疏议·名例三》之《除名者》,李鸣、怀孝锋点校,法律出版社1999年版,第33页。

③ (南朝宋)范晔:《后汉书》卷三《肃宗孝章帝纪》,中华书局1965年版,第147页。

第五章　禁锢的评价及启示

禁锢,作为一种以剥夺任官资格为内容的资格刑,由汉至清在中国历史上绵延二千余年之久,必然有其存在的历史基础和文化渊源。在了解了禁锢的流变、成因及适用后,该是对其作用进行阐释的时候了。对于禁锢的评析,我们既不能批之唯恐不够,也不能大肆鼓吹其优而掩其劣端,正确的态度是客观地、一分为二地分析其正向功能和负面作用,从而达到扬优弃劣、以为今鉴的目的。这也正是法律史研究的重要价值之一。

一、正向功能

禁锢在其二千多年的历史流变中,对历代王朝的政治统治发挥过许多积极的作用,笔者认为最重要的莫过于以下 3 项:强化皇权、整饬吏治、维护礼治。

(一)强化皇权

纵观国史,自夏启废除禅让制建立中国历史上第一个奴隶制王朝——夏以来,变“公天下”为“家天下”,如何维护国王或皇帝权威、强化王权专制或皇帝专权就成为摆在最高统治者——国王或皇帝面前的一道政治难题。倘若处理不好这道政治难题,难免造成轻者大权旁落，重者“身死国灭，为天下笑”[①]的灾难性后果。是故法家学派所主张的“明君治吏不治民”、[②]“抱法处势则治，背法去势则乱”[③]成为历代最高统治者的执政指针。唯此中国历史自秦始皇建立秦朝，尤其是董仲舒提出“罢黜百家，独尊儒术”后，历代封建王朝逐步走向了一条加强中央集权、维护皇权专制的政治架构之路。在此维护皇帝尊严和权威独制的艰辛历程中，禁锢成为皇帝手中的一柄利器。这在前述侵犯皇权被锢与株连禁锢中表现得最为明显。侵犯皇权被锢既包括损害皇帝尊严的妖言不敬之锢，也包括危及皇帝政权的大逆不道之锢，还包括皇帝认为可能危及其政权的朋党之锢。区别在于，不敬之锢往往只是罪及本人之锢，如宋太宗时期的国子监主薄郭忠恕因饮酒后妄议朝政，被太宗“决杖配隶登州禁锢”；[④]宋太宗宠臣陈利用也因“居中处服玩皆谮乘舆”[⑤]为中书赵普劾奏，终被除名配商州禁锢。又如南北朝梁武帝时期的吴令唐佣因私造皇帝专用之物——盘龙火炉和翔凤砚盖，被皇帝下诏“禁锢终身”。[⑥] 而其余的几种侵犯皇权的妖言、大逆及结党行为则不仅本人重则死刑，轻则被锢，而且多会株连他人，如因妖言犯罪会连及罪人的三族之内的亲属被禁锢，这在东汉章帝所下的赦免诏令中可为兹证。“往者妖言大狱，所及广远，一人犯罪，禁至三属，莫得垂缨仕宦王朝”。[⑦] 而金宣宗时期，由于民人传播妖言，认为完颜永中的儿子石古乃要当皇帝，

① (宋)欧阳修:《新五代史》卷三十七《伶官传序》，中华书局1974年版，第397页。

② 《韩非子校注》之《韩非子·外储说右下》，周勋初修订，凤凰出版社2009年版，第397页。

③ 同上书，第472～473页。

④ (清)毕沅:《续资治通鉴》卷九《宋纪九》，中华书局1957年版，第218页。

⑤ (元)脱脱等:《宋史》卷四百七十《佞幸列传》，中华书局1985年版，第13679页。

⑥ (唐)李延寿:《南史》卷六《梁本纪上》，中华书局1975年版，第188页。

⑦ (南朝宋)范晔:《后汉书》卷三《肃宗孝章帝纪》，中华书局1965年版，第147页。

且有谋逆准备行为，事情败露后，致使“诛死者五十二人，缘坐者六十余人。永中子孙禁锢，自明昌至正大末，几四十年”。① 这是一起妖言加大逆二罪并罚的案例，故金宣宗处理极重。客观而言，皇帝打击最重的要数朋党之锢，因为官吏结党不仅可能危及皇权统治秩序，而且可能形成颠覆现任政权的重要势力，历来为皇帝心腹之患，故不得不严加防范且残酷镇压之，如东汉章帝年间，因楚王刘英谋反，吴郡太守尹兴参与其中，致使其部下“五百余人诣洛阳诏狱就考，诸吏不堪痛楚，死者大半”；②东汉后期的二次党锢之祸，“死徙者至六七百人之多”；③南宋宁宗时期，韩侂胄专权，严厉打击道学逆党，致使“坐伪党得罪者五十有九人”④；明熹宗时期，宦官魏忠贤当权，阉党对东林党人等士大夫大开杀戒，“杀戮禁锢，善类为一空”。⑤ 前述几段史料中的朋党、伪党等多为本人就刑，从而株连自己的亲属、门生、故吏被锢，打击士人维护皇权，莫此为甚！例如，东汉灵帝时期，永昌太守曹鸾因上书为党人说情，不仅自己被掠杀，而且灵帝又“诏州郡更考党人门生故吏父子兄弟，其在位者，免官禁锢，爰及五属”。⑥ 汉灵帝穷治“朋党”居然将党人五服以内的亲属予以禁锢，株连几至无以复加之地步，无怪乎沈家本发出如此哀叹：“汉亡于桓灵，而灵之昏更甚于桓，古今党祸列无烈于此时者矣。”⑦又如，西汉末年外戚王莽秉

---

① (元)脱脱等:《金史》卷八十五《世宗诸子列传》,中华书局 1975 年版,第 1900 页。

② (南朝宋)范晔:《后汉书》卷八十一《独行列传》,中华书局 1965 年版,第 2682 页。

③ 沈家本:《历代刑法考》(第 1 卷),邓经元、骈宇骞点校,中华书局 1985 年版,第 494 页。

④ (元)脱脱等:《宋史》卷四百七十四《韩侂胄列传》,中华书局 1985 年版,第 13773 页。

⑤ (清)张廷玉等:《明史》卷二百三十一《顾宪成列传》,中华书局 1974 年版,第 6033 页。

⑥ (南朝宋)范晔:《后汉书》卷六十七《党锢列传》,中华书局 1965 年版,第 2189 页。

⑦ 沈家本:《历代刑法考》(第 1 卷),邓经元、骈宇骞点校,中华书局 1985 年版,第 494 页。

政,吴章为当世名儒,因与王莽长子王宇密谋以鬼神之法惧莽,后来本人被腰斩,所教“弟子千馀人,莽以为恶人党,皆当禁锢,不得仕宦”。[①]

总而言之,无论是妖言不敬罪的禁锢适用,还是大逆不道罪和朋党罪的大肆株连的禁锢适用,如果排除因皇帝年幼无知而被权臣或宦官实际掌权的情况,[②]皇帝对禁锢的适用效果是心知肚明的,目的均为维持皇室尊严,强化皇帝专权,从而使自姓的家天下得以维系。如此则难免有耿直之臣逆犯龙鳞而遭禁锢者,如东汉栾巴因谏诤汉顺帝陵墓占地过宽,被当时执政的梁太后责其诽谤,“巴坐下狱,抵罪,禁锢还家”;[③]又如明朝万历年间的户科给事中余懋学因上疏得罪张居正,被皇帝下诏“斥为民,永不叙录”。[④] 这二位直臣被锢,明显可见“专制君主对人禁锢由心”。[⑤] 而笔者认为,皇帝之所以“由心”禁锢臣子士人,核心是维持皇帝的权威与尊言,将用人斥人权牢牢地握在自己手中,从而不断地强化皇权以维护自身的统治而已。

(二)整饬吏治

古今中外的数千年文明史向我们昭示着这样一个事实:一个朝代的兴衰与其吏治好坏密切相关,一个国家欲走向繁荣昌盛,吏治清明是保证。是故整饬吏治是历代统治者必须面对的永恒课题。“为政之要,惟在得人。用非其才,必难致治”;[⑥]“夫违天害德,为上取怨

---

① (东汉)班固:《汉书》卷六十七《云敞列传》,中华书局2005年版,第2205页。

② 此主要系党派之争而禁锢另一方的成员。

③ (南朝宋)范晔:《后汉书》卷五十七《栾巴列传》,中华书局1965年版,第1841页。

④ (清)张廷玉等:《明史》卷二百三十五《余懋学列传》,中华书局1974年版,第6199页。

⑤ 廖伯源:《秦汉史论丛》(增订本),中华书局2008年版,第218页。

⑥ 《贞观政要》之《崇儒二十七》,骈宇骞、齐立洁、李欣译注,中华书局2009年版,第232页。

于下,莫甚乎残贼之吏。诚放退残贼酷暴之吏锢废勿用,益选温良上德之士以亲万姓,平刑释冤以理民命,务省徭役,毋夺民时,薄收赋税,毋殚民财,使天下黎元咸安家乐业,不苦逾时之役,不患苛暴之政,不疾酷烈之吏……未有德厚吏良而民畔者也”。① 唐太宗和谷永从一正一反两个方面说明了整饬吏治的重要性,即如何选官用人是整饬吏治的前提,而严惩贪官酷吏则是整饬吏治的保证。而自汉至清的禁锢刑的广泛适用,对于历朝历代整顿吏治、打击贪赃官吏、提升官僚队伍素质确实在一定程度上起到了不可忽视的积极功用。这主要体现在前述因职务犯罪而被禁锢之中,如坐赃之锢、擅为之锢和失职之锢等,也包括史料较少的因军事犯罪而被锢。因为军事犯罪本质上亦属职务犯罪,只是因为犯罪对象为特殊主体——军人而已,对丧师失地、妄兴大兵、指挥失策等行为进行惩治,目的依然是促进将领严守职责,提高军队的作战能力。当然,一般的职务犯罪被处禁锢之罪则更为典型,尤其是因坐赃被处以禁锢的例子不胜枚举,如东汉时的清河相叔孙光因“坐臧抵罪,遂增禁锢二世”;②南朝的广州刺史褚叔度在任期间,“广营贿货,家财丰积,坐免官,禁锢终身”。③ 由此可见,古人对贪官处罚之严,不仅本人可能被杀被锢,而且还可能连及罪吏的后代不得为官。不唯坐赃,擅为之罪吏亦打击甚重,如唐朝武则天执政期间的酷吏,均连及子孙三代不得任官,即“(张)知默尝与来俊臣、周兴等同掌诏狱,陷于酷吏,子孙禁锢”;④明朝嘉靖时期的辅国将军祐椋劫夺乡民财物多年,被“(王)仪偕巡抚吴山奏之,

---

① (东汉)班固:《汉书》卷八十五《谷永传》,中华书局2005年版,第2563页。

② (北宋)司马光:《资治通鉴》卷五十《汉纪四十二》之《孝安皇帝中》,中华书局1956年版,第1617页。

③ (梁)沈约:《宋书》卷五十二《褚叔度列传》,中华书局1974年版,第1505页。

④ (后晋)刘煦等:《旧唐书》卷一百八十五下《良吏下》,中华书局1975年版,第4810页。

夺爵禁锢"[①]。就连比较轻微的失职行为,也有被锢的例子,如清朝嘉庆年间的宗室裕瑞和大学士禄康就因对下属管教不严,被人所劾"发盛京禁锢"。[②]

有人可能会问,古代为什么对贪赃滥权之吏打击如此之重?王亚南教授的观点可能切中要害:"历史家昌言中国一部二十四史是相斫史,但从另一个视野去看,则又实是一部贪污史。廉吏循吏在历史之被重视与被崇敬,乃说明这类人物该是如何的稀罕。历代对于贪官污吏所定法律之严酷,更说明这类人物该是如何的多。"[③]斯言甚诚!历代惩治贪官污吏的诏令不绝于耳即为佐证:东汉桓帝下诏"臧吏子孙不得察举",[④]唐玄宗似乎更为严厉,对犯赃者"纵逢赦免,并终身勿齿"[⑤],最为严厉的惩贪践行者莫过于明太祖朱元璋,"若贪官之徒,虽罪小,不赦也"[⑥],从而将古代重典治吏推向顶峰,即"吾治乱世,刑不得不重"。[⑦] 之所以如此,笔者认为主要囿于如下两个方面的原因,表面原因是通过打击贪赃之吏、擅为之官,塑造一种政清廉明的政治生态,禁锢本人及其后代为官,正面可以教育士人及在职官吏严于律己,反面可以警示那些蠢蠢欲动随时准备步其后尘之官吏,确保各级官僚机构正常运转。深层原因则是为了获取民心,因为"天视自我民视,天听自我民听",[⑧]通过打击贪污滥权之吏体现皇帝民本仁爱思想,从而使封建王朝的统治得以维系延续。以此种意义上

---

① (清)张廷玉等:《明史》卷二百十三《王仪列传》,中华书局1974年版,第5374页。

② 赵尔巽:《清史稿》卷十六《仁宗本纪》,中华书局1977年版,第604页。

③ 王亚南:《中国官僚政治研究》,中国社会科学出版社1981年版,第101~102页。

④ (南朝宋)范晔:《后汉书》卷七《桓帝本纪》,中华书局1965年版,第1841页。

⑤ (后晋)刘煦等:《旧唐书》卷八《玄宗本纪》,中华书局1975年版,第183页。

⑥ (明)余继登:《典故纪闻》卷三,中华书局1981年版,第47页。

⑦ (清)张廷玉等:《明史》卷九三《刑法志》,中华书局1974年版,第2283页。

⑧ (汉)孔安国传、(唐)孔颖达正义:《尚书正义》之《尚书·泰誓中》,上海古籍出版社2007年版,第412页。

来讲,禁锢实际上成为历代统治者整饬吏治的一种手段,当然它也在一定程度上促进了士人及官员廉洁从政观的形成,正所谓"物尽可复得,为吏坐臧,终身捐弃"①成为不少士人从政的座右铭。因为不廉失职轻则危及自身,重则连及后代被锢,在一个以家族本位为主的社会中,任何一个从政为官之人不得不细为掂量。如此则官员的廉洁从政素质在无形的影响中得以渐趋提高,而禁锢的外在惩治功能与内在威慑功能也得到了充分释放,其整饬吏治的目标方能实现。

(三)维持礼治

礼自从儒家的开山鼻祖——周公将其系统化后,不仅成为西周的经世大法,而且也为后世儒者奉为圭臬。因为礼有"经国家,定社稷、序民人、利后嗣"②之重要功用,礼又被认为是"天之经也,地之义也,民之行也",③是王者治国、庶民行事的基本规范。尤其是经过一代儒家宗师的孔子力倡后,重德轻刑观在汉以后逐渐得到最高统治者的认可,即"道之以政,齐之以刑,民免而无耻;道之以德,齐之以礼,有耻且格"。④ 孟子又将伦理道德教育充实于礼治之中,认为对百姓"教为人伦——父子有亲,君臣有义,夫妇有别,长幼有序,朋友有信",⑤则能实现国家富强、人民生活安定有序的政治目标。荀子指出礼的作用是"贵贵、尊尊、贤贤、老老、长长,义之伦也。行之得其节,礼之序也",⑥最终实现"贵贱有等,长幼有差;贫富轻重皆称者也"⑦的

---

① (南朝宋)范晔:《后汉书》卷二十七《郑均列传》,中华书局1965年版,第946页。
② 李梦生撰:《左传译注》之《左传·隐公十一年》,上海古籍出版社2004年版,第43页。
③ 同上书,第1147页。
④ 杨伯峻译注:《论语译注》之《论语·为政》,中华书局2006年版,第13页。
⑤ 杨伯峻译注:《孟子译注》之《孟子·滕文公上》,中华书局2008年版,第94页。
⑥ 邬恩波、吴文亮译注:《荀子全译》之《荀子·大略》,三环出版社1991年版,第503页。
⑦ 同上书,第359~360页。

礼治秩序。这些礼治思想到中华法系的集大成者——《唐律统仪》颁布后,实现了礼与法的完美融合,“德礼为政教之本,刑罚为政教之用”①即是其精准的概括,至此德主刑辅成为我国古代长期坚持的治国模式。无怪乎有学者称为“礼治主义”:“礼法并用、德刑相济,但德礼更高于法刑,贤人与良法并重,但贤人更重于良法。而贤人就是德礼的人格化。所以两对范畴可合二为一,这就是德礼为主、法刑为辅的治理模式,简言之曰礼治主义。”②是故维持礼治秩序就成为历朝历代最高统治者的执政要务,对违礼的官吏处以禁锢之罚就是皇帝意欲维持礼治的集中表现之一。

这主要体现在前述的赘婿贾人之锢、不孝之锢、骄奢淫轶之锢和狂狷悖礼之锢等方面。禁锢赘婿不得任官,即是因为赘婿入赘女家,身份低贱且地位低下,违背了儒家礼治所认可的夫为妻纲这一主流社会伦理,是故统治者剥夺其任官资格,以昭示儒家礼治所倡导的社会伦理道德。禁锢贾人则主要是古代社会重农抑商政策所彰显的社会伦理,因为“理国之道,举本业而抑末利,是以先帝禁人二业,锢商贾不得宦为吏,此所以抑兼并长廉耻也”。③ 在农耕文化为主的传统社会,商人不事劳作专靠买入卖出而投机致富,在封建统治者看来若不打压必将动摇其统治的经济基础,因此,剥夺商贾之人的任官资格即在情理之中。最能体现维持礼治社会秩序的禁锢处罚,莫过于对不孝的官吏予以免职或禁止其本人其或亲属为官。因为孝文化是礼治社会弘扬的重要伦理道理,是中国古代最核心的价值观之一,举孝廉为官和禁锢不孝之官是从正反两个方面促进社会上孝风孝行的形

---

① 曹漫之主编:《唐律疏议译注》之《唐律疏议·名例律》,吉林人民出版社 1989 年版,第 15 页。

② 俞荣根:《儒家法思想通论》,广西人民出版社 1998 年版,第 150 页。

③ (南朝宋)范晔:《后汉书》卷二十八《桓谭传》,中华书局 1965 年版,第 958 页。

成。例如,东汉的甄邵为了升迁,"会母亡……先受封,然后发丧",①终被人所劾而废锢终身。南齐的刘朗之、刘璩之兄弟身居高位,却不赡养寡嫂幼侄,"致使随母他嫁,免官禁锢"。② 唐朝郑延祚因母死不葬30年,为颜真卿劾奏,致其"终身'不齿',闻者耸然"。③ 北宋的桑泽因父死未奔丧仍求磨勘升任,被弹劾"归田里,'不齿'终身"。④ 之所以严惩这些不孝之官,因为孝"始于事亲,中于忠君,终于立身",⑤"在家不孝,出仕则不忠"的观念已成为最高统治者的思维定势,这不仅有利于弘扬优良的社会风气,而且能够稳定基层社会的秩序,进而巩固当权者的统治。因而不孝之锢不绝于史书亦就不足为奇。禁锢骄奢淫轶的官吏,有点类似于现今惩治干部的生活作风问题,因为中国是一个"以吏为师"⑥的社会,官吏的言行举动均难逃过老百姓的眼睛,如不严加惩治,则上梁不正下梁歪,极易导致礼治秩序的破坏。这一点作为最高统治者的皇帝自然心知肚明,对骄奢淫轶之官的打击也绝不会心慈手软,如隋文帝因有大臣劾奏太子杨勇"于苑内筑一小城,春夏秋冬,作役不辍,营起亭殿,朝造夕改",⑦于是杨勇及其诸子皆被禁锢。又如东晋的宋廷竟敢违礼纳其主人之妾,被人劾奏"伤人伦之序……禁锢终身"。⑧ 而禁锢狂狷悖礼之官吏,主要是为了维护礼治秩序中的长官尊严,其打击的对象往往是当世有才华的士人

---

① (南朝宋)范晔:《后汉书》卷六十三《李固列传》,中华书局1965年版,第2091页。

② (北齐)魏收:《魏书》卷九十八《萧鸾列传》,中华书局1974年版,第2168页。

③ (宋)欧阳修、宋祁:《新唐书》卷一百五十三《颜真卿列传》,中华书局1975年版,第4854页。

④ (清)毕沅:《续资治通鉴》卷五十四《宋纪五十四》,中华书局1957年版,第1318页。

⑤ 《孝经正译》之《开宗明义章第一》,赵缺译注,岳麓书社2014年版,第11页。

⑥ (西汉)司马迁:《史记》卷八十六《李斯列传》,中华书局1959年版,第2546页。

⑦ (唐)魏征等:《隋书》卷四十五《文四子列传》,中华书局1973年版,第1235页。

⑧ (唐)房玄龄等:《晋书》卷六十九《刘隗列传》,中华书局1974年版,第1836页。

及官吏。因为古代的士大夫大多饱读儒家经典,认识事物往往入木三分,悖礼失仪也就难免表现在言语论谈之中,从而验证了“祸从口出”这一古训。例如,南朝齐之谢超宗为人恃才放诞,不仅嘲讽齐高帝,而且奚落司徒褚彦回和仆射王俭,终为“省司所奏,以怨望免官,禁锢十年”①。

用禁锢刑惩治违礼的官吏、士人及民众,表面看似严酷,实则惩治违礼者是小,维持最高统治者所追求的礼治秩序是大。“安上治民,莫善于礼”,②在儒家思想独尊之后已经深入统治者的骨髓之中,如此对违礼之人予以严惩在某种意义上来讲也能辐射一定的教化功能,毕竟礼以劝善,着重于预防犯罪是治本之策;而刑以惩恶是治表之法,是消极制裁犯罪,当然也不可或缺。荀子曾言:“遇君则修臣下之义,遇乡则修长幼之义,遇长则修子弟之义,遇友则修礼节辞让之义,遇贱而少者,则修告导宽容之义。无不爱也,无不敬也,无与人争也,恢然如天地之包万物。如是则贤者贵之,不肖者亲之。如是而不服者,则可谓妖怪狡猾之人矣,虽则子弟之中,刑及之而宜。”③这显然是先礼后刑的绝佳表述,也是后世德主刑辅的先声,其核心思想被后人总结为“礼之所去,刑之所取,失礼则入刑,相为表里者也”。④只要违背礼治,即便是贵戚高官亦不免于刑,前述的太子杨勇被锢等即是很好的佐证,同时也说明禁锢的适用对于维持礼治秩序、弘扬社会伦理起了不小的作用,有助于促进孝风、节俭之风等优良社会风气的形成。

---

① (宋)萧子显:《南齐书》卷三十六《谢超宗列传》,中华书局1972年版,第636页。

② 《孝经正译》之《孝经·广要道章》,赵缺译注,岳麓书社2014年版,第49页。

③ 《荀子校释》之《荀子·非十二子》,巫天海校释,上海古籍出版社2005年版,第216页。

④ (南朝宋)范晔:《后汉书》卷四十六《陈宠列传》,中华书局1965年版,第1554页。

二、负面作用

任何事物都具有两面性，禁锢亦不例外。尽管禁锢具有强化皇权、整饬吏治和维护礼治的积极作用，但由于专制社会帝王独制，极易导致禁锢被滥用。禁锢之滥用导致禁锢成为皇帝随意打击官吏士人、相互争权夺利的政治工具，终使朝政紊乱、纲纪日靡。不仅如此，禁锢之滥用还导致大量优秀人才被扼杀埋没，打击了士人忠君从政的积极性。

（一）紊乱朝政

在中国古代社会的权力架构中，皇帝处于权力"金字塔"的顶端。对于禁锢刑的适用，历代皇帝始终处于一种极其矛盾的心态。一方面，皇帝想通过禁锢不法臣吏以整顿吏治，最终实现风清政明的政治环境；另一方面，皇帝对于日趋激烈的臣僚党派之争又深感不安，这就难免会导致为了维护政权稳固而滥用禁锢。不唯皇帝，有权力就会有斗争，臣吏为了争权夺利，也会利用或请求皇帝禁锢政敌及其派别之人，这亦是禁锢被滥用的又一重要原因。如此则禁锢成为皇帝与臣吏、臣吏与臣吏之间进行政治斗争的工具，目的是维持专权独制和排除政治异己。

这在前述的朋党之锢和株连之锢中表现尤甚，如东汉后期的两次党锢之锅，虽然表面上看是清议派的士人与宦官的相互倾轧之争，实质原因是看谁能取得最高统治者——皇帝的支持。在这场士人集团与宦官集团的殊死搏斗中，无论是汉桓帝还是汉灵帝，往往更倾向于支持宦官一派，从而造成第一次党锢之锅中的李膺等二百余人"皆赦归田里，禁锢终身"①的恶果，第二次党锢之祸则由于灵帝年幼、宦官掌权，打击迫害清议派尤甚，致使虞放、杜密、李膺、范滂"百余人皆

① （南朝宋）范晔：《后汉书》卷六十七《党锢列传》，中华书局1965年版，第2187页。

死狱中……其死徙废锢者六七百人”。[①] 之所以如此，盖因士人在东汉政坛上以豪族世官为领袖，以亲属门生故吏为纽带，已经形成一股新的政治力量，不能不引起皇帝的不安，最终演变为皇权与士权之斗争，禁锢成为皇帝抑或宦官打击士人的工具，“驯至党锢祸起，汉遂以亡”[②]即是对党锢之祸的客观评价。明朝末年，明熹宗朱由校因热衷于做木工而不问政事，宦官魏忠贤专权，与代表士人集团的东林党展开殊死较量。阉党亲信捕风捉影、诬陷无所不用其极，开列《东林党人榜》309 人，“借魏忠贤毒焰，一网尽去之。杀戮禁锢。善类为一空”。[③] 这可视为禁锢被权臣滥用打击政治异己的典型事例，终致“小人卒大炽，祸中于国，迄明亡而后已”[④]的悲惨结局。

不光是朋党之锢导致滥用禁锢，许多臣吏士人被无辜株连亦使朝廷纪纲不振，而且由于皇帝专权的本质也会导致禁锢适用的随意性，即“上所欲挤者，因而陷之；上所欲释者，久系待问而微见其冤状”。[⑤] 例如，明朝嘉靖年间，镇国中尉勤熨因上书言及嘉靖帝溺求长生而不理朝政，致“帝览疏怒，坐诽谤，降庶人，幽凤阳。子朝𡌴已赐名，以罪人子无敢为请封者，上书请释父罪，且陈中兴四事，诏并禁锢”。[⑥] 勤熨父子因直言上谏被双双禁锢充分体现了皇帝专制的本质，也是禁锢被随意适用的一例佐证。还有汉灵帝时期的盖升任南阳太守时贪赃数亿，被桥玄劾奏“免升禁锢，没入财贿。帝不从，而迁

---

① (南朝宋)范晔：《后汉书》卷六十七《党锢列传》，中华书局 1965 年版，第 2188 页。

② 程树德：《九朝律考》，中华书局 2006 年版，第 51 页。

③ (清)张廷玉等：《明史》卷二百三十一《顾宪成列传》，中华书局 1974 年版，第 6033 页。

④ 同上。

⑤ (东汉)班固：《汉书》卷六十《杜周列传》，中华书局 2005 年版，第 2017 页。

⑥ (清)张廷玉等：《明史》卷一百一十六《诸王列传》，中华书局 1974 年版，第 3570 页。

升侍中”。[①] 汉灵帝对因贪赃应被禁锢的故旧盖升，不仅不予追究反而升其官职，禁锢随意被适用至此已无以复加了！

总而言之，无论禁锢滥用导致禁锢沦落为皇帝与臣吏士人、臣吏与臣吏之间的政治斗争之工具，还是禁锢适用的随意性导致忠直耿正之臣被锢，抑或有罪之臣被随意赦免禁锢甚至被加官晋爵，都导致紊乱朝政、纪纲不振的严重后果，“人之云亡，邦国殄瘁，民心去而鼎祚旋移”[②]就是滥用禁锢导致朝政日荒、国运衰败的真实写照。法制的无力必然导致依重专制，斯中教训，即在今日亦不可不鉴！

（二）扼杀人才

人才乃兴国之本，官员是治国之基。“官爵者，天下之公器”，[③]“爵位，天下公器，不可轻也”，[④]张九龄和陆贽二位贤人的话说明了选贤任能为官的重要性，历朝历代的执政者，尤其是最高统治者对此亦是心知肚明。但由于皇权专制的本质，历代皇帝又处于选贤为官治国理政与防其篡权以危害皇权的两难窘境之中。禁锢刑的适用就是这种窘境的外在体现之一，禁锢的立法初衷是为了选拔人才，将那些贪赃滥权之吏、品行不端之人排除在入仕之外。但由于皇帝专权独断及防范臣吏结党与皇权抗衡，禁锢往往被扩大化，导致大量士人被锢，扼杀了大批优秀人才，也间接震慑了不少士人的从政积极性，使不少人才埋没于荒野。这在前述的株连之锢和朋党之锢中表现最为突出。西汉开始实行的对贾人禁锢，尽管出于重农之意，但却致使一批具有财货管理能力之人无法进入仕途，而对“臧吏”禁锢二世，无

---

① （南朝宋）范晔：《后汉书》卷五十一《桥玄列传》，中华书局1965年版，第1696页。

② 沈家本：《历代刑法考》（一），中华书局1985年版，第494页。

③ （后晋）刘煦等：《旧唐书》卷九十九《张九龄传》，中华书局1976年版，第3098页。

④ （宋）欧阳修、宋祁：《新唐书》卷一百五十七《陆贽列传》，中华书局1975年版，第4921页。

疑也使其子孙无缘官场,不能不说是人才的极大浪费。最令人痛心的还是朋党之锢而牵连的大批士人,如东汉末年的两次党锢之祸,致使百余人被戮,上千人被禁锢,即“诏州郡更考党人门生故吏父子兄弟,其在位者,免官禁锢,爰及五属”。① 又如北宋末年的权臣蔡京穷治元祐党人,“凡名在两籍者三百九人,皆锢其子孙,不得官京师及近甸”。② 再如明朝末年的权臣魏忠贤严整东林党人,开列 309 人,“一网尽去之,杀戮禁锢,善类为一空”。③ 如此大规模地整治“朋党”,无论是皇帝维护皇权还是权臣打击政敌,致使罪吏的亲属、门生、故吏广受株连,大量贤能被扼杀于草野,东汉、北宋、朱明王朝焉有不亡之理?不唯如此,严惩“朋党”还带来了一些间接的消极后果,致使忠君观念衰微和隐居不仕之人增多,如东汉的郭太在目睹第一次党锢之祸后,泣言“人之云亡,邦国殄瘁,瞻乌爰止,不知于谁之屋耳”,④认为汉室已大命不支,因而自乐于故乡拒绝出仕。又如东汉魏桓亦多次被征召入仕,其长叹“使桓生行死归,于诸子何有哉!”⑤魏桓对汉室已彻底失望,也可能是为了明哲保身而拒绝入仕。再如南宋大儒朱熹在被权臣韩侂胄攻击被迫离职,创立白鹿洞书院和岳麓书院聚徒讲学,却被诬为结成“伪学逆党”首领遭锢,致使其门生朋友惶惶不可终日,其中的特立独行者隐居于山间林下,诵经慕古,拒绝出仕,对朝廷显已灰心!明末的顾宪成与高攀龙等人被革职后,对于政治已颇厌倦,回归故乡兴办东林书院寄托心志,亦可视为忠君思想的渐趋

① (南朝宋)范晔:《后汉书》卷六十七《党锢列传》,中华书局 1965 年版,第 2189 页。

② (元)脱脱等:《宋史》卷四百七十二《蔡京列传》,中华书局 1985 年版,第 13724 页。

③ (清)张廷玉等:《明史》卷二百三十一《顾宪成列传》,中华书局 1974 年版,第 6033 页。

④ (南朝宋)范晔:《后汉书》卷六十八《郭太列传》,中华书局 1965 年版,第 2226 页。

⑤ (南朝宋)范晔:《后汉书》卷五十二《周燮列传》,中华书局 1741 年版,第 1741 页。

衰微。清初《朱子家训》的作者朱用纯，地方官多次推荐他进入朝廷博学鸿儒科，他坚决推辞不就，以教私塾为生，以吟诗教子为乐，一幅"隐仕"形象。究其实，无论因何种原因拒绝入朝为官，对朝廷而言，都造成了人才流失的严重后果。

总之，无论是因封建等级制将贾人赘婿排除在官场之外，还是因贪赃之锢、朋党之锢致使子孙、门生、故吏牵连不得入仕，甚或一些士人因惧祸而拒绝出仕或隐居不仕，都使大量优秀人才不能为朝廷所用，埋没于荒野者居多，而往往这种扼杀人才的比较严重的现象多发生在王朝末年，个中原因值得玩味。人才流失导致国运不昌，朝堂昏暗终使人才扼杀，如此王朝焉有不走向末路之理？个中教训，即使今日亦值得警醒！

三、后世影响

禁锢至清末变法修律后未见于史籍之中，但却有与其相近的刑罚存在，即清末和民国时期的褫夺公权及新中国的剥夺政治权利。这即可视为禁锢刑对后世的影响，亦可将褫夺公权和剥夺政治权利视做禁锢刑在近当代中国的发展。这也充分说明了历史孕育了现实，而现实又是历史的发展这一真理。

清季10年，清廷在饱受列强欺凌的背景下启动清末变法，以求首先在法律上同世界接轨，从而实现收回列强领事裁判权的目的。在刑事立法上最为成功的代表就是1908年完成的《大清新刑律》，作为中国历史上第一部近代化的刑法典，尽管迟至1911年1月15日才颁布施行，且随之清亡而未见其实施成效，但其首创主刑与从刑之分，并在从刑中首次规定了褫夺公权这一资格刑。《大清新刑律》第37条明确规定："褫夺公权者，终身褫夺下列资格之全部或一部：(1)为官员之资格；(2)为选举之资格；(3)膺封赐勋章、职衔出身之资格；(4)入军籍之资格；(5)为学堂监督、职员、教习之资格；(6)为律师之资格”①。其中第1项和第5项即与古代禁锢刑的适用内容——剥夺为官的资格高度吻合，充分说明了褫夺公权为禁锢的变式发展，其所包含的内容更为丰富。北洋政府时期制定的《暂行新刑律》和南京国民政府时期的“旧刑法”②的刑罚体系均与《大清新刑律》雷同，依然在从刑中规定了褫夺公权，内容上也无有多大改变。南京国民政府时期的“新刑法”③对褫夺公权的内容作出了更为完善的规定：“褫夺公权者，褫夺下列资格：(1)为公务员之资格；(2)公职候选人之资格；(3)行使选举、罢免、创制、复决之资格”。④ 不仅如此，“新刑法”还对褫夺公权的宣告及执行进行了明确规定，提升了司法上可操作性，即“凡宣告死刑或无期徒刑者，法院必须同时宣告褫夺公权终身，宣告6月以上有期徒刑者，依犯罪之性质认为有褫夺公权之必要者，宣告褫夺公权1年以上10年以下；至宣告刑为6月未满有期徒刑以下刑者，即不得褫夺公权。应否褫夺公权，以宣告刑为准，与法定刑无涉，也与执行刑无涉。褫夺公权，于裁判时并宣告之。对死刑或无期徒刑宣告褫夺公权者，自裁判确定时发生效力；对有期徒刑宣告褫夺公权者，自主刑执行完毕或赦免之日起算”。⑤ 对褫夺公权如此严密而明确的规定，就克服了古代禁锢刑规定不明又决之于君之随意性的弊端，使之适用更为科学。

无独有偶，中国共产党在革命根据地时期的法律体系创建中，亦有关于“褫夺公权”刑罚的规定，如1931年的《赣东北特区苏维埃暂行刑律》第26条规定：“褫夺公权包括下列资格的全部或一部：

---

① 转引自吴平：《资格刑研究》，中国政法大学出版社2000年版，第19页。

② 南京国民政府1928年制定的《中华民国刑法》。

③ 南京国民政府1935年制定的《中华民国刑法》。

④ 《中华民国刑法》(1935年)第36条。

⑤ 《中华民国刑法》(1935年)第37条。

(1)参加政权的资格;(2)参加一切群众组织的资格;(3)选举资格;(4)充当红军的资格"。接着第27条规定了褫夺公权的具体的执行:"在分则中,有褫夺公权之规定者,得褫夺现在之地位,或于一定期间内,褫夺前条所列资格的全部或一部,但应以科处徒刑以上者为限。"这种执行规定是《大清新刑律》、《暂行新刑律》和《中华民国刑法》(1928年)的翻版,但也充分说明褫夺公权作为从刑的地位,主要是关于罪犯某些权利资格的剥夺。相较而言,1947年的《关于"褫夺公权"的几个问题》对褫夺公权规定的最为具体,其规定对犯罪者应予褫夺公权的范围包括:"(1)选举权和被选举权;(2)罢免权;(3)创制权与复决权;(4)公职候选人的资格;(5)充当公务人员的资格;(6)担任学校教员的资格;(7)其他人民所公认的最荣誉的资格。"①该司法文件还规定了褫夺公权既可附加适用,又可单独适用,使褫夺公权的适用办法更为完善。新中国成立后,则将褫夺公权改为剥夺政治权利,这最早出现在1950年11月28日中央法制委员会颁布的《关于"褫夺公权"刑名的改正及其解释》中。该法令指出:"褫夺公权,系沿用旧名词。现在依据《共同纲领》第7条的规定,为剥夺政治权利;故为统一名称起见,应依《共同纲领》,决定为剥夺政治权利。"②顾名思义,由"褫夺公权"改为"剥夺政治权利"只是称谓上之改变,其作为资格刑的刑罚性质则并未改变,亦可视为古代禁锢在新中国的进一步发展。剥夺政治权利的内容,系指:"(1)选举权和被选举权;(2)担任国家职务之权;(3)担任公共团体职务之权;(4)受国家勋章、奖章及荣誉称号之权;(5)受领恤金之权。"③这是新中国成立后我国首次对剥夺政治权利的内容作出具体界定。新中国第一

---

① 转引自吴平:《资格刑研究》,中国政法大学出版社2000年版,第26~27页。

② 同上书,第128页。

③ 《关于"褫夺公权"刑名改正及其解释》(1950年11月28日中央法制委员会颁布)。

部刑法典——1979 年《刑法》,依然沿用“剥夺政治权利”之称谓,将其作为附加刑予以规定:“剥夺政治权利是剥夺下列权利:(一)选举权和被选举权;(二)宪法第 45 条规定的各种权利;(三)担任国家机关职务的权利;(四)担任企业、事业单位、人民团体领导职务的权利”。① 此外,这部刑法典还规定了剥夺政治权利刑的对象、期限、刑期起算及效力等内容。1997 年《刑法》则对 1979 年《刑法》规定的剥夺政治权利内容做了一定的修改,使内容上更为完善,适用上更加广泛。具体言之,1997 年《刑法》明确规定剥夺政治权利作为一种附加刑,既可以附加适用,也可以独立适用;且对 1979 年《刑法》第 50 条之第 2 项“宪法第四十五条规定的各种权利”缩减为“言论、出版、集会、结社、游行、示威、自由的权利”、第 4 项“担任企业、事业单位和人民团体领导职务的权利”改为“担任国有公司、企业、事业单位和人民团体领导职务的权利”。②

总之,作为当代中国资格刑之一的剥夺政治权利,尽管源自民国时期规定从刑——褫夺公权之更名,并非仅仅是清末修律移植德国刑法之褫夺公权而来,而且也与中国古代资格刑之禁锢具有相似甚或相同的文化基因,具有一定的历史继承性,体现了文化传承的魅力。因为禁锢之剥夺罪吏为官资格与剥夺政治权利之剥夺罪犯“担任国家机关职务的权利”并无本质不同,只是表达稍有区别,且剥夺政治权利的内容更为完善而已。以此而言,从古代禁锢到近代褫夺公权再到当代剥夺政治权利,正展示了中国资格刑的艰辛发展历程,古代资格刑禁锢对后世乃至当今资格刑的影响略见一斑!

四、现实启示

笔者煞费苦心地论证禁锢为中国古代一种资格刑并非只是闲情

---

① 《中华人民共和国刑法》(1979 年)第 50 条。

② 《中华人民共和国刑法》(1997 年)第 54 条。

逸致地坐而论道，而是饱含对完善当今资格刑的现实关怀。纵观刻下我国的资格刑体系，刑事法律、法规明确规定的仅有三种：剥夺政治权利、[①]驱逐出境[②]和剥夺军衔。[③] 鉴于后两者的适用对象均为特殊主体——外国人或军人且在司法实践中判决比例极小，实质上适用于一般主体的资格刑仅有剥夺政治权利一种。随着法律与世界接轨的步伐不断加快和我国"市场经济的高速发展，必将导致大幅度的削减死刑，死刑的减少必然导致资格刑和财产刑适用概率的增长，从而实现刑罚趋轻"[④]之目的。申言之，刑罚不断人道化和轻缓化的发展趋势必然导致资格刑在未来的刑罚体系中更有用武之地，而我国现有的内容笼统且种类过于单一的资格刑却与此相左，远远不能满足时代的要求和现实的需要。不可否认，真正"科学有效的刑罚体制应该是功能最大、消极作用最小且严厉性程度最轻的刑罚体制"，[⑤]不断缩小生命刑及自由刑的适用范围而扩大财产刑和资格刑的适用领域是符合当今刑罚体系渐趋科学不可或缺的路径之一。是故汲取传统制度精华，完善我国现有的资格刑制度势在必行。然而值得追问的是，该如何完善？本书对禁锢作为古代一种资格刑的研究至少可以从以下两点对此做出些许贡献：

首先，增设剥夺公职资格刑，整饬吏治以推进廉政建设。这是中国古代禁锢刑对完善当今资格刑的直接启示。禁锢刑自汉至清的广泛适用，对于历朝历代打击贪赃擅权官吏，提升官僚队伍素质方面起到了不可忽视的整饬吏治之正向功能。这主要体现在因职务犯罪被

① 《中华人民共和国刑法》(1997 年)第 54 条。

② 《中华人民共和国刑法》(1997 年)第 35 条。

③ 《中国人民解放军军官军衔条例》(1988 年)第 27 条。

④ 储槐植、蒋建峰：《经济全球化与犯罪控制对策》，载《山东公安专科学校学报》2002 年第 2 期。

⑤ 邱兴隆：《刑罚的哲理与法理》，法律出版社 2003 年版，第 224 页。

锢的实例之中，其中包含因贪赃被锢之官，如东汉安帝时期的清河相叔孙光“坐臧抵罪，遂增禁锢二世，衅及其子”；[①]因擅权被锢之官，如明朝嘉靖时期的辅国将军祐棕劫夺乡民财物多年，终被“（王）仪偕巡抚吴山奏之，夺爵禁锢”；[②]因失职被锢之官，如清朝嘉庆年间的宗室裕瑞和大学士禄康因对属下管教不严，被人所劾“发盛京禁锢”。[③]由此可见，古代禁锢刑对贪赃滥权之吏打击之重！轻则危及自身，重则连及子孙，以此促使官吏廉洁自律与吏治清明。反观吾国刻下打击职务犯罪的相关刑事规定，主要体现在《刑法》分则的两章“贪污贿赂罪”和“渎职罪”中，客观而言在整个分则只有 10 章的内容中所占比重亦为不低，但遗憾的是在这两章主要打击官吏职务犯罪的 38 个条文中，均未见到剥夺政治权利资格刑之任何形式或内容的明确规定。也许有人会提出如下辩解，现行《刑法》总则已规定“对于被判处死刑、无期徒刑的犯罪分子，应当剥夺政治权利终身”，[④]该条当然适用于《刑法》分则的所有规定。斯言不谬！但对大量未适用死刑和无期徒刑的贪贿犯罪人及最高刑根本没有死刑和无期徒刑的渎职犯罪人难道就不该适用剥夺政治权利——尤其是剥夺公职资格吗？如果对这些贪贿犯罪及渎职犯罪人都不适用剥夺公职资格性，是否有违刑法的基本原则——罪责刑相适应之嫌？反之，如果要对之适用剥夺公职资格刑，适用的刑法依据又不够明确，故改革剥夺政治权利刑或增设剥夺公职资格刑就成为一个现实且紧迫的问题。加之吾国当今贪腐案件高居不下，渎职犯罪连年增高，传统文化造就的官本

① （北宋）司马光：《资治通鉴》卷五十《汉孝安皇帝中》，中华书局 1956 年版，第 1617 页。

② （清）张廷玉等：《明史》卷二百十三《王仪列传》，中华书局 1974 年版，第 5374 页。

③ 赵尔巽：《清史稿》卷十六《仁宗本纪》，中华书局 1977 年版，第 604 页。

④ 《中华人民共和国刑法》（1997 年）第 57 条。

位意识依然严重，对公职人员尤其是身居官位者适用剥夺公职资格性，能对职务犯罪产生极大的威慑力，有利于促进当今吾国廉政建设并逐步形成风清气正的政治生态。尽管中国古代资格刑的研究，尤其是其正向功能长期以来未受到足够的重视，但“合理的传统也许会因为某种疏忽而暂时被漠视被搁置，但它必将会在理性地审视下得到重视和弘扬”。[①] 中国古代针对官吏贪赃、擅权、失职而设置的禁锢刑，为完善当今的剥夺政治权利提供了有益的借鉴。笔者认为，以下两条完善当今资格刑的措施比较便捷易行：一是将现行《刑法》规定的剥夺政治权利刑的后两款：“(3)担任国家机关职务的权利；(4)担任国有公司、企业、事业单位和人民团体领导职务的权利”[②]，从剥夺政治权利刑中分离出来更名为“剥夺公职资格刑”。目的是更为精准、有效地发挥刑罚打击官员职务犯罪的功能，亦可避免笼而统之地将犯罪人4项权利不加区别地同时剥夺的“刑罚过剩”之嫌。二是在《刑法》分则规定的“贪污贿赂罪”和“渎职罪”两章之公职人员犯罪中，明确地规定剥夺公职资格刑。结合前述古代禁锢刑的适用刑期之规定，建议剥夺公职资格刑的适用可做如下规定：对于情节严重的贪贿犯罪人，判处主刑附加剥夺公职资格终身；对于情节较轻的贪贿犯罪人，判处主刑附加剥夺公职资格十年；对于情节严重的渎职犯罪人，判处主刑附加剥夺公职资格十年；对于情节较轻的渎职犯罪人，判处主刑附加剥夺公职资格五年至十年；《刑法》分则其他涉及官员犯罪的条文，可以仿此作出类似规定。之所以如此设计，是因为剥夺公职资格刑“一是满足了社会的报应感情，二是对从事公职及其他

---

① 王瑞玲、丁子明：《渎职罪中剥夺公职资格刑之提倡》，载《湖南工业大学学报》2013年第2期。

② 《中华人民共和国刑法》(1997年)第54条。

一定职业有关的人具有一般预防的效果"。[①] 而且这种设计恰恰能够击中贪污渎职犯罪人的"软肋",不仅能够起到严厉打击犯罪公职人员的特殊预防功能,而且也能够大力震慑意欲跃跃欲试的公职人员之一般预防功能,毕竟"一个良好的立法者关心预防犯罪,多于惩罚犯罪",[②]何况此种设计还可能是解决贪贿犯罪之社会毒瘤从而推进廉政建设的一条理性路径呢?!

其次,完善剥夺从业资格刑,严加惩治以维护经济秩序。这是中国古代禁锢刑对完善当今资格刑的延伸启示。不可否认,维持社会秩序的稳定及良态运行是任何时代最高统治者的执政要务,只不过中国古代着重于礼治秩序的维持,而今中国则因时制宜地注重维护经济秩序。若此,维持礼治秩序就成为古代禁锢刑释放的良性功能之一,这主要体现在因违礼犯罪被锢的实例之中。其中包含因不孝被锢之官,如东汉"(甄)邵当迁为郡守,会母亡,邵且埋尸于马屋,先受封然后发丧……(李燮)乃且表其状。邵遂废锢终身";[③]也有因骄奢淫逸被锢之官,如南朝宋孝武帝时期的右卫将军檀和之被"出为南兖州刺史,坐酣饮黩货,迎狱中女子入内,免官禁锢";[④]还包括因狂狷悖礼被锢之官,如南朝齐高帝时期的文坛名士谢超宗恃才放旷,嘲讽皇帝且戏谑高官,终为"省司所奏,以怨望免官,禁锢十年"。[⑤] 用现代人的眼光来看,用禁锢刑惩治前述违礼的官吏可能失之于严酷,实则惩治违礼者是小,维持最高统治者所追求的礼治秩序是大,毕竟礼以劝善,通过严惩违礼之人预防其他官吏不再违礼才是治本之策。

---

① [日]大谷实:《刑事政策学》,黎宏译,法律出版社 2000 年版,第 147 页。
② [法]孟德斯鸠:《论法的精神》,张雁深译,商务印书馆 1959 年版,第 98 页。
③ (南朝宋)范晔:《后汉书》卷六十三《李固列传》,中华书局 1965 年版,第 2091 页。
④ (梁)沈约:《宋书》卷九十七《夷蛮列传》,中华书局 1974 年版,第 2379 页。
⑤ (宋)萧子显:《南齐书》卷三十六《谢超宗列传》,中华书局 1972 年版,第 636 页。

因此,禁锢刑的适用对于弘扬社会伦理以维持礼治秩序所起的作用不容忽视,有利于促进孝风、节俭之风等优良社会风气的形成。当历史的车轮滚滚驶进21世纪的今日之中国,培育公民良好的道德素质并尽力促成一个良风美俗的社会秩序仍不过时。只不过因我国自改革开放以来,逐步确立了以市场经济为主导的发展策略,经济的快速发展导致了社会分工越发细密和专业化程度日渐弥高,“考证族”的日益流行侧证了专业技术在经济发展中的极端重要性,与之相携的副产品就是利用职业技能实施的犯罪数量与日俱增。有违法犯罪就需要相应的法律规制,这是法治社会的一条铁律。因此,剥夺此类犯罪人的从业资格,不失为遏制该类犯罪的准确应对之策。令人欣慰的是,我国《刑法》规定的“从业禁止”制度终于在2015年“千呼万唤始出来”,即“因利用职业便利实施犯罪,或者实施违背职业要求的特定义务的犯罪被判处刑罚的,人民法院可以根据犯罪情况和预防再犯罪的需要,禁止其自刑罚执行完毕之日或者假释之日起从事相关职业,期限为三年至五年”。[①] 尽管学界对此条规定的“从业禁止”的定性尚有分歧,[②]但其剥夺公民或法人的从业资格的本质内容不容否定,实属我国刑罚体系更为完善和刑事立法技术更为进步的标志性事件。笔者认为,此条从业禁止的刑法修正案标志着我国剥夺从业资格刑的正式确立,可以视为中国古代禁锢刑在当代的嬗变与升华,充分证明了刑罚演变所深蕴的社会机理:“人类对刑罚的不断探索、发现与追求,在漫长的历史反弹过程中,刑罚不断接受理性的检验和

① 《中华人民共和国刑法修正案》(九)第1条第1款。

② 有学者认为是一种保安处分,参见张明楷:《刑法学》,法律出版社2014年版,第559页;也有学者认为是一种非刑罚措施,参见于志刚:《从业禁止制度的定位与资格限制、剥夺制度的体系化》,载《法学评论》2016年第1期;还有学者认为是一种资格刑,参见陈兴良主编:《刑罚通论》,中国人民大学出版社2007年版,第21页;吴平:《资格刑研究》,中国政法大学出版社2000年版,第113页。

反思,形成了由无理走向合理的进化轨迹。"[①]同时,必将有力地规制我国当前各类经济犯罪疯涨之势!尽管如此,由于剥夺从业资格刑在我国还很"年轻",不足之处[②]在所难免,但对刻下完善我国剥夺从业资格刑的紧迫性而言,以下两点尤为必要:一是在《刑法》分则第三章"破坏社会主义经济秩序罪"的相关条文中明确规定剥夺从业资格刑。之所以如此设计,可以先看一组最新数字:"2016 年各级法院审结一审商事案件 402.6 万件,同比上升 20.3%……审结股权、证券、期货、票据、保险等纠纷案件 124.8 万件,维护资本市场秩序,防范金融风险。审结房地产纠纷案件 25.5 万件,促进房地产市场规范有序发展"。[③] 这些数字不仅能够说明各级法院及法官的工作业绩之巨,也能侧证破坏经济秩序的金融类和商事类犯罪呈逐年递涨的井喷之势,且这些犯罪又多呈现出高智商者利用职业技能者为多,是故剥夺其从业资格决非扬汤止沸的权宜之计,而是治病除根的釜底抽薪之举。是故率先在"破坏社会主义经济秩序罪"专章中明确规定剥夺从业资格刑实为必要,然后可循序渐进地在《刑法》分则其他罪名如重大责任事故罪、交通肇事罪等相关罪名中进行完善不失为一条可行路径。二是设法协调剥夺从业资格刑与相关法律规定的资格罚的衔接适用。在《刑法修正案》(九)出台之前,我国的相关法律中有不少"无资格刑之名,行资格刑之实"[④]的处罚规定,其中包含因受刑事处

---

① 邱兴隆:《刑法理性导论》,中国政法大学出版社 1998 年版,第 124 页。

② 李敏姿:《论我国资格刑的改革——以"从业禁止"的定性和合理设置为视角》,中央民族大学 2016 年硕士学位论文,第 20 ~ 22 页;林朋孙:《刑法中职业禁止制度研究——以《刑法》第三十七条之一为研究对象》,华侨大学 2016 年硕士学位论文,第 36 ~ 37、40 ~ 41 页。

③ 2017 年《最高人民法院工作报告》。

④ 李荣:《我国刑法体系外资格刑的整合》,载《法学论坛》2007 年第 2 期。

罚而被终身剥夺相应资格的,如律师、[①]注册会计师、[②]医师、[③]教师[④]等;也有因品行不好被永久限制不得担任某种资格的,如仲裁员的聘任、[⑤]保险业高级管理人员的任命[⑥]等;还包含因违法及犯罪被剥夺一定期限从业资格的,如公司的董事、监事和高级管理人员,[⑦]拍卖师,[⑧]证券师,[⑨]商业银行的董事及高级管理人员[⑩]等。这些行政处罚的期限动辄就是剥夺违法者 5 年甚至终身的从业资格,比《刑法修正案》(九)规定的"三年到五年"的资格刑严厉得多,而《刑法修正案》(九)还规定"其他法律、行政法规对其从事相关职业另有禁止或者限制性规定的,从其规定"。[⑪] 尽管这种规定的目的是使该修正案与其他法律、法规的规定相衔接,实则有违《刑法》在各类处罚中处于严厉程度最顶端这一基本原理,亟须进行修正。笔者认为,易于接受的做法有二:一是在其他法律、法规的相应规定后附加 1 款,即剥夺行为人从业资格超过 5 年的按照《刑法》相关规定处理;二是在《刑法修正案》(九)第 1 条第 1 款后增加规定,即情节特别严重者,可以剥夺行为人从业资格 10 年以上或者终身。尽管这样的设计可能会增加公民、法人抑或行政机关的程序性责任,但却能够使我国的资格刑体系更为完善。这样的设计不仅实现了《刑法》关于资格刑的规定与

---

① 《中华人民共和国律师法》第 7 条、第 49 条第 2 款。
② 《中华人民共和国注册会计师法》第 13 条。
③ 《中华人民共和国医师法》第 16 条。
④ 《中华人民共和国教师法》第 14 条。
⑤ 《中华人民共和国仲裁法》第 13 条。
⑥ 《中华人民共和国保险法》第 121 条。
⑦ 《中华人民共和国公司法》第 147 条。
⑧ 《中华人民共和国拍卖法》第 15 条。
⑨ 《中华人民共和国证券法》第 108 条。
⑩ 《中华人民共和国商业银行法》第 27 条。
⑪ 《中华人民共和国刑法修正案》(九)第 1 条第 3 款。

其他法律、法规关于资格刑规定的完美对接，而且能够更为有力的打击公民或法人利用职业技能实施的犯罪。如此两全其美之事，立法者又何乐而不为呢？

结　语

瞿同祖先生曾言:“法律是社会的产物,是社会制度之一,是社会规范之一。”①申言之,法律并非一种孤立的存在,而是与社会,尤其是当时的社会密切相关。客观而言,关于当下法制史的研究,我们既要克服“举泰西之制而证之以古,谓泰西新法乃我古已有之”②的历史万能主义,又要避免批之唯恐不深、贱之如弃敝屣的历史虚无主义。因为“历史是现在与过去之间永无止境的回答交谈”,③只有借助于现在——因为它是最直接、最便利的参照,我们才能更准确地理解过去;也只有借助于过去——因为它是最紧密、最深厚的参照,我们才能更深刻地理解现在。中国古代资格刑的代表之一禁锢亦为如此,必须辩证地进行看待。

有鉴于此,本书通过禁锢的考证与阐释,论证了其作为中国古代一种资格刑的真实存在;通过厘清禁锢的历史流变,阐明了其作为中国古代一种刑罚的性质;通过分析禁锢形成的政治、经济、文化及社会结构条件,说明禁锢是在古代中央集权政治制度中配合官吏选任

① 瞿同祖:《中国法律与中国社会》,中华书局2007年版,第1页。

② 范忠信:《中西法文化的暗合与差异》,中国政法大学出版社2001年版,第3页。

③ [英]爱德华·凯尔:《历史是什么》,陈恒译,商务印书馆2008年版,第1页。

制度而诞生的，其本意是为了提升选任官吏的质量却不经意间可能成为皇帝打击臣下结党抑或官僚进行派系斗争的工具。尽管禁锢刑的主要适用对象是罪吏，但由于中国古代系一身份等级社会并推行重农抑商政策，故赘婿贾人亦排除在官僚队伍之外。换言之，赘婿贾人亦为禁锢刑的适用对象，最可悲的一类禁锢适用对象系为前二者所株连的子孙、门生、故吏等人，对被株者适用禁锢刑最能体现中国古代皇权社会的专制本质。不唯如此，无论是适用禁锢还是解除禁锢，甚或禁锢的刑期长短，均掌握在最高统治者——皇帝或摄政者之手，亦能体现皇帝乾纲独断的专权肆意，充分说明了牢固掌握用人或去官大权是维持皇帝专权的基石。当然，尽管禁锢因为被滥用而具有紊乱朝政、扼杀人才的负面作用，不可否认的是它同时具有强化皇权、整饬吏治、维持礼治的正向功能。正是因为这种正向功能，禁锢刑才由汉至清历经千年而不衰，民国时期的褫夺公权和当今的剥夺政治权利即由其演进而来，由此可见禁锢不仅在古代中国具有相当的历史延续性，对后世亦有千丝万缕的影响及借鉴。

有学者坦言："所谓'活'的制度史……首先是指一种从现实出发，注重发展变迁、注重相互关系的研究范式。官僚政治制度不是静止的政府形态与组织法，制度的形成及运行本身是动态的历史过程。"①禁锢刑的变迁依然如是，禁锢——褫夺公权——剥夺政治权利即可看做中国古代社会——近代社会——当代社会对剥夺为官资格或担任公职人员的立法规定，亦可视为作为从刑（附加刑）的资格刑在古代官僚社会——近代共和社会——当代社会主义社会三大发展阶段的标志之一。为了更为深入地说明这个问题，我们不妨将禁

① 邓小南：《走向活的制度史——以宋代官僚政治制度史研究为例的点滴思考》，载《浙江学刊》2003 年第 3 期。

锢与剥夺政治权利做以比较,以求剥夺政治权利的立法及适用更为科学。现行《刑法》明确规定:“剥夺政治权利是剥夺下列权利:(一)选举权和被选举权;(二)言论、出版、集会、结社、游行、示威自由的权利;(三)担任国家机关职务的权利;(四)担任国有公司、企业、事业单位和人民团体领导职务的权利。”[①]而古代禁锢主要是剥夺了事主的为官资格,与上述规定第3项指向如一,亦可认为内在地包含第4项内容;[②]第1项规定的内容,在古代皇权专制社会几乎无从谈起,但是在第2项规定上,禁锢与剥夺政治权利区别较大。在前述禁锢的案例中,被锢者依然享有学术自由,如东汉的郑玄被锢14年,发奋著书终成经学大师;被株连禁锢的东汉陈纪“发奋著书数万言,号曰《陈子》”。[③] 这二人可视为被锢者享有“言论、出版”学术自由之例。又如东汉两遭禁锢的张奂归乡之后,“闭门不出,养徒千人,著《尚书纪难》三十余万言”;[④]南宋朱熹被锢达四十年之久,创立白鹿洞书院聚徒讲学,“平生为文凡一百卷,生徒问答凡八十卷,别录十卷”。[⑤] 这似可认为被锢之人享有“言论、出版、集会、结社”之自由。以此来看,当代剥夺政治权利的内容相较古代禁锢而言有所扩大,这有违刑法发展的轻刑化原理,[⑥]应当在未来的立法中逐步修改。

尽管剥夺政治权利刑的内容比古代禁锢刑的内容更为丰富,但惩治力度和威慑功能却大大降低。换言之,刑罚的惩治力度与其威

---

① 《中华人民和国刑法》(1997年)第54条。

② 因为中国古代无有公司、企业、事业单位的划分,即使有些产业也多为封建官僚所把持。

③ (南朝宋)范晔:《后汉书》卷六十二《陈纪列传》,中华书局1965年版,第2067页。

④ 同上书,第2142页。

⑤ (元)脱脱等:《宋史》卷四百三十《道学列传》,中华书局1985年版,第12769页。

⑥ 这个问题批判者很多,如有学者认为此条违宪,参见薛瑞麟、候国云主编:《刑法的修改与完善》,中国政法大学出版社1989年版,第116页。也有学者认为其缺乏合理性和可操作性,参见吴平:《资格刑研究》,中国政法大学出版社2000年版,第156~168页。

慑功能往往呈正相关系,正所谓商鞅之言:“行罚,重其轻者,轻其重者,轻者不至,重者不来,此谓以刑去刑,刑去事成。”[①]尽管不少学者极其反对法家的重刑主义,但我们却不能忽略其威慑功能与维持社会秩序的效率功能。中国古代的禁锢刑,不仅罪及本人,而且可能牵连到自己的子孙后代,甚或门生故吏;不仅可能被处罚为有期禁锢,而且多为终身禁锢,抑或还有跨世禁锢。如此严厉的惩治使每一位仕人官吏必须时刻端正己行,否则,可能招致“为吏坐臧,终身捐弃”[②]的恶果。我们可以姑且不论株连禁锢和跨世禁锢的不人道性,这类惩罚也必将消失在历史的云烟之中,但我们不能否认禁锢所释放的整顿吏治和推进礼治的正向功能。反观现今的剥夺政治权利,只有被判处死刑立即执行的犯罪分子,剥夺政治权利终身方真正得到执行。[③] 而对于死缓与无期徒刑,虽然《刑法》明文规定剥夺政治权利终身,但在司法实践中通过减为有期徒刑时,剥夺政治权利则改为3年以上10年以下,[④]独立适用剥夺政治权利和拘役、有期徒刑附加剥夺政治权利的,执行期限为1年以上5年以下,判除管制附加剥夺政治权利的,剥夺政治权利的期限与管制的期限相等。[⑤] 其他减刑、假释等情形则刑罚执行期限更短。尽管剥夺政治权利实际发生效力的期间为主刑期间与剥夺政治权利的刑期之和,[⑥]但在普通民众看来,罪犯只要脱离监狱就成“自由人”了,剥夺政治权利刑的惩治效力及威慑功能大打折扣。加上我国正在大力发展社会主义市场经济,一些罪吏对中国文化认识深刻,由于犯罪的经历在感觉仕途无望

---

① 蒋礼鸿撰:《商君书锥指》之《商君书·靳令》,中华书局1986年版,第81页。

② (南朝宋)范晔:《后汉书》卷二十七《郑均列传》,中华书局1965年版,第946页。

③ 《中华人民共和国刑法》(1997年)第57条第1款。

④ 《中华人民共和国刑法》(1997年)第57条第2款。

⑤ 《中华人民共和国刑法》(1997年)第55条。

⑥ 《中华人民共和国刑法》(1997年)第58条。

后,往往由于具有广泛的社会关系退而求其次——创办个体公司,对被处以剥夺政治权利刑很不以为然。剥夺政治权利刑之整顿吏治和维持良俗的双重功能几乎丧失殆尽,是故可以吸收禁锢刑释放的正向功能,不断地完善剥夺政治权利刑的相关规定,加大剥夺政治权利刑的威慑及教育功能,如对于犯贪贿罪的官吏可以考虑适当从重剥夺政治权利的量刑,并在一定程度上限制其经商、办公司等个体行为,以最大限度地预防官商勾结以毒害国家机关廉洁从政的肌体,从而扩大剥夺政治权利等刑罚的特殊预防及一般预防功能,进一步促进社会的公平和正义。

当然,完善剥夺政治权利刑乃至其他资格刑绝非一朝一夕之功,本书关于禁锢刑的微薄研究,只要能够对之有所启迪吾意已足!但有一点我们却必须时刻保持警醒:法律的生命在于植根传统,无论这种传统是源自史料寻踪,还是来自民俗田调。对此,索累尔赞美《法国民法典》的话依然适用:“就我所知,没有哪个国家像法国那样,私法是如此深入地渗透到了习俗之中,并形成其理智、情感以及文字生活的如此内在的组成部分。”①这应当成为相关机关不断完善资格刑乃至其他所有法律规定的努力方向!亦是笔者研究中国古代资格刑的意旨所在!

① 转引自[德]K. 茨威格特、H. 克茨:《比较法总论》,潘汉典、米健、高鸿钧、贺卫方译,法律出版社 2003 年版,第 200 页。

附　录　中国古代"禁锢"* 史料列表

朝代	内容	出处
秦朝	下去疾、斯、劫吏，案责他罪。去疾、劫曰："将相不辱。"自杀。斯卒囚，【正义】：卒，子律反。囚，在由反。谓禁锢也。就五刑。	《史记》卷六《始皇本纪》
两汉	四月乙巳，赦天下，赐爵一级。除禁锢。	《史记》卷十一《孝景本纪》
	议令民得买爵及赎禁锢免减罪。请置赏官，命曰武功爵。	《史记》卷三十《平准书》
	日者大将军巡朔方，征匈奴，斩首虏万八千级，诸禁锢及有过者，咸蒙厚赏，得免减罪。	《汉书》卷六《武帝纪》
	前令之刑城旦舂岁而非禁锢者，如完为城旦舂岁数以免。	《汉书》卷二十三《刑法志第三》
	有司请令民得买爵及赎禁锢免减罪；请置赏官，名曰武功爵。级十七万，凡值三十馀万金。	《汉书》卷二十四下《食货志第四下》
	往年觐明堂，赦殊死，无禁锢，咸自新，与更始。	《汉书》卷四十六《石奋传》
	初，章为当世名儒，教授尤盛，弟子千馀人，莽以为恶人党，皆当禁锢，不得仕宦。	《汉书》卷六十七《云敞传》

* 此处关于"禁锢"的史料包含了"禁固""废锢""永不叙用"的史料，因前二者与"禁锢"意思相同，"永不叙用"则与"禁锢终身"意思相同，故列表于此，以资比较，可能更为清晰。

续表

朝代	内容	出处
两汉	孝文皇帝时，贵廉洁，贱贪污，贾人、赘婿及吏坐赃者皆禁锢不得为吏。	《汉书》卷七十二《贡禹传》
	诸以前妖恶禁锢者，一皆蠲除之，以明弃咎之路，但不得在宿卫而已。	《后汉书》卷三《孝章帝纪》
	自建武以来诸犯禁锢，诏书虽解，有司持重，多不奉行，其皆复为平民。	《后汉书》卷四《孝和孝殇帝纪》
	其阎显、江京等知识婚姻禁锢，一原除之。	《后汉书》卷六《孝顺孝冲孝质帝纪》
	永昌太守曹鸾坐讼党人，弃市。诏党人门生、故吏、父兄、子弟在位者，皆免官禁锢。 丁酉，大赦天下，诸党人禁锢小功以下皆除之。	《后汉书》卷八《孝灵帝纪》
	又诏赦除建武以来诸犯妖恶，及马、窦家属所被禁锢者，皆复之为平人。 兴灭国，继绝世，录功臣，复宗室。追还徙人，蠲除禁锢。	《后汉书》卷十上《皇后纪上》
	一人呼嗟，王政为亏，宜一切还诸徙家属，蠲除禁锢，兴灭继绝，死生获所。	《后汉书》卷二十九《鲍永传》
	续以忠臣子孙拜郎中，去官后，辟大将军窦武府。及武败，坐党事，禁锢十余年，幽居守静。	《后汉书》卷三十一《羊续传》
	及党事起，乃与同郡孙嵩等四十余人俱被禁锢，遂隐修经业，杜门不出。 遇阉尹擅执，坐党禁锢，十有四年，而蒙赦令，举贤良方正有道，辟大将军三司府。	《后汉书》卷三十五《郑玄传》
	以焉前廷议守正，封阳平侯，固让不受。视事三年，坐辟召禁锢者为吏免。 事下尚书令刘猛，雅善彬等，不举正其事，节大怒，劾奏猛，以为阿党，请收下诏狱，在朝者为之寒心，猛意气自若，旬日得出，免官禁锢。	《后汉书》卷三十七《桓荣传》
	《尚书》曰：“上刑挟轻，下刑挟重。”如今使臧吏禁锢子孙，以轻从重，惧及善人，非先王详刑之意也。	《后汉书》卷三十九《刘般传》
	然诸出入贵戚者，类多瑕衅禁锢之人，尤少守约安贫之节，士大夫无志之徒更相贩卖，云集其门。	《后汉书》卷四十一《第五伦传》

续表

朝代	内容	出处
两汉	兴子尝发教欲署吏，棱拒执不从，因令怨者章之。事下案验，吏以棱掩蔽兴病，专典郡职，遂致禁锢。	《后汉书》卷四十五《韩棱传》
	景后征入为将作大匠。及梁冀诛，景以故吏免官禁锢。	《后汉书》卷四十五《周荣传》
	忠略依宠意，奏上二十三条，为《决事比》，以省请谳之敝。又上除蚕室刑；解臧吏三世禁锢。	《后汉书》卷四十六《陈宠传》
	时太中大夫盖升与帝有旧恩，前为南阳太守，臧数亿以上。玄奏免升禁锢，没入财贿。	《后汉书》卷五十一《桥玄传》
	以病征，拜议郎，复与诸儒博士共杂定《五经》。会梁冀诛，寔以故吏免官，禁锢数年。	《后汉书》卷五十二《孙寔传》
	巴坐下狱，抵罪，禁锢还家。	《后汉书》卷五十七《栾巴传》
	因兄子丧自劾归。太后闻之怒，谓融羞薄诏除，欲仕州郡，遂令禁锢之。	《后汉书》卷六十上《马融传》
	甦、畅素重蕃、琬，不举其事，而左右复陷以朋党，畅坐左转议郎而免蕃官，琬、甦俱禁锢。	《后汉书》卷六十一《孙琬传》
	昱后共大将军窦武谋诛中官，与李膺俱死。昙亦禁锢终身。	《后汉书》卷六十二《荀淑传》
	后遭党事禁锢。永康元年，卒于家。乡里图其形于屈原之庙。	《后汉书》卷六十四《延笃传》
	明年，梁冀被诛，奂以故吏免官禁锢。 宜急为改葬，徙还家属。其从坐禁锢，一切蠲除。 寓怒，因此遂陷以党罪，禁锢归田里。 时禁锢者多不能守静，或死或徙。奂闭门不出，养徒千人，著《尚书记难》三十余万言。	《后汉书》卷六十五《张奂传》
	以忠忤旨，横加考案，或禁锢闭隔，或死徙非所。 即日害之。徙其家属于比景，宗族、门生、故吏皆斥免禁锢。	《后汉书》卷六十六《陈蕃传》

续表

朝代	内容	出处
两汉	明年，尚书霍谞、城门校尉窦武并表为请，帝意稍解，乃皆赦归田里，禁锢终身。 于是又诏州郡更考党人门生故吏父子兄弟，其在位者，免官禁锢，爰及五属。 考死，妻子徙边，门生、故吏及其父兄，并被禁锢。 与窦武、陈蕃等谋诛阉官，武等遇害，肃亦坐党禁锢。 上书解释范滂、袁忠等党议禁锢。 陟少清直有学行，举孝廉，辟太尉李固府，举高第，拜侍御史。会固被诛，陟以故吏禁锢历年。……会党事起，免官禁锢。卒于家。 昱少习家学，大将军梁冀辟，不应。太尉举方正，对策不合，乃辞病去。后遭党事禁锢。 于是咸服其裁正。以党禁锢，卒于家。	《后汉书》卷六十七《党锢列传》
两汉	融一往，荐达郡士范冉、韩卓、孔由等三人，因辞病自绝。会有党事，亦遭禁锢。	《后汉书》卷六十八《符融传》
两汉	武府掾桂阳胡腾，少师事武，独殡敛行丧，坐以禁锢。	《后汉书》卷六十九《窦武传》
两汉	“汝曹常言党人欲为不轨，皆令禁锢，或有伏诛。今党人更为国用，汝曹反与张角通，为可斩未?”皆叩头云：“故中常侍王甫、侯览所为。”帝乃止。	《后汉书》卷七十八《张让传》
两汉	凭曰：“伏见前太尉西曹掾蒋遵，清亮忠孝，学通古今，陛下纳膚受之诉，遂致禁锢，世以是为严。” 帝即敕尚书解遵禁锢，拜凭虎贲中郎将，以侍中兼领之。	《后汉书》卷七十九上《戴凭传》
两汉	帝即赦兴等事，还乡里，禁锢终身。续以老病卒。	《后汉书》卷八十一《陆续传》
两汉	遭党人禁锢，遂推鹿车，载妻子，捃拾自资，或寓息客庐，或依宿树荫。	《后汉书》卷八十一《范冉传》
两汉	到光和三年癸丑赦令诏书，吏民依党禁锢者赦除之，有不见文，他以类比疑者谳。 今年尚可者，言但禁锢也。后年铙者，陈、窦被诛，天下大坏。	《后汉书》志第十三《五行一》

续表

朝代	内容	出处
两汉	是时灵帝用中常侍曹节等谗言,禁锢海内清英之士,谓之党人。	《后汉书》志第十六《五行四》
	于是大司农经用竭,不足以奉战士。六月,诏令民得买爵及赎禁锢,免臧罪。	《资治通鉴》第十九卷《孝武皇帝纪中之上》
	初,章为当世名儒,教授尤盛,弟子千馀人。莽以为恶人党,皆当禁锢不得仕宦,门人尽更名他师。	《资治通鉴》第三十六卷《王莽上》
	续曰:“母截肉未尝不方,断葱以寸为度,故知之。”使者以状闻,上乃赦兴等,禁锢终身。	《资治通鉴》第四十五卷《孝明皇帝下》
	又,诸徙者骨肉离分,孤魂不祀。宜一切还诸徙家。蠲除禁锢,使死生获所,则和气可致。	《资治通鉴》第四十六卷《孝章皇帝上》
	甲子,以前司徒刘恺为太尉。初,清河相叔孙光坐臧抵罪,遂增禁锢二世。	《资治通鉴》第五十卷《孝安皇帝中》
	诏征皇甫规为度辽将军。初,张奂坐梁冀故吏,免官禁锢,凡诸交旧,莫敢为言;唯规荐举,前后七上,由是拜武威太守。	《资治通鉴》第五十四卷《孝桓皇帝上之下》
	六月,庚申,赦天下,改元;党人二百馀人皆归田里,书名三府,禁锢终身。范滂往候霍谞而不谢。	《资治通鉴》第五十六卷《孝桓皇帝下》
	初,司隶校尉王寓依倚宦官,求荐于太常张奂,奂拒之,寓遂陷奂以党罪禁锢。	《资治通鉴》第五十七卷《孝灵皇帝上之下》
	及封谞、徐奉事发,上诘责诸常侍曰:“汝曹常言党人欲为不轨,皆令禁锢,或有伏诛者。”	《资治通鉴》第五十八卷《孝灵皇帝中》
	躬母圣,坐祠灶祝诅上,大逆不道。圣弃市,妻充汉与家属徙合浦。躬同族亲属素所厚者,皆免废锢。	《汉书》卷四十五《息夫躬传》

续表

朝代	内容	出处
两汉	上于是下咸、云狱，减死为城旦。咸、云遂废锢，终元帝世。	《汉书》卷六十七《云敞传》
	“臣幸得备宰相，不敢不尽死。请免博、闳、咸归故郡，以销奸雄之党，绝群邪之望。”奏可。咸既废锢，复徙故郡，以忧发疾而死。	《汉书》卷八十四《翟方进传》
	家狭小，官属立车下，久住移时，天欲雨，主簿谓西曹诸掾曰：“不肯强谏，反雨立闾巷！”商还，或白主簿语，商恨，以他职事去主簿，终身废锢。	《汉书》卷九十二《楼护传》
	元帝不听，由是大与显忤。后皆害焉，望之自杀，堪、更生废锢，不得复进用，语在《望之传》。	《汉书》卷九十三《石显传》
	三辅论议者，至云以贵戚废锢，当复以贵戚浣濯之，犹解酲当以酒也。诐险趣执之徒，诚不可亲近。	《后汉书》卷四十一《第五伦传》
	邵当迁为郡守，会母亡，邵且埋尸于马屋，先受封，然后发丧，邵还至洛阳，燮行涂遇之，使卒投车于沟中，笞捶乱下，大署帛于其背曰“谄贵卖友，贪官埋母”。乃具表其状。邵遂废锢终身。	《后汉书》卷六十三《李燮传》
	太傅陈蕃辟之，与参政事。蕃败，休坐废锢，乃作《春秋公羊解诂》，覃思不窥门，十有七年。	《后汉书》卷七十九下《何休传》
	于是方进复奏立党友后将军硃博、巨鹿太守孙闳，皆免官，与故光禄大夫陈咸皆归故郡。咸自知废锢，以忧死。	《资治通鉴》第三十二卷《孝成皇帝中》
	三辅论议者至云：“以贵戚废锢，当复以贵戚浣濯之，犹解酲当以酒也。”诐险趣执之徒，诚不可亲近。	《资治通鉴》第四十六卷《孝章皇帝上》
	初，李膺等虽废锢，天下士大夫皆高尚其道而污秽朝廷，希之者唯恐不及，更共相标榜，为之称号：以窦武、陈蕃、刘淑为三君，君者，言一世之所宗也；李膺、荀翌、杜密、王畅、刘祐、魏朗、赵典、朱寓为八俊，俊者，言人之英也。	《资治通鉴》第五十六卷《孝灵皇帝上之上》

续表

朝代	内容	出处
三国	明帝禁浮华,而人白胜堂有四窗八达,各有主名。用是被收,以其所连引者多,故得原,禁锢数岁。	《三国志》卷九《魏书·李胜传》
	汉末阉宦用事,夔从父衡为尚书,有直言,由是在党中,诸父兄皆禁锢。	《三国志》卷十二《魏书·何夔传》
	至於臣者,人道绝绪,禁锢明时,臣窃自伤也。	《三国志》卷十九《魏书·陈思王传》
	夫明贵贱,崇亲亲,礼贤良,顺少长,国之纲纪,本无禁固诸国通问之诏也,矫枉过正,下吏惧谴,以至於此耳。	《三国志》卷十九《魏书·陈思王传》
	奋以此见疑,本在章安,徙还吴城禁锢,使男女不得通婚,或年三十四十不得嫁娶。 若先已长大,自失时未婚娶,则不由皓之禁锢矣。此虽欲增皓之恶,然非实理。	《三国志》卷五十九《吴书·吴主五子传》
	时匡为定武中郎将,(违)范令放火,烧损茅芒,以乏军用,范即启送匡还吴。权别其族为丁氏,禁固终身。	《三国志》卷五十一《吴书·宗室传》
	晋诸公赞曰:述弟随,晋尚书仆射。为人亮济。赵王伦篡位,随与其事。伦败,随亦废锢而卒。	《三国志》卷二十四《魏书·崔林传》
	是时,当世俊士散骑常侍夏侯玄、尚书诸葛诞、邓飏之徒,共相题表,以玄、畴四人为四聪,诞、备八人为八达,中书监刘放子熙、孙资子密、吏部尚书卫臻子烈三人,咸不及比,以父居势位,容之为三豫,凡十五人。帝以构长浮华,皆免官废锢。	《三国志》卷二十八《魏书·诸葛诞传》
	至于臣者,人道绝绪,禁锢明时,臣窃自伤也。不敢乃望交气类,修人事,叙人伦。	《资治通鉴》第七十二卷《烈祖明皇帝中之上》
两晋南北朝	除旧嫌,解禁锢,亡官失爵者悉复之。 今大赦其家,还使立后。兴灭继绝,约法省刑。除魏氏宗室禁锢。 二月,除汉宗室禁锢。己未,常山王衡薨。	《晋书》卷三《武帝纪》

续表

朝代	内容	出处
两晋南北朝	又上除蚕室刑，解赃吏三世禁锢，狂易杀人得减重论，母子兄弟相代死听赦所代者，事皆施行。	《晋书》卷三十《刑法志》
	施行制度，以此设教，违令有罪则入律。其常事品式章程，各还其府，为故事。减枭斩族诛从坐之条，除谋反適养母出女嫁皆不复还坐父母弃市，省禁固相告之条，去捕亡、亡没为官奴婢之制。	《晋书》卷三十《刑法志》
	太子被诬得罪，衍不能守死善道，即求离婚。得太子手书，隐蔽不出。志在苟免，无忠蹇之操。宜加显责，以厉臣节。可禁锢终身。	《晋书》卷四十三《王戎传》
	非我族类，其心必异。而魏法禁锢诸王，亲戚隔绝，不祥莫大焉。	《晋书》卷四十八《段灼传》
	御史中丞周闵奏裕及谢安违诏累载，并应有罪，禁锢终身，诏书贯之。	《晋书》卷四十九《阮籍传》
	明年，诏原敦党，岳、抚诣阙请罪，有诏禁锢之。	《晋书》卷五十八《周访传》
	时制王敦纲纪除名，参佐禁固，峤上疏曰：“王敦刚愎不仁，忍行杀戮，亲任小人，疏远君子，朝廷所不能抑，骨肉所不能间。”	《晋书》卷六十七《温峤传》
	挺蔑其死主而专其室，悖在三之义，伤人伦之序，当投之四裔以御魑魅。请除挺名，禁锢终身。	《晋书》卷六十九《刘隗传》
	敦平，尚书令郗鉴议敦佐吏不能匡正奸恶，宜皆免官禁锢。会温峤上表申理，得不坐。	《晋书》卷七十七《陆玩传》
	吏部尚书范汪举安为吏部郎，安以书距绝之。有司奏安被召，历年不至，禁锢终身，遂栖迟东土。	《晋书》卷七十九《谢安传》
	主上爱信于太弟，恐卒闻未必信也。如下官愚意，宜缓东宫之禁固，勿绝太弟宾客，使轻薄之徒得与交游。	《晋书》卷一百二《刘聪载记》
	主者奏以妖言犯上，至之于法，殿下慈弘苞纳，恕其大辟，犹削黜禁锢，不齿于朝。	《晋书》卷一百九《慕容皝载记》
	坚愍之，禁锢新平人，缺其城角以耻之。新平酋望深以为惭，故相率距苌，以立忠义。	《晋书》卷一百一十四《苻坚载记下》

续表

朝代	内容	出处
两晋南北朝	苻坚以尹赤之降姚襄,诸尹皆禁锢不仕。纬晚乃为吏部令史,风志豪迈,郎皆惮之。	《晋书》卷一百一十八《姚兴载记下》
	于是除禁锢,释嫌疑,开仓库,振穷乏。河南流人相率内属者甚众。	《北史》卷二《魏本纪》
	子亨,字德良,一名孝才。遇周、齐分隔,时年数岁,与母李氏在洛阳。齐神武以亨父在关中,禁固之。	《北史》卷一十五《魏诸宗室传》
	孝文以桢孝养闻名内外,特加原恕,削除封爵,以庶人归第,禁锢终身。 灵太后临朝,以其不悛,还于别馆,依前禁锢。	《北史》卷一十八《景穆十二王传下》
	正光中,普释禁锢,敞复爵郡侯,卒于赵郡太守。	《北史》卷二十一《崔宏传》
	于是勇及诸子皆被禁锢,部分收其党与。 炀帝即位,禁锢如初。宇文化及之弑逆也,欲立秀为帝,群议不许。于是害之,并其诸子。 子颢,因而禁锢。宇文化及弑逆之际,遇害。	《北史》卷七十一《隋宗室诸王传》
	士文赞务神州,名位通显,弃二姓之重匹,违六礼之轨仪。请禁锢终身,以惩风俗。	《北史》卷七十七《柳彧传》
	后承祖坐赃应死,孝文原之,命削职禁锢在家,授悖义将军、佞浊子。月余遂死。	《北史》卷九十二《苻承祖传》
	开皇十七年,上赐玺书,责以每遣使人,岁常朝贡,虽称藩附,诚节未尽。驱逼靺鞨,禁固契丹。昔年潜行货利,招动群小,私将弩手,巡窜下国,岂非意欲不臧,故为窃盗?	《北史》卷九十四《契丹传》
	弟处乐,官至洛州刺史。汉王谅反,朝廷以为二心,废锢不齿。	《北史》卷七十一《隋宗室诸王传》
	于是除禁锢,释嫌怨,开仓库,赈穷乏,河南流民相率内属者甚众。	《魏书》卷四《世祖纪上》
	其亡官失爵,听复封位。谋反大逆削除者,不在斯限。清议禁锢,亦悉蠲除。	《魏书》卷九《肃宗纪》

续表

朝代	内容	出处
两晋南北朝	诸有虚增官号,为人发纠,罪从军法。若入格检核无名者,退为平民,终身禁锢。	《魏书》卷十一《后废帝纪》
	且以南安王孝养之名,闻于内外,特一原恕,削除封爵,以庶人归第,禁锢终身。	《魏书》卷十九下《南安王传》
	正光中,普释禁锢,敞复爵齐郡侯,拜龙骧将军、中散大夫。	《魏书》卷二十四《崔玄伯传》
	后承祖坐赃应死,高祖原之,削职禁锢在家,授悖义将军、佞浊子,月余遂死。	《魏书》卷九十四《阉官传》
	悛弟中书郎缯乞以身代,得不死,禁锢终身。 其宣德太仆刘朗之、游击将军刘璩之坐不赡给兄子,致使随母他嫁,免官禁锢,时论者谓薄义之由,实自鸾始。	《魏书》卷九十八《萧道成传》
	其犯乡论清议,赃污淫盗,一皆荡涤。长徒之身,特皆原遣。亡官失爵、禁锢夺劳,一依旧准。	《南史》卷一《宋本纪上》
	长徒敕系者,特加原遣。亡官失爵,禁锢夺劳,一依旧典。	《南史》卷四《齐本纪上》
	宣德太仆刘朗之、游击将军刘璩之子,坐不赡给兄子,致使随母他嫁,免官,禁锢终身,付之乡论。	《南史》卷五《齐本纪下》
	有司奏:吴令唐佣铸盘龙火炉、翔凤砚盖。诏禁锢终身。	《南史》卷六《梁本纪上》
	孝子顺孙,悉皆赐爵。长徒锁士,特加原宥。禁锢夺劳,一皆旷荡。	《南史》卷八《梁本纪下》
	其长徒敕系,特皆原之。亡官失爵,禁锢夺劳,一依旧典。	《南史》卷九《陈本纪上》
	爲有司奏,以怨望免,禁锢十年。 诏“象匿情欺国,爱朋罔主,免官,禁锢十年”。超宗下廷尉,一宿发白皓首。	《南史》卷十九《谢灵运传》
	重者免黜,轻者左迁。被举之身,加以禁锢,年数多少,随愆议制。若犯大辟,则任者刑论。 武帝请诛朏,高帝曰:“杀之则成其名,正应容之度外。”又以家贫乞郡,辞旨抑扬,诏免官禁锢五年。	《南史》卷二十《谢弘微传》
	孝建元年,事发,又加禁锢。表谢言不能因依左右,倾意权贵。	《南史》卷二十一《王弘传》

续表

朝代	内容	出处
两晋南北朝	固以废帝外戚,奶媪恒往来禁中,颇宣密旨,事泄,比党皆诛,宣帝以固本无兵权,且居处清素,止免所居官,禁锢。	《南史》卷二十三《王彧传》
	敕未登黄门郎,不得畜女伎,诩与射声校尉阴玄智坐畜伎免官,禁锢十年。	《南史》卷二十四《王镇之传》
	在任四年,广营赀货,资财丰积,坐免官,禁锢终身。永明元年,爲御史中丞袁彖所奏,免官禁锢,见原。	《南史》卷二十八《褚裕之传》
	俭以爲脱略,弗之重,仍以书示绪,绪杖之一百。又爲御史中丞到撝所奏,免官禁锢。	《南史》卷三十一《张裕传》
	逼郡吏烧臂照佛。百姓有罪,使礼佛赎愆,动至数千拜。坐免官禁锢。	《南史》卷三十二《张邵传》
	时新制,长吏以父母疾去官,禁锢三年。 于是自二品以上,父母及爲祖父母后者,坟墓崩毁及疾病,族属辄去,并不禁锢。	《南史》卷三十三《郑鲜之传》
	明年坐朝正事毕,被遣还北,以女病求申,临辞又乞停三日,讫犹不去,爲有司所纠,免官,禁锢十年。 建武中,彖从弟昂爲中丞,到官数日,奏弹深子缋父在傚白幰车,免官禁锢。	《南史》卷三十四《沈怀文传》
	晦拒王师,欲登之留守,登之不许。晦败,登之以无任免官禁锢还家。	《南史》卷三十五《庾悦传》
	梁武帝起兵,遣宁朔将军刘諓之爲郡,蒨拒之。及建邺平,蒨坐禁锢,俄被原。	《南史》卷三十六《江夷传》
	明帝啓救之,见原,禁锢终身。虽见废黜,而宾客日至。	《南史》卷三十九《刘勉传》
	后爲乌程令,不得志。泰始初,坐事禁锢数年。	《南史》卷七十二《丘灵鞠传》
	以功封云杜县子。孝建三年,爲南兖州刺史,坐酣饮黩货,迎狱中女子入内,免官禁锢。	《南史》卷七十八《夷貊传上》
	实称主名谓王曰:"萧玉志念实,殿下何见憎?"王惊赧即起。后密啓之,因此废锢。 缋弟约,齐明帝世数年废锢。梁武帝时爲太子中庶子,尝谓约曰:"卿方当富贵,必不容久滞屈。"	《南史》卷二十三《王彧传》

续表

朝代	内容	出处
两晋南北朝	子完,宋后废帝时爲正员郎,险行见宠,坐废锢。完弟允,永明中安西功曹,淫通杀人伏法。	《南史》卷三十一《张裕传》
	晋武不爲明主,断鬲令事,遂能奋发,华廙见待不轻,废锢累年,后起改作城门校尉耳。	《南史》卷三十五《庾悦传》
	申虑喜预政,乃短喜于后主曰:“喜臣之妻兄,高帝时称陛下有酒德,请逐去宫臣,陛下甯忘之邪!”喜由是废锢。	《南史》卷七十七《恩幸传》
	长徒之身,特皆原遣。亡官失爵,禁锢夺劳,一依旧准。	《宋书》卷三《武帝纪下》
	若止无可采,犹赐除署;若有不堪酬奉,虚窃荣荐,遣还田里,加以禁锢。	《宋书》卷六《孝武帝纪》
	犯乡论清议,赃污淫盗,并悉洗除。长徒之身,特赐原遣。亡官失爵,禁锢旧劳,一依旧典。	《宋书》卷八《明帝纪》
	雅、野王初立议乖舛,中执捍愆失,未违十日之限。虽起一事,合成三愆,罗云掌押捍失,三人加禁固五年。	《宋书》卷十五《礼志二》
	逼郡吏烧臂照佛,百姓有罪,使礼佛赎刑,动至数千拜。免官禁锢。	《宋书》卷四十六《张邵传》
	高祖征刘毅,叔度遣三千人过峤,荆州平乃还。在任四年,广营贿货,家财丰积,坐免官,禁锢终身。	《宋书》卷五十二《褚叔度传》
	晦败,登之以无任免罪,禁锢还家。	《宋书》卷五十三《庾登之传》
	逼郡吏烧臂照佛,民有罪使礼佛,动至数千拜。免官禁锢。	《宋书》卷五十九《张畅传》
	世祖大明初,坐要引上左右俞欣之访评殿省内事,又与弟西阳王文学勃忿阋不睦,坐徙始兴郡,勃免官禁锢。	《宋书》卷六十三《沈演之传》
	时新制长吏以父母疾去官,禁锢三年。 于是自二品以上父母没者,坟墓崩毁及疾病族属辄去,并不禁锢。	《宋书》卷六十四《郑鲜之传》
	孝建元年春,事发,又加禁锢。上表陈谢云:“不能因依左右,倾意权贵。”上愈怒。	《宋书》卷七十五《王僧达传》

续表

朝代	内容	出处
两晋南北朝	临辞,又乞停三日,讫犹不去。为有司所纠,免官,禁锢十年,既被免,卖宅欲还东。上大怒,收付廷尉,赐死,时年五十四。	《宋书》卷八十二《沈怀文传》
	重者免黜,轻者左迁,被举之身,加以禁锢,年数多少,随愆议制。	《宋书》卷八十五《谢庄传》
	三年,出为南兖州刺史,坐酣饮黩货,迎狱中女子入内,免官禁锢。	《宋书》卷九十七《夷蛮传》
	晋武不曰明主,断鬲令事,遂能奋发,廙见待不轻,废锢累年,后起,止作城门校尉耳。	《宋书》卷五十三《庾登之传》
	长徒敕系之囚,特皆原遣。亡官失爵,禁锢夺劳,一依旧典。	《南齐书》卷二《高帝纪下》
	永明元年,为御史中丞袁彖所奏,免官禁锢,见原。	《南齐书》卷二十三《褚渊传》
	允兄充,永明元年,为武陵王友,坐书与尚书令王俭,辞旨激扬,为御史中丞到撝所奏,免官禁锢。	《南齐书》卷三十三《张绪传》
	渊永明中弹吴兴太守袁彖,建武中,彖从弟昂为中丞,到官数日,奏弹渊子缋父在僦白宪车,免官禁锢。	《南齐书》卷三十四《沈冲传》
	好音乐,解丝竹杂艺。梁初坐闺门淫秽及杀人,为有司所奏,请议禁锢。子晋谋反,兄弟并伏诛。	《南齐书》卷三十五《高帝十二王传》
	超宗怨望,谓人曰:"我今日政应为司驴。"为省司所奏,以怨望免官,禁锢十年。 超宗衅同大逆,罪不容诛。彖匿情欺国,爱朋罔主,事合极法,特原收治,免官如案,禁锢十年。	《南齐书》卷三十六《谢超宗传》
	郁林新立,悛奉献减少,郁林知之,讽有司收悛付廷尉,将加诛戮。高宗启救之,见原,禁锢终身。	《南齐书》卷三十七《刘悛传》
	六年,敕位未登黄门郎,不得畜女妓。诩与射声校尉阴玄智坐畜妓免官,禁锢十年。敕特原诩禁锢。	《南齐书》卷四十二《王晏传》
	子克,苍梧世,正员郎,险行见宠,坐废锢。	《南齐书》卷三十三《张绪传》
	可大赦天下,尤穷者无出即年租调;清议禁锢,并皆宥释。	《梁书》卷三《武帝纪下》
	逋租宿责,并许弘贷;孝子义孙,可悉赐爵;长徒鏁士,特加原宥;禁锢夺劳,一皆旷荡。	《梁书》卷五《元帝纪》

续表

朝代	内容	出处
两晋南北朝	蒨帅吏民据郡拒之。及建康城平，蒨坐禁锢。俄被原，起为后军临川王外兵参军。	《梁书》卷二十一《江蒨传》
	长徒敕系，特皆原之。亡官失爵，禁锢夺劳，一依旧典。	《陈书》卷二《高祖本纪下》
	时高宗辅政，固以废帝外戚，妳媪恒往来禁中，颇宣密旨，事泄，比将伏诛，高宗以固本无兵权，且居处清洁，止免所居官，禁锢。	《陈书》卷二十一《王固传》
	臣等参议，请依旨免褒所应复除官，其应禁锢及后选左降本资，悉依免官之法。	《陈书》卷二十九《宗元饶传》
	诏除魏宗室禁锢，罢部曲将及长吏纳质任。	《资治通鉴》第七十九卷《世祖武皇帝上之上》
	有司奏："尚书令王衍备位大臣，太子被诬，志在苟免，请禁锢终身。"从之。	《资治通鉴》第八十三卷《孝惠皇帝上之下》
	岳回舟而走，与抚共入西阳蛮中。明年，诏原敦党，抚、岳出首，得免死禁锢。	《资治通鉴》第九十三卷《明皇帝下》
	参军王宪、大夫刘明并以言事忤旨，主者处以大辟，殿下虽恕其死，犹免官禁锢。	《资治通鉴》第九十七卷《穆皇帝上之上》
	吴兴太守王胡之为司州刺史，上疏称劲才行，请解禁锢，参其府事，朝廷许之。	《资治通鉴》第一百一卷《穆皇帝下》
	庾登之以无任，免官禁锢；何承天及南蛮行参军新兴王玄谟等皆见原。	《资治通鉴》第一百二十卷《太祖文皇帝上之上》
	怀文诣建康朝正，事毕遣还，以女病求申期，至是犹未发，为有司所纠，免官，禁锢十年。	《资治通鉴》第一百二十九卷《世祖孝武皇帝下》

续表

朝代	内容	出处
两晋南北朝	乙丑,诏坐依附寻阳削官爵禁锢者,皆从原荡,随才铨用。	《资治通鉴》第一百三十一卷《太宗明皇帝上之下》
	以象语不刻切,又使左丞王逡之奏弹象轻文略奏,挠法容非,象坐免官,禁锢十年。	《资治通鉴》第一百三十五卷《世祖武皇帝上之上》
	二王所犯难恕,而太皇太后追惟高宗孔怀之恩;且南安王事母孝谨,闻于中外,并特免死,削夺官爵,禁锢终身。	《资治通鉴》第一百三十六卷《世祖武皇帝上之下》
	太后殂,承祖坐赃应死,魏主原之,削职禁锢于家,仍除悖义将军,封佞浊子,月馀而卒。	《资治通鉴》第一百三十七卷《世祖武皇帝中》
	及郁林王即位,悛所献减少。帝怒,收悛付廷尉,欲杀之;西昌侯鸾救之,得免,犹禁锢终身。	《资治通鉴》第一百三十八卷《世祖武皇帝下》
隋朝	士人有禁锢之科,亦有轻重为差。其犯清议,则终身不齿。 其制唯重清议禁锢之科。若缙绅之族,犯亏名教,不孝及内乱者,发诏弃之,终身不齿。	《隋书》卷二十五《刑法志》
	又取金之事,虚实难明,即令换易,彼将惧罪,恐其逃逸,便须禁锢。	《隋书》卷四十二《李德林传》
	于是勇及诸子皆被禁锢,部分收其党与。杨素舞文巧诋,锻炼以成其狱。勇由是遂败。 炀帝即位,禁锢如初。宇文化及之弑逆也,欲立秀为帝,群议不许。于是害之,并其诸子。	《隋书》卷四十五《文四子传》
	亨时年数岁,与母李氏在洛阳。齐神武帝以亨父在关西,禁锢之。	《隋书》卷五十四《元亨传》
	"士文赞务神州,名位通显,整齐风教,四方是则,弃二姓之重匹,违六礼之轨仪。请禁锢终身,以惩风俗。"二人竟坐得罪。	《隋书》卷六十二《柳彧传》
	弟处乐,官至洛州刺史。汉王谅之反也,朝廷以为有二心,废锢不齿。	《隋书》卷四十三《杨处纲传》

续表

朝代	内容	出处
唐朝	虽事是前代,岁月已久,而天下之恶,古今同弃,宜置重典,以励臣节。其子孙并宜禁锢,勿令齿叙。	《旧唐书》卷三《太宗纪下》
	是夕,勒兵于三殿,收捕越王系及内官硃光辉、马英俊等禁锢之,幽皇后于别殿。	《旧唐书》卷十一《代宗纪》
	尝受诏鞫狱,与周兴、来俊臣等俱号为酷吏。寻以罪伏诛。神龙初,禁锢其子孙。	《旧唐书》卷五十九《丘和传》
	君廓知之,驰斩诜,持首告其众曰:“李瑗与王诜共反,禁锢敕使,擅追兵集。”	《旧唐书》卷六十《宗室传》
	仪凤二年,禁锢终身,又改于岳州安置。	《旧唐书》卷八十六《高宗诸子传》
	中宗纳其议,仍以彦范等五人尝赐铁券,许以不死,乃长流彦范于瀼州,敬晖于崖州,张柬之于泷州,袁恕己于环州,崔玄暐于古州,并终身禁锢,子弟年十六已上者亦配流岭外。	《旧唐书》卷九十一《桓彦范传》
	郭子仪与九节度之师渡河攻安庆绪于相州,华潜通表疏,俟官军至为内应。贼伺知之,禁锢华于狱。	《旧唐书》卷九十九《萧嵩传》
	复更省察庶政之中,有流移征防,当还而未还者,徒役禁锢,当释而未释者;逋悬馈送,当免而未免者,沉滞郁抑,当伸而未伸者。有一于此,则特降明命,令有司条列,三日内闻奏。	《旧唐书》卷一百五十四《许孟容传》
	百司皆牢狱,有裁接吏械人逾岁而台府不得而知之者,予因飞奏绝百司专禁锢。	《旧唐书》卷一百六十六《元稹传》
	史臣曰:自天宝已降,内官握禁旅,中闱篡继,皆出其心。故手才揽于万机,目已睨于六宅;防闲禁锢,不近人情。	《旧唐书》卷一百七十五《宪宗诸子传》
	怀古抗辞曰:“宁守忠以就死,不毁节以求生,请就斩,所不避也!”乃禁锢随军,因挺身奔窜以归,拜祠部员外郎。 知默尝与来俊臣、周兴等同掌诏狱,陷于酷吏,子孙禁锢。	《旧唐书》卷一百八十五《良吏传下》

续表

朝代	内容	出处
唐朝	时人号为四时仕宦,言一年自青而绿,及于硃紫也。希则天旨,诬族皇枝。神龙初,禁锢其子孙。	《旧唐书》卷一百八十六《酷吏传上》
	今贼虏强盛,征敛烦重,以臣言之,万姓不胜其弊。况又闻陛下纵逸谗慝,禁锢良善,赏刑失中,则遐迩生变。	《旧唐书》卷一百八十七上《忠义传上》
	师道讫不从。及刘悟斩师道,节制郑滑,得直言于禁锢之间,又嘉其所为,因奏置幕中。	《旧唐书》卷一百八十七下《忠义传下》
	又外置六带方,管十郡,其用法:叛逆者死,籍没其家;杀人者,以奴婢三赎罪;官人受财及盗者,三倍追赃,仍终身禁锢。	《旧唐书》卷一百九十九上《东夷传》
	司直六人,从六品上;评事八人,从八品下。掌出使推按。凡承制推讯长史,当停务禁锢者,请鱼书以往。	《新唐书》卷四十八《百官志三》
	部吏舟人相挟为奸,榜笞号苦之声闻于道路,禁锢连岁,赦下而狱死者不可胜数。	《新唐书》卷五十三《食货志三》
	初,帝念后,间行至囚所,见门禁锢严,进饮食窦中,恻然伤之,呼曰:“皇后、良娣无恙乎?今安在?”	《新唐书》卷七十六《后妃传上》
	守慎虽其甥,恶鞫引之暴,不得去,请度为浮屠,后许之。而知默卒陷酷吏,子孙禁锢,为张氏羞。	《新唐书》卷一百《张知謇传》
	“彦范等未讯即诛,恐为雠家诬衊,请遣御史按实。”卿裴谈请即诛斩,家籍没。帝业尝许以不死,遂流瀼州,禁锢终身,子弟年十六以上谪徙岭外。	《新唐书》卷一百二十《桓彦范传》
	又应省察流移征防当还未还,役作禁锢当释未释;负逋馈送,当免免之;沈滞郁抑,当伸伸之;以顺人奉天。	《新唐书》卷一百六十二《许孟容传》
	王兰英者,独狐师仁之姆。师仁父武都谋归唐,王世充杀之。师仁始三岁,免死禁锢,兰英请髡钳得保养,许之。	《新唐书》卷二百五《列女传》

续表

朝代	内容	出处
唐朝	傥因贼平庆赏之际，得以见白，使受天泽余润，虽朽枿败腐不能生植，犹足蒸出芝菌，以为瑞物。一释废锢，移数县之地，则世必曰罪稍解矣。	《新唐书》卷一百六十八《柳宗元传》
	周朝酷吏来俊臣等二十三人，情状尤重，子孙请皆禁锢；傅游艺等四人差轻，子孙不听近任。	《资治通鉴》第二百一十二卷《玄宗皇帝上之下》
	东汉之末，凡天下贤人君子，宦官皆谓之党人而禁锢之，遂以亡国。此皆群小欲害善人之言，愿陛下深察之！	《资治通鉴》第二百三十九卷《宪宗皇帝中之上》
五代	既而兵部员外郎李知损上疏，请禁锢使人，籍没纲运。可之，收林思等下狱。	《旧五代史》卷七十八《高祖纪四》
	己酉，制削夺行友官爵，禁锢私第，取尼深意尸，焚之都城西北隅。行友弟易州刺史方进、侄保塞军使全晖，皆诣阙待罪，诏释之。	《旧五代史》卷一百二十五《孙方谏传》
	刑以秋冬，虽关恻隐，罪多连累，翻虑滞淹。若或十人之中，止为一夫抵死，岂可以轻附重，禁锢逾时。言念哀矜，又难全废。	《旧五代史》卷一百四十七《刑法志》
	当汉之亡也，先以朋党禁锢天下贤人君子，而立其朝者，皆小人也，然后汉从而亡。	《新五代史》卷三十五《唐六臣传》
	高祖怒其不逊，下诏暴其罪，归其贡物不纳。兵部员外郎李知损上书请籍没其物而禁锢使者，于是以元弼下狱。	《新五代史》卷六十八《闽世家》
两宋	乙亥，郑州团练使侯莫陈利用坐不法，配商州禁锢，寻赐死。 夏四月丁丑，诏江南、两浙、荆湖吏民之配岭南者还本郡禁锢。 九月丙申，诏诸杂除禁锢人，州县有阙，得次补以责效，能自新勤干者具闻再叙。 壬申，以襄王元侃为开封尹，改封寿王。大赦，除十恶、故谋劫斗杀、官吏犯正赃外，诸官先犯赃罪配隶禁锢者放还。 冬十月庚辰，诏释殿前司逃军亲属之禁锢者。	《宋史》卷五《太宗纪二》

续表

朝代	内容	出处
两宋	台臣劾朱善孙督纲运受赃四万五千,诏特贷死,配三千里,禁锢不赦。	《宋史》卷四十六《度宗纪》
	余犯至死者,十二月及春夏未得区遣,禁锢奏裁。	《宋史》卷一百九十九《刑法志一》
	四年秋,诏免行友禁锢。未几,以郊祀恩,起为右能武军将军。	《宋史》卷二百五十三《孙行友传》
	昌言坐贬崇信军节度行军司马,颍仗脊黥面,流海岛,禁锢终身。	《宋史》卷二百六十七《赵昌言传》
	导积水以广播种,缓催欠以省禁锢,宽刑罚以振淹狱,收逃田以募归复,罢工役以先急务,止配率以阜民财,通商旅以济艰食。	《宋史》卷二百九十二《张观传》
	是以人人危惧,莫能自保,俾其朽骨衔冤于地下,子孙禁锢于炎荒,忠臣义士,愤闷而不敢言,海内之人,得以归怨先帝。	《宋史》卷三百四十六《龚夬传》
	商英为政持平,谓京虽明绍述,但借以劫制人主,禁锢士大夫尔。	《宋史》卷三百五十一《张商英传》
	臣下推行新法,多失本意,而榜笞禁锢,民受其虐,掊克聚敛,不胜多门。	《宋史》卷三百五十四《谢文瓘传》
	袤死数年,侂胄擅国,于是禁锢道学,贤士大夫皆受其祸,识者以袤为知言。	《宋史》卷三百八十九《尤袤传》
	愿以选人籍入邪下等,谪监华州西岳庙。时当改京秩,迄不改,禁锢不调凡十年。	《宋史》卷三百九十《家愿传》
	自庆元以后,侂胄之党立伪学之名,以禁锢君子,而必大与赵汝愚、留正实指为罪首。	《宋史》卷三百九十一《周必大传》
	宗浩变前说,怒信孺不曲折建白,遽以誓书来,有"诛戮禁锢"语。	《宋史》卷三百九十五《方信孺传》
	赵汝愚既罢相,侂胄擅朝,遂目士大夫为伪学逆党,禁锢之。	《宋史》卷三百九十七《刘光祖传》
	夏,行都大火,殿中侍御史蒋岘逢君希宠,创为邪说,禁锢言者。	《宋史》卷四百一十五《程公许传》
	行之六年,公私交病,追逮禁锢,民不聊生。孟明条具驿奏除其弊,诏从之。	《宋史》卷四百二十二《应孟明传》

续表

朝代	内容	出处
两宋	书奏，侂胄果大怒，谓其扇摇国是，各送五百里编管。范谪临海，与兄归同往，禁锢十余年。	《宋史》卷四百二十三《徐范传》
	先是，崇宁以来，禁锢元祐学术，高宗渡江，始召杨时置从班，召胡安国居给舍，范冲、朱震俱在讲席，荐焞甚力。	《宋史》卷四百二十八《道学传二》
	十数年来，以此二字禁锢天下之贤人君子，复如昔时所谓元祐学术者，排摈诋辱，必使无所容其身而后已，此岂治世之事哉？	《宋史》卷四百二十九《朱熹传》
	徽宗即位，应诏上书言十事，乞诛大奸，退小人，进贤能，开禁锢，起老成，擢忠鲠，息边事，修文德，广言路，容直谏，遂列于上籍。	《宋史》卷四百四十六《忠义传一》
	贤士大夫自赵鼎以下皆敬慕与交。后秦桧益横，鼎窜死，诸贤禁锢，勉之竟不复出。	《宋史》卷四百五十九《隐逸传下》
	显告之，太宗怒，命膳部郎中、知杂滕中正就第鞫德超，具伏，下诏夺官职，与其家配隶琼州禁锢，未几死。 遂下诏除名，配商州禁锢。初籍其家，俄诏还之。 太宗大怒，并摭诸事，下诏夺赞官，许携家配隶房州禁锢，即日驿遣之。	《宋史》卷四百七十《佞幸传》
	大将黎桓擅权树党，渐不可制，劫迁璿于别第，举族禁锢之，代总其众。	《宋史》卷四百八十八《外国传四》
	先是，诸蕃有钞劫为恶尝经和断者，恐异时复叛，故收其子弟为质，乃有禁锢终身者。	《宋史》卷四百九十二《外国传八》
	又尝建言曰："国家岁赂契丹，非御戎之策。宜练兵选将，务实边备。"又请重门下封驳之制，及废锢赃吏，选守宰，行考试补荫弟子之法。	《宋史》卷三百一十六《包拯传》
	陛下毁石刻，除党籍，与天下更始，而有司以大臣仇怨，废锢自如。为治之害，莫大于此，愿思所以励敕之。	《宋史》卷三百五十六《张根传》
	明年，赦还为郎，寻试中书舍人。建言元祐名臣子孙，久被废锢，宜少宽之。宦官谭稹出师河北，以无功废，将复进用，璆不肯书行。	《宋史》卷三百七十七《李璆传》

续表

朝代	内容	出处
两宋	祐太后奉神主如江西,诏珏为端明殿学士、权同知三省枢密院事从行。时诏元祐党籍及上书废锢人,追复故官,录用子孙,施行未尽者,珏悉奏行之。	《宋史》卷三百七十八《刘珏传》
	梁成大子赂当国者求铨试,杲曰:“昔沈继祖论朱文公,成大亦论真文忠公,皆得罪名教者,子孙宜废锢,安得仕?”	《宋史》卷四百一十二《杜杲传》
	既至,命侍御史李维岳即讯,得实,己酉,制削夺行友官爵,禁锢私第;取深意尸,焚之都城西北隅。	《续资治通鉴》卷二《宋纪二》
	国子监主簿郭忠恕,决杖配隶登州禁锢。忠恕纵酒,肆言时政,颇有谤讟,帝怒,故有是谪。	《续资治通鉴》卷九《宋纪九》
	大将黎桓擅权,劫迁璿于别第,举族禁锢之,代总其众。	《续资治通鉴》卷一十《宋纪十》
	夏,四月,丁丑,诏:“江南,两浙、荆湖吏民之配岭南者,还本郡禁锢。”	《续资治通鉴》卷一六《宋纪十六》
	布又言:“第二人方天若程文中,言元祐大臣当一切诛杀,子弟当禁锢,资产当籍没,此奸人附会之言,不足取。”	《续资治通鉴》卷八十五《宋纪八十五》
	商英为政持平,谓蔡京虽明绍述,但借以劫制人主,禁锢士大夫耳。	《续资治通鉴》卷九十一《宋纪九十一》
	金主谕安班贝勒晟曰:“昂违命失众,当置重法。若有所疑,则禁锢之,俟师还定议。”	《续资治通鉴》卷九十四《宋纪九十四》
	初,道君即位,应诏上书言十事,乞诛大奸,退小人,进贤能,开禁锢,起老成,擢忠鲠,息边事,修文德,广言路,容直谏。	《续资治通鉴》卷九十六《宋纪九十六》
	甲辰,诏责授濠州团练副使、复州安置郑刚中,许用议减,特免禁锢,移封州安置。	《续资治通鉴》卷一百二十八《宋纪一百二十八》
	十数年来,以此二字禁锢天下之贤人君子,复如崇、观之间所谓元祐学术者,排摈诋辱,必使无所容其身而后已。	《续资治通鉴》卷一百五十一《宋纪一百五十一》

续表

朝代	内容	出处
两宋	京镗、何澹等令言者上疏曰:"向来伪徒,其大者已屏斥禁锢,用惩首恶;其次者亦投闲置散,使省愆咎。"	《续资治通鉴》卷一百五十五《宋纪一百五十五》
	时永中已改葬,二月,丁巳,金主命复镐王永中、郑王永蹈爵。谥永中曰厉,其子瑜等仍禁锢。	《续资治通鉴》卷一百五十八《宋纪一百五十八》
	卫、镐二宅,久加禁锢,棘围柝警,如防寇盗。近降恩赦,谋反大逆,皆蒙湔雪,彼独何罪,幽囚若是?世宗在天之灵,得无伤其心乎?	《续资治通鉴》卷一百六十四《宋纪一百六十四》
	金卫绍王、镐厉王家属,禁锢岁久,锡默爱实上言曰:"二族衰微,无异匹庶,假欲为不善,孰与同恶!"	《续资治通鉴》卷一百六十六《宋纪一百六十六》
	定宗皇后及实勒们母,以厌禳并赐死,禁锢实勒们于摩多齐之地。	《续资治通鉴》卷一百七十三《宋纪一百七十三》
	乙未,诏:"自今犯枉法、自盗赃人,令中书籍记姓名,罪至徒者,永不叙用;按察官失于举劾者,并取旨科罪,不以去官原免。"	《续资治通鉴》卷一百一《宋纪一百一》
辽朝	帝怒稍解,仍令禁锢于奉国寺,凡六年,艰苦万状。	《辽史》卷一百零三《文学传上》
金朝	其违命失众,当置重典。若或有疑,禁锢以待。	《金史》卷二《太祖纪》
	上书不得称圣,改圣旨为制旨。释镐厉王、卫绍王二族禁锢,听自便。	《金史》卷十七《哀宗纪上》
	贞祐二年,迁都汴,诏凡卫绍王及鄗厉王家人皆徙郑州,仍禁锢,不得出入。男女不得婚嫁者十九年。天兴元年,诏释禁锢。	《金史》卷六十四《后妃传下》
	稍喝驻兵不与讨袭,致使降人复归辽主,违命失众,当置重法。若有所疑,则禁锢之,俟师还定议。	《金史》卷六十五《始祖以下诸子传》

续表

<table>
<tr><th>朝代</th><th>内容</th><th>出处</th></tr>
<tr><td rowspan="7">金朝</td><td>太祖召斡鲁古自问之,斡鲁古引伏。阇哥鞠窝论等。诏降斡鲁古为谋克,而禁锢窝论等。</td><td>《金史》卷七十一《斡鲁古勃堇传》</td></tr>
<tr><td>永中子孙禁锢,自明昌至于正大末,几四十年。天兴初,诏弛禁锢。未几,南京亦不守云。</td><td>《金史》卷八十五《世宗诸子传》</td></tr>
<tr><td>卫绍历年不永,诸子凡禁锢二十余年,镐厉王诸子禁锢四十余年,长女鳏男皆不得婚嫁。</td><td>《金史》卷九十三《卫绍王子传》</td></tr>
<tr><td>爰实言卫、镐家属禁锢之虐,京城括粟之暴,近侍干政之横;世勣言河北军户给田之不便,亲出渡河之非计;皆药石之言也。</td><td>《金史》卷一百一十四《石抹世勣传》</td></tr>
<tr><td>镐、厉二宅,久加禁锢,棘围柝警,如防寇盗。近降赦恩。谋反大逆皆蒙湔雪,彼独何罪,幽囚若是。世宗神灵在天,得无伤其心乎!圣嗣未立,未必不由是也。</td><td>《金史》卷一百二十八《循吏传》</td></tr>
<tr><td>海陵曰:“朕杀汝无难事,人或以我报私怨也。”于是,诏除名,放归田里,禁锢不得出百里外。</td><td>《金史》卷一百二十九《酷吏传》</td></tr>
<tr><td>先是,田珏等以党罪废锢者三十余家,仲洙知其冤,上书力辨,帝从之,乃复珏官爵而党禁遂解。</td><td>《金史》卷九十七《刘仲洙传》</td></tr>
<tr><td rowspan="6">元朝</td><td>定宗后及失烈门母以厌禳事觉,并赐死,谪失烈门、也速、孛里等于没脱赤之地,禁锢和只、纳忽、也孙脱等于军营。</td><td>《元史》卷三《宪宗纪》</td></tr>
<tr><td>癸亥,禁锢硃清、张瑄族属。</td><td>《元史》卷二十一《成宗纪四》</td></tr>
<tr><td>司徒萧珍以城中都徼功毒民,命追夺其符印,令百司禁锢之,还中都所占民田。</td><td>《元史》卷二十四《仁宗纪一》</td></tr>
<tr><td>甲辰,晋邸及辽王所辖路、府、州、县达鲁花赤并罢免禁锢,选流官代之。
囊加台以其妄言惑众,杖一百七,禁锢之。</td><td>《元史》卷三十二《文宗纪一》</td></tr>
<tr><td>“和尚所为贪纵,有污台纲,罪虽见原,理宜追夺所受制命,禁锢元籍终其身。”台臣以闻,制可。</td><td>《元史》卷三十四《文宗纪三》</td></tr>
<tr><td>有旨:“此辈怨望于朕,向非赦原,俱当置之极刑,可俱籍其家,速速禁锢终身。”
台臣以闻,诏夺其制命、金符,同妻孥禁锢于广东,毋籍其家。</td><td>《元史》卷三十五《文宗纪四》</td></tr>
</table>

续表

朝代	内容	出处
元朝	诸贵势之家，奴隶有犯，辄私置铁枷，钉项禁锢，及擅刺其面者，禁之。	《元史》卷一百五《刑法志四》
	有顷，脱忽思皇后泣诉帝，谓御史所劾哈麻事为侵己，帝益怒，乃诏夺海寿官，屏归田里，禁锢之。	《元史》卷二百五《奸臣传》
	癸亥，禁锢硃清、张瑄族属。	《续资治通鉴》卷一百九十五《元纪十三》
	司徒萧珍以城中都徽功毒民，命追夺其符印，令有司禁锢之。	《续资治通鉴》卷一百九十七《元纪十五》
	甲辰，晋邸及辽王所辖路府州县达噜噶齐并罢免禁锢，选流官代之。	《续资治通鉴》卷二百四《元纪二十二》
	湖广参政彻尔特穆尔与苏苏、班坦俱坐出怨言，刑部鞫实定罪，会赦，并流荒僻州郡，仍籍其家；苏苏禁锢终身。	《续资治通鉴》卷二百六《元纪二十四》
	托果斯皇后以沃埒海寿之言侵己，泣诉于帝。帝怒，乃夺沃埒海寿官，屏归田里，禁锢之，并诬韩吉纳赃罪，杖流纽尔干以死。	《续资治通鉴》卷二百九《元纪二十七》
明朝	戊申，以旱诏中外理冤抑，释凤阳轻犯及禁锢年久罪宗。	《明史》卷二十《神宗纪一》
	子朝堉已赐名，以罪人子无敢为请封者，上书请释父罪，且陈中兴四事，诏并禁锢。 自是无敢言楚事者。久之，禁锢诸人以恩诏得释，而华奎之真伪竟不白。 建文初，有告变者。召至京，废为庶人，与周王同禁锢。	《明史》卷一百一十六《诸王传一》
	典横淫暴，无藩臣礼，陛下曲赦再四，终不湔改，奸回日甚。宜如徽王载𪉖故事，禁锢高墙，削除世封。	《明史》卷一百一十八《诸王传三》
	若察臣之愚，全臣之志，禁锢海南，毕其余命，则虽死之日，犹生之年。	《明史》卷一百二十四《张英传》

续表

朝代	内容	出处
明朝	晋府宁化王钟鈵淫虐不孝，勘不得实，再遣珊等勘之，遂夺爵禁锢。	《明史》卷一百八十三《戴珊传》
	赵府辅国将军祐椋招亡命杀人劫夺，积十余年莫敢发。仪偕巡抚吴山奏之，夺爵禁锢。	《明史》卷二百三《王仪传》
	既言资格独重进士，致贡举无上进阶，州县教职过轻，王官终身禁锢，皆宜变通。	《明史》卷二百六《陆粲传》
	昔犹谪迁外任，今或编配遐荒。昔犹禁锢终身，今至箠死殿陛。	《明史》卷二百八《余珊传》
	诚意伯刘世延不法，自修极论其奸。诏革任禁锢。	《明史》卷二百二十《辛自修传》
	始误于科道之风闻，严追犹未为过。今真知其枉，又加禁锢，实害无辜。	《明史》卷二百二十六《吕坤传》
	往年赵参鲁以谏迁，犹曰外任也；余懋学以谏罢，犹曰禁锢也；今傅应祯则谪戍矣，又以应祯故，而及徐贞明、乔岩、李祯矣。	《明史》卷二百二十九《刘台传》
	借魏忠贤毒焰，一网尽去之。杀戮禁锢，善类为一空。	《明史》卷二百三十一《顾宪成传》
	陛下三十年培养之人才，半扫除于申时行、王锡爵，半禁锢于沈一贯、硃赓。 万国钦辈未尝忤主，而终于禁锢，何以励骨鲠之臣？	《明史》卷二百三十六《王元翰传》
	元标疏论之，两人并引疾去。已，言丁巳京察不公，专禁锢异己，请收录章家祯、丁元荐、史记事、沈正宗等二十二人。	《明史》卷二百四十三《邹元标传》
	宫已移矣，涟等之心事毕矣，本未尝居以为功，何至反以为罪而禁锢之、摈逐之，是诚何心？	《明史》卷二百四十六《李希孔传》
	景泰元年十一月，英犯赃罪，下狱论死。帝令禁锢之，终景帝世废不用，独任安。	《明史》卷三百四《宦官传一》
	彬亦历数达纳贿状，法司畏达不敢闻，坐彬绞输赎，埙斩。帝命彬赎毕调南京锦衣，而禁锢埙。	《明史》卷三百七《佞幸传》
	帝命给钞百锭以慰其母，其子仍禁锢之。	《明史》卷三百一十《土司传》

续表

朝代	内容	出处
明朝	及浚请老,以继荣代袭,继荣遂逐浚。浚诉之镇巡官,命迎浚归。继荣阳事之,实加禁锢。	《明史》卷三百一十三《云南土司传》
	一,访异材。朝鲜贵世官,贱世役,一切禁锢,往往走倭走敌,为本国患,宜破格搜采。	《明史》卷三百二十《外国传一》
	"大礼"之争,群臣至撼门恸哭,亦过激且戆矣。然再受廷杖,或死或斥,废锢终身,抑何惨也。杨慎博物洽闻,于文学为优。	《明史》卷一百九十二《杨慎传》
	可浩叹者七:征敛苛急也,赏罚不明也,忠贤废锢也,辅臣妒嫉也,议论滋多也,士习败坏也,褒功恤忠未备也。	《明史》卷二百三十六《丁元荐传》
	曩者梃击之案,王之寀、陆大受、张庭、李俸悉遭废斥,而东林如赵南星、高攀龙、刘宗周诸贤,废锢终身,亟宜召复。	《明史》卷二百四十八《方震孺传》
	埙惶恐引罪,且归罪于璁,遂为给事中蔡经等所劾。诏罢埙,永不叙用。言核上平贼功,埙为首。桂萼恶之,但赉银币。	《明史》卷二百一十三《潘埙传》
	帝大怒,言册立已谕于明年举行,养浩疑君惑众,殊可痛恶。令锦衣卫杖之百,削籍为民,永不叙用。中外交荐,悉报寝。	《明史》卷二百三十三《孟养浩传》
	大铖既杀锺、时亨,即传旨二等罪斩者谪允充云南金齿军,三等罪绞者充广西边卫军,四等以下俱为民,永不叙用。	《明史》卷二百七十五《解学龙传》
清朝	五月癸巳,禁锢皇十四弟胤禵及其子白起于寿皇殿侧,以子白敦为镇国公。 阿其那、塞思黑虽大逆不道,而反叛事迹未彰,免其缘坐。塞思黑之妻逐回母家禁锢。 但伊子孙多至四十人,悉行正法,则有所不忍。倘分别去留,又何从分别。暂免其死,仍照前禁锢。 丁亥,王大臣会审隆科多狱上,大罪五十,应斩立决,妻子入辛者库,财产入官。得旨,隆科多著禁锢。	《清史稿》卷九《世宗纪》

续表

朝代	内容	出处
清朝	二十一年春正月庚午,以额驸科尔沁亲王色布腾巴勒珠尔贻误军机,褫爵禁锢。	《清史稿》卷十二《高宗纪三》
	闰四月甲寅,命刑部查久禁官犯及禁锢子孙与久戍者宽减之。 己未,禄康、裕瑞失察属人从逆,发盛京禁锢。	《清史稿》卷十六《仁宗纪》
	甲午,杨深秀、杨锐、林旭、刘光第、谭嗣同、康广仁俱处斩。谪张荫桓新疆。徐致靖禁锢。	《清史稿》卷二十四《德宗纪二》
	帝德涵濡,惸独遂生。岂曰穷兵,岂曰黩武。乘时遘会,忍弗远抚。回首在囚,解其禁锢。	《清史稿》卷九十九《乐志六》
	未几党祸起,慈禧皇太后训政,有为窜海外,其弟广仁及御史杨深秀、军机章京谭嗣同、林旭、杨锐、刘光第弃市,致靖以党附下狱禁锢,复追论原保诸臣罪。	《清史稿》卷一百九《选举志四》
	五十一年十月,复废太子,禁锢咸安宫。 命降郡王,而归其罪于弘晟,交宗人府禁锢。 其子弘晟凶顽狂纵,助父为恶,仅予禁锢,而允祉衔恨怨怼。 允禵不能悔悟,奸民蔡怀玺又造为大逆之言,摇惑众听,宜加禁锢,即与其子白起并锢于寿皇殿左右,宽以岁月,待其改悔。	《清史稿》卷二百二十《诸王传六》
	诏谓:"效力年久,不忍加诛,但褫职籍没。"(鳌拜子)纳穆福亦免死,俱予禁锢。鳌拜死禁所,乃释纳穆福。	《清史稿》卷二百四十九《鳌拜传》
	间有读书穷理之士,则群指为道学,诽笑诋排,欲禁锢其终身而后已。	《清史稿》卷二百六十二《熊赐履传》
	隆科多罪不容诛,但皇考升遐,大臣承旨者惟隆科多一人。今以罪诛,朕心有所不忍,可免其正法,於畅春园外筑屋三楹,永远禁锢;妻子免入辛者库,岳兴阿夺官,玉柱发黑龙江。	《清史稿》卷二百九十五《隆科多传》
	躬莅其事,乃知夺民之赀财而狼藉之,毁民之肌肤而敲扑之,取民之生计而禁锢之。	《清史稿》卷三百三《孙嘉淦传》

续表

朝代	内容	出处
清朝	十九年,松筠巡视回疆,诛色奇纳,械玉努斯,禁锢伊犁;拒浩罕之请,斥去其使。	《清史稿》卷三百四十二《松筠传》
	是年冬,帝召见惠龄,论其恇怯纵寇及淅川冒功事,逮京谳,拟大辟,缓刑,禁锢。	《清史稿》卷三百四十五《惠龄传》
	臣亦知奕经为高宗纯皇帝之裔,皇上亲亲睦族,不忍遽加显戮。然即幸邀宽典,亦当禁锢终身,无为天潢宗室羞,岂图收禁未及三月,辄复弃瑕录用?	《清史稿》卷三百七十八《陈庆镛传》
	未几党祸起,慈禧皇太后训政,有为窜海外,其弟广仁及御史杨深秀、军机章京谭嗣同、林旭、杨锐、刘光第弃市,致靖以党附下狱禁锢,复追论原保诸臣罪。御史宋伯鲁、湖南巡抚陈宝箴,开缺户部尚书、协办大学士翁同龢,俱削官永不叙用。	《清史稿》卷一百九《选举志四》
	乃严定科条,亏缺万两者斩监候,二万以上者斩决。所亏之数,勒限监追,限内全完贷死,仍永不叙用,逾限不完斩无赦。	《清史稿》卷一百二十一《食货志二》
	二十三年十月,山东曹州府钜野县有暴徒杀德教士二人,德以兵舰入胶州湾,逼守将章高元退出砲台,占领之。德使海靖向总署要求六款:一,革巡抚李秉衡职,永不叙用; 六,德国办理此案费用,均由中国赔偿。总署屡与折冲,始将第一款"永不叙用"四字删去;二、三两款全允;四、六两款全削除;五款许以胶州湾至济南府一段铁道由德筑造。	《清史稿》卷一百五十七《邦交志五》
	八年,召起原官。旋超擢左都御史。开心子而抃,为唐王时举人。九年,开心疏乞许而抃会试,礼部议不许,开心坐夺职,永不叙用。	《清史稿》卷二百四十四《赵开心传》
	八年,上亲覈诸大臣功绩,谕:"铨先经吴达奏劾得叛将姜瓖贿,便当引去;乃隐忍居官,七年以来,无所建白:令致仕。李若琳憸险专擅,与铨朋比为奸,夺官,永不叙用。"	《清史稿》卷二百四十五《冯铨传》

续表

朝代	内容	出处
清朝	二十二年,命侍郎熙昌、副都御史王引之往按,得其状,诏斥志伊衰迈谬误,褫职永不叙用。逾年,卒。	《清史稿》卷三百五十七《汪志伊传》
	若不立中国法,何以肃纲纪而正人心?又何以不负皇考付讬之重?第念三朝旧臣,一旦置之重法,朕心实有不忍,从宽革职永不叙用。其罔上行私,天下共见,朕不为已甚,姑不深问。	《清史稿》卷三百六十三《穆彰阿传》
	诏谓:“孚恩当大行皇帝行幸热河,命诸臣议可否,孚恩有‘窃负而逃,遵海滨而处’之语,意在迎合载垣等。大行皇帝上宾,留京诸大臣中独召孚恩一人赴行在,足证为载垣等心腹。革职,永不叙用。”	《清史稿》卷三百八十七《陈孚恩传》
	“其意存迎合载垣等,众所共知。声名品行如此,若任其滥厕卿贰,何以表率属僚?革职永不叙用,以为大僚輭媚者戒。”并追夺前赐御书“忠勤正直”扁额。	《清史稿》卷三百九十四《黄宗汉传》
	今春力陈变法,滥保非人,罪无可逭。事后追维,深堪痛恨!前令其开缺回籍,实不足以蔽辜,翁同龢著革职,永不叙用,交地方官严加管束。	《清史稿》卷四百三十六《翁同龢传》
	本欲即行治罪,因军务方棘,隐忍未发。今特晓谕诸臣,知所儆惕。汪鸣銮、长麟并革职,永不叙用。嗣后内外大小臣工有敢巧言尝试者,朕必治以重罪。	《清史稿》卷四百四十二《汪鸣銮传》
	并请太后居慈宁宫,节游观。诏严责,革职永不叙用。既归,主讲山西令德堂。	《清史稿》卷四百四十五《屠仁守传》
	退入关,奉革职留任之旨。乃还湖南,寻命开缺。二十四年,复降旨革职永不叙用。	《清史稿》卷四百五十《吴大澂传》
	上以赓芸操守清廉,众所共知。其死由汪志伊固执苛求,而成於涂以钠勒供凌逼,褫志伊职,永不叙用。以钠、履中俱遣戍黑龙江,绍兰亦以附和革职。	《清史稿》卷四百七十八《李赓芸传》

续表

朝代	内容	出处
清朝	凡州、县官将小民疾苦之情不行详报上司、使民无可控愬者，革职，永不叙用；若已经详报，而上司不接准题达者革职。	《大清律例》卷七《吏律·公式、事应奏不奏》条例一
	凡民人将自己银钱，开场诱引赌博，经旬累月，聚集无赖放头抽头者，初犯，杖一百、徒三年；再犯，杖一百、流三千里；存留赌博之人，初犯，杖八十、徒二年；再犯，杖一百、徒三年。输钱者，据实出首免罪，仍追所输之钱给还。若官员，无论赌钱、赌饮食等物，有打马吊，斗混江者，俱革职、满杖，枷号两箇月；上司与属员斗牌掷骰者，亦堙革职、满杖，枷号三個月，俱永不叙用。如该管上司并督抚容隐属员赌博，及地方官弁疏纵赌博者，俱交部严加议处。稽查兵役，亦照例治罪。	《大清律例》卷三十四《刑律·杂犯、赌博》条例四

参考文献

一、古籍类

[1](后晋)刘昫等:《旧唐书》,中华书局 1975 年版。

[2](东汉)许慎:《说文解字》,(宋)徐铉校定,中华书局 1963 年版。

[3]杨伯峻编著:《春秋左传注》,中华书局 1990 年版。

[4](北齐)魏收:《魏书》,中华书局 1974 年版。

[5](唐)房玄龄等:《晋书》,中华书局 1974 年版。

[6](西汉)刘向集录:《战国策笺证》,范祥雍笺证,上海古籍出版社 2006 年版。

[7](东汉)班固撰:《汉书》,(唐)颜师古注,中华书局 2005 年版。

[8]吴树平等点校:《十三经》,北京燕山出版社 1991 年版。

[9](北宋)沈括:《元刊梦溪笔谈》,文物出版社 1975 年版。

[10](唐)李延寿:《北史》,中华书局 1974 年版。

[11]王文锦译解:《礼记译解》,中华书局 2001 年版。

[12](唐)魏征等:《隋书》,中华书局 1973 年版。

[13](东汉)郑玄注:《礼记》,上海古籍出版社 2008 年版。

[14](宋)欧阳修、宋祁:《新唐书》,中华书局 1975 年版。

[15](清)孙希旦撰:《礼记集解》,中华书局 1989 年版。

[16]杨天宇撰:《周礼译注》,上海古籍出版社 2004 年版。

[17](南朝宋)范晔:《后汉书》,中华书局 1965 年版。

[18](晋)陈寿:《三国志》,中华书局 1959 年版。

[19]赵尔巽:《清史稿》,中华书局 1977 年版。

[20](清)张廷玉等:《明史》,中华书局 1974 年版。

[21](宋)薛居正:《旧五代史》,中华书局 1976 年版。

[22](元)脱脱等:《金史》,中华书局 1975 年版。

[23](北宋)司马光:《资治通鉴》,中华书局 1956 年版。

[24](南宋)李焘:《续资治通鉴长编》,中华书局 1992 年版。

[25](清)毕沅编著:《续资治通鉴》,中华书局 1957 年版。

[26](宋)欧阳修:《新五代史》,中华书局 1974 年版。

[27](元)脱脱等:《宋史》,中华书局 1985 年版。

[28]杨伯峻:《论语译注》,中华书局 2006 年版。

[29]曹漫之主编:《唐律疏议译注》,吉林人民出版社 1989 年版。

[30](明)宋濂等:《元史》,中华书局 1976 年版。

[31](唐)李百药:《北齐书》,中华书局 1972 年版。

[32](东汉)班固:《汉书》,中华书局 1970 年版。

[33](汉)孔安国传:《尚书正义》,(唐)孔颖达注,上海古籍出版社 2007 年版。

[34]杨天宇撰:《左传译注》,上海古籍出版社 2004 年版。

[35]杨天宇撰:《周礼译注》,上海古籍出版社 2004 年版。

[36](明)徐渭:《徐渭集》,中华书局 1999 年版。

[37](西汉)司马迁:《史记》,中华书局 1959 年版。

[38](东汉)班固:《汉书》,中华书局 1962 年版。

[39](宋)徐天麟:《东汉会要》,上海古籍出版社 1978 年版。

[40]钱建文制作的《二十五史》电子版。

[41]睡虎地秦墓竹简整理小组:《睡虎地秦墓竹简》,文物出版社 1978 年版。

[42]张家山汉墓竹简整理小组:《张家山汉墓竹简》,文物出版社 2001 年版。

[43](北宋)李昉等:《太平御览》,中华书局影印本 2000 年版。

[44](唐)李延寿:《南史》,中华书局 1975 年版。

[45](梁)沈约:《宋书》,中华书局 1974 年版。

[46](梁)萧子显:《南齐书》,中华书局 1974 年版。

[47](唐)姚思廉:《梁书》,中华书局 1973 年版。

[48](唐)姚思廉:《陈书》,中华书局 1972 年版。

[49]《〈大清律例〉辑注》,田涛、郑秦点校,法律出版社 1999 年版。

[50]《商君书》,石磊译注,中华书局 2009 年版。

[51](清)薛允升:《唐明律合编》,怀效锋、李鸣点校,法律出版社 1999 年版。

[52](汉)王符撰、(清)王继培笺:《潜夫论》,上海古籍出版社 1978 年版。

[53]徐元浩撰:《国语集解》,王树民、沈长云点校,中华书局 2002 年版。

[54](唐)杜佑:《通典》,中华书局 1984 年版。

[55]《吕氏春秋全译》,廖明春、陈兴安译注,巴蜀书社 2004 年版。

[56]《韩非子校注》,周勋初修订,凤凰出版社 2009 年版。

[57](元)脱脱等:《辽史》,中华书局 1974 年版。

[58]《孟子译注》,杨伯峻译注,中华书局 2005 年版。

[59]《贞观政要》,骈宇骞、齐立洁、李欣译注,中华书局 2009 年版。

[60](明)余继登:《典故纪闻》,中华书局 1981 年版。

[61]李梦生撰:《左传译注》,上海古籍出版社 2004 年版。

[62]《荀子全译》,邬恩波、吴文亮译注,三环出版社 1991 年版。

[63]《孝经正译》,赵缺译注,岳麓书社 2014 年版。

[64]《荀子校释》,巫天海校释,上海古籍出版社 2005 年版。

[65]蒋礼鸿撰:《商君书锥指》,中华书局 1986 年版。

二、著作类

[66]蔡枢衡:《中国刑法史》,群众出版社 1985 年版。

[67]张晋藩:《中国法律的传统与近代转型》,法律出版社 2005 年版。

[68]孔庆明、胡留元、孙季平:《中国民法史》,吉林人民出版社 1996 年版。

[69]叶孝信主编:《中国民法史》,上海人民出版社 1993 年版。

[70]张晋藩主编:《中国民法史》,福建人民出版社 2003 年版。

[71]张晋藩主编:《中国宪法史》,吉林人民出版社 2004 年版。

[72]李交发:《中国诉讼法史》,中国检察出版社 2002 年版。

[73]张晋藩:《中国司法制度史》,人民法院出版社 2004 年版。

[74]张兆凯主编:《中国古代司法制度史》,岳麓书社 2005 年版。

[75]周密:《中国刑法史纲》,北京大学出版社 2000 年版。

[76]王宏治:《中国刑法史稿》,中国政法大学出版社 1991 年版。

[77]李文玲:《中国古代刑事诉讼法史》,法律出版社 2009 年版。

[78]宁汉林、魏克家:《中国刑法简史》,中国检察出版社 1999 年版。

[79]高绍先:《中国刑法史精要》,法律出版社 2001 年版。

[80]梁慧星:《法学学位论文写作方法》,法律出版社 2006 年版。

[81]沈家本:《历代刑法考》,邓经元、骈于骞点校,中华书局 1985 年版。

[82]程树德:《九朝律考》,中华书局 1963 年版。

[83]乔伟:《中国刑法史稿》,西北政法大学科研处印 1982 年版。

[84]周密:《中国刑法史》,群众出版社 1985 年版。

[85]吴平:《资格刑研究》,中国政法大学出版社 2000 年版。

[86]张伯元:《出土法律文献研究》,商务印书馆 2005 年版。

[87]方慧主编:《中国历代民族法律典籍》,民族出版社 2004 年版。

[88]瞿同祖:《中国法律与中国社会》,中华书局 2007 年版。

[89]高铭暄主编:《刑法学》,北京大学出版社 2000 年版。

[90]王宁主持整理,朱希祖、钱玄同、周树人记录:《章太炎说文解字授课笔记》(缩印本),中华书局 2010 年版。

[91]《辞海》,上海辞书出版社 1979 年版。

[92]《辞源》(修订本),商务印书馆 1979 年版。

[93]《辞海》(修订稿),上海人民出版社 1977 年版。

[94]俞荣根:《儒家法思想通论》,广西人民出版社 1998 年版。

[95]曾代伟主编:《中国法制史》,法律出版社 2006 年版。

[96]广东、广西、湖南、河南辞源修订组,商务印书馆编辑部:《辞源》(修订本),商务印书馆 1981 年修订版。

[97]舒新城、沈颐、徐元浩、张相主编:《辞海》,中华书局 1981 年版。

[98]钱穆:《中国历代政治得失》,生活・读书・新知三联书店 2001 年版。

[99]阎步克:《从爵本位到官本位——秦汉官僚品位结构研究》,生活・读书・新知三联书店 2009 年版。

[100]廖伯源:《秦汉史论丛》,五南图书出版股份有限公司 2003 年版。

[101]廖伯源:《秦汉史论丛》,中华书局 2008 年版。

[102]周一良:《魏晋南北朝史札记》,中华书局 1985 年版。

[103]樊树志:《国史十六讲》,中华书局 2009 年修订版。

[104]张维迎:《信息、信任与法律》,生活・读书・新知三联书店 2003 年版。

[105]王亚南:《中国官僚政治研究》,中国社会科学出版社 1981 年版。

[106]范忠信:《中西法文化的暗合与差异》,中国政法大学出版社 2001 年版。

[107]薛瑞麟、候国云主编:《刑法的修改与完善》,中国政法大学出版社 1989 年版。

[108]周天:《中国廉政监察制度史》,上海百家出版社 2007 年版。

[109]余华青:《中国古代廉政制度史》,上海人民出版社 2007 年版。

[110]张明楷:《刑法学》,法律出版社 2014 年版。

[111]陈兴良主编:《刑罚通论》,中国人民大学出版社 2007 年版。

[112]邱兴隆:《刑法理性导论》,中国政法大学出版社 1998 年版,第 124 页。

[113]邱兴隆:《刑法的哲理与法理》,法律出版社 2003 年版,第 224 页。

[114][日]西田太一郎:《中国刑法史研究》,段秋关译,北京大学出版社 2005 年版。

[115][英]崔瑞德、鲁唯一:《剑桥中国秦汉史》,中国社会科学文献出版社 1993 年版。

[116][德]黑格尔:《小逻辑》,贺麟译,商务印书馆 1980 年版。

[117][奥]凯尔森:《纯粹法理论》,张书友译,中国法制出版社 2008 年版。

[118][德]K. 茨威格特、H. 克茨:《比较法总论》,潘汉典、米健等译,法律出版社 2003 年版。

[119][日]大庭修:《秦汉法制史研究》,林剑鸣等译,上海人民出版社 1991 年版。

[120][美]费正清主编:《中国的思想与制度》,郭小兵译,世界知识出版社 2008 年版。

[121][英]崔瑞德主编:《剑桥中国随唐史》,西方汉学课题组译,中国社会科学出版社 1990 年版。

[122][英]爱德华·凯尔:《历史是什么》,陈恒译,商务印书馆 2008 年版。

[123][日]大谷实:《刑事政策学》,黎宏译,法律出版社 2003 年版。

[124][法]孟德斯鸠:《论法的精神》,张雁深译,商务印书馆 1959 年版。

三、论文类

[125]王吉林:《略论东汉政局与党锢之祸的影响》,载《史学通讯》1967 年第 6 期。

[126]吴平:《略论我国历史的资格刑》,载《甘肃政法学院学报》1996 年第 1 期。

[127]顾江龙:《两晋南北朝与隋唐官僚特权之比较——从赃罪、除免官当的视角》,载《史学月刊》2007 年第 12 期。

[128]陈松青:《汉代禁锢说略》,载《历史教学》2003 年第 1 期。

[129]曹旅宁:《释张家山汉简〈贼律〉中的“锢”》,载《简牍学研究》2004 年第 10 期。

[130]黄河:《汉代禁锢研究》,吉林大学 2006 硕士学位论文。

[131]白超:《两汉禁锢考论》,厦门大学 2014 年硕士学位论文。

[132]张德欣:《禁锢考析》,西南政法大学 2010 年硕士学位论文。

[133]鲍舒婷:《魏晋南北朝时期的禁锢研究》,华东政法大学 2015 年硕士学位论文。

[134]吕红梅:《略论秦汉时期的禁锢》,载《求索》2006 年第 9 期。

[135]吕红梅:《略论两汉时期的禁锢》,载《首都师范大学学报》2006 年第 6 期。

[136]朱子彦:《论东汉党锢的缘起与党人失败原因》,载《史学集刊》2010 年第 2 期。

[137]郭秀琦:《“通鉴”所记“除汉宗室禁锢”辨误》,载《阴山学刊》2001 年第 3 期。

[138]付开镜:《魏晋南北朝政府对官员的禁锢惩治》,载《克拉玛依学刊》2014 年第 1 期。

[139]夏志刚:《北魏除名制度特点探析》,载《青海社会科学》2007年第3期。

[140]夏志刚:《北魏除名制度管窥》,载《贵州文史论丛》2007年第3期。

[141]李传成:《隋唐除名制度研究》,山东大学2010年硕士学位论文。

[142]王伟歌、张剑光:《唐代官员除名制度探析》,载《江苏技术师范学院学报》2010年第5期。

[143]魏殿金:《宋代适用于犯罪官员的资格刑》,载《烟台师范学院学报》2002年第3期。

[144]马小红:《"确定性"与中国古代法》,载《政法论坛》2009年第1期。

[145]张紫葛、江山:《剥夺政治权利考》,载《西南政法学院学报》1981年第2期。

[146]稀木:《土地:农民的命根子》,载《中国政协》2004年第3期。

[147]高恒:《张斐律注要略及其法律思想》,载《中国法学》1984年第3期。

[148]陈乃华:《秦汉官吏赃罪考述》,载《山东师大学报》1991年第1期。

[149]廖伯源:《汉禁锢考》,载廖伯源:《秦汉史论丛》,五南图书出版股份有限公司2003年版。

[150]邓小南:《走向活的制度史——以宋代官僚政治制度史研究为例的点滴思考》,载《浙江学刊》2003年第3期。

[151]李荣:《我国刑法体系外资格刑的整合》,载《法学论坛》2007年第2期。

[152]李敏姿:《论我国资格刑的改革——以“从业禁止”的定性和合理设置为视角》,中央民族大学2016年硕士学位论文。

[153]林朋孙:《刑法中职业禁止制度研究——以〈刑法〉第三十七条之一为研究对象》,华侨大学2016年硕士学位论文。

[154]于志刚:《从业禁止制度的定位与资格限制、剥夺制度的体系化》,载《法学评论》2016年第1期。

[155]储槐植、蒋建峰:《经济全球化与犯罪控制对策》,载《山东公安专科学校学报》2002年第2期。

[156]王瑞玲、丁子明:《渎职罪中剥夺公职资格刑之提倡》,载《湖南工业大学学报》2013年第2期。

四、其他类

[157]《牛顿名言名句大全》,载 http://www.diyifanwen.com。

[158](明)徐渭:《一品三公图赞》,载 http://baike.baidu.com。

[159]河南淮阳《陈氏谱义门碑》。

[160]《关于“褫夺公权”刑名改正及其解释》(1950年)。

五、外文类

[161][美]贺凯:《明末的东林运动》,载[美]费正清主编:《中国的思想与制度》,郭小兵译,世界知识出版社2008年版。

[162][日]镰田重雄:《秦汉政治制度の研究》,日本学术振兴会1962年版。

[163][日]安藤正士:《中国史における正统と异端》,岩波书店1991年版。

[164] James P. Spradley, David W. MeCurdy, *Confomty and Conflict*, HarPer Collins College Publisbers, 1992.

[165] Rabinow Poul, *Reflections on Fieldwork in Morocco*. Berkeley and Los Angeles: University of California Press, 1975.

[166]Max Weber, *Economy and Society*, ed. By Guenther Roth & Claus Willich, Berkeley: University of California Press, 1978, Vol. 1.

[167] Savigny, *of the Vocation of our Age for Legislation and Jurisprudence*. Translated by Abraham Hayward. London: Littleward, 1831.

[168] Hayek, F. A. Hayek, *New Studies in Philosophy, Politics and Economics*, London: Routledge and Kegan Paul, 1978.

[169] Bourdieu and Wacquant, *An Invitation to Reflexive Sociology*. Chicago: University of Chicago Press, 1992.

后 记

时光悠悠，白驹过隙，一转眼来渝已经10年有余，却建树甚微，实乃自惭于师，自愧于己！唯有数十万字的心得变为铅字也算对所有教导我的恩师一点报答吧！本书系在我的博士后出站报告的基础上修改而成，虽不乏浅陋之处，但也系余三年孜孜以求所成，加上已过不惑之年，平日教学科研缠身，家事娃事又不得不问，只能见缝插针地埋头书斋，速度见慢可想而知，只能以"慢工出细活"自励自嘲！

在本书即将付梓之际，首先要真诚感谢我的博士后合作导师陈忠林教授。之所以要以"古代资格刑"为选题，一来我是法律史博士出身并且从事法律史教学近十年，有一定的法史学基础。二来陈老师的主研方向是刑法学，加上中国法制史主要是中国刑法史，我就只好打刑法史这个"擦边球"了！三来纵览当下研究成果，古代资格刑的研究颇为薄弱，尚有予以弥补的空间。最令我欣慰的是，当我将想法向陈师和盘端出时，受到了陈师的极大肯定，更坚定了我从事此项研究的信心！客观地讲，从出站报告的选题、材料收集、篇章结构到具体成文，都离不开陈师的谆谆教诲。陈师虽已年过花甲，然思维之清晰犹如其健壮之体魄，无怪乎被不少法学学者称为最具有原创性的法学家之一！陈师的学术思维是我们这些学生取之不尽、受之无穷的宝贵思想财富，唯有不断将其发扬光大才是回报师恩的最好礼物！我还要感谢推荐我进入陈门的博士导师陈金全教授，是他将我带入民族法的的研究领域，让我领略了一门学术领域的奇葩，民族法研究不仅仅是描述少数民族地区独特的风情，更重要的是揭示民族法现象背后的法规范，发掘其与国家法的融通路径，最终推动少数民族地区法治现代化的进程。陈师已过古稀之年，但每每请教之时，却能深深感到他思考学术问题的前沿性，他思考问题的角度和深度着实令人折服！我近几年申报的两项国家社科基金项目、一项教育部项目和一项司法部项目均与民族法相关，并且发表30多篇与民族法相关的论文且多刊发在核心期刊上，可以说正是饱受陈师学术思想的浸润！两位恩师人老学不停的精神，不仅是学术同人"活到老，学到老"的精神闪光，也是激励吾辈永远前行的不竭动力！

受人滴水之恩，当以涌泉相报！无以相报，以文铭心！不唯两位恩师需要终生铭记，参加博士后出站报告答辩的梅传强教授、黄锡生教授、石经海教授、焦艳鹏教授都对论文提出了许多宝贵的意见，在此表示衷心的感谢！河南财经政法大学的陈鹏飞博士、西南政法大学的周欣宇博士、重庆警官学院的谢波博士所提的建议也是本书得以提高的基石；西南政法大学图书馆、重庆大学图书馆的老师不厌其烦地帮助我查询资料，则是论文得以尽快定稿的保障。

感谢法律出版社的陈晖老师和周丽君编辑，没有他们的辛勤工作和不懈努力，这本书不会这么快得以面世。感谢应用法学院的领导和同事对我平时工作的支持和生活的关怀，尤其是陈亮院长为本书的出版虑思多多，令吾不胜感激！

最后要感谢我的家人，正是妻子王俊霞女士的默默付出，我的初稿才能迅速变为铅字。正是因为忙于爬格子，对小娃的学习关注不够，导致其学习成绩中庸，我深感内疚与自惭！博士后已经成功出站,此生不再为“文凭”所累,尽管学无止境,但认真辅导小娃让父子俩携手并进,也是世上真正幸福之事!

赵天宝书于歌乐山下陋室

2018 年 2 月 16 日

图书在版编目(CIP)数据

中国古代资格刑研究：以禁锢为中心考察 / 赵天宝著. -- 北京：法律出版社，2018
ISBN 978-7-5197-2309-5

Ⅰ. ①中… Ⅱ. ①赵… Ⅲ. ①刑法-研究-中国-古代 Ⅳ. ①D924.02

中国版本图书馆 CIP 数据核字(2018)第 121273 号

中国古代资格刑研究
——以禁锢为中心考察
ZHONGGUO GUDAI ZIGEXING YANJIU
—YIJINGU WEI ZHONGXIN KAOCHA

赵天宝 著

策划编辑 周丽君
责任编辑 周丽君
装帧设计 汪奇峰

出版 法律出版社
总发行 中国法律图书有限公司
经销 新华书店
印刷 北京虎彩文化传播有限公司
责任校对 郭艳萍
责任印制 张建伟

编辑统筹 独立项目策划部
开本 A5
印张 8.75
字数 195 千
版本 2018 年 6 月第 1 版
印次 2018 年 6 月第 1 次印刷

法律出版社/北京市丰台区莲花池西里 7 号(100073)
网址/www.lawpress.com.cn
投稿邮箱/info@lawpress.com.cn
举报维权邮箱/jbwq@lawpress.com.cn
销售热线/010-63939792
咨询电话/010-63939796

中国法律图书有限公司/北京市丰台区莲花池西里 7 号(100073)
全国各地中法图分、子公司销售电话：
统一销售客服/400-660-6393
第一法律书店/010-63939781/9782
重庆分公司/023-67453036
深圳分公司/0755-83072995
西安分公司/029-85330678
上海分公司/021-62071639/1636

书号:ISBN 978-7-5197-2309-5
定价:39.00 元

下册

的呐喊

MIN ZHU DE NA HAN

黄药眠 著

张春丽 黄大地 编

1946年—1949年

群言出版社
Qunyan Press